"十四五"职业教育国家规划教材

会计报表编制与分析

（第四版）

赵 威／主编

立信会计出版社
LIXIN ACCOUNTING PUBLISHING HOUSE

图书在版编目(CIP)数据

会计报表编制与分析 / 赵威主编. —4 版. —上海：立信会计出版社，2022.1(2023.8 重印)
"十三五"职业教育国家规划教材
ISBN 978-7-5429-6967-5

Ⅰ. ①会… Ⅱ. ①赵… Ⅲ. ①会计报表—编制—高等职业教育—教材②会计报表—会计分析—高等职业教育—教材 Ⅳ. ①F231.5

中国版本图书馆 CIP 数据核字(2021)第 273874 号

策划编辑　赵新民　赵志梅
责任编辑　赵志梅

会计报表编制与分析(第四版)
KUAIJI BAOBIAO BIANZHI YU FENXI

出版发行　立信会计出版社
地　　址　上海市中山西路 2230 号　　邮政编码　200235
电　　话　(021)64411389　　传　　真　(021)64411325
网　　址　www.lixinaph.com　　电子邮箱　lixinaph2019@126.com
网上书店　http://lixin.jd.com　　http://lxkjcbs.tmall.com
经　　销　各地新华书店

印　　刷　浙江天地海印刷有限公司
开　　本　787 毫米×1092 毫米　1/16
印　　张　13.5
字　　数　337 千字
版　　次　2022 年 1 月第 4 版
印　　次　2023 年 8 月第 3 次
书　　号　ISBN 978-7-5429-6967-5/F
定　　价　39.00 元

第四版前言

本教材选取典型学习子情境安排教学内容，以培养学生的会计岗位能力为核心，开展理论实践一体化教学，在详细阐述了资产负债表、利润表、现金流量表以及所有者权益变动表编制方法的基础上，运用比较分析法、趋势分析法、比率分析法和综合分析法等方法对企业会计报表进行了分析，同时对企业的偿债能力、盈利能力、营运能力和发展能力等方面进行了分析和评价。

本教材在编写过程中主要突出了以下特点：

（1）加强了对企业实际会计报表分析的训练，根据《财政部关于修订印发 2019 年度一般企业财务报表格式的通知》（财会〔2019〕6 号）中附件 2 一般企业财务报表格式（适用于已执行新金融准则、新收入准则和新租赁准则的企业）的要求，调整了四张主要报表的编制，将企业财务效率指标的计算分析统一在学习情境五里介绍；在学习情境六介绍了综合分析评价企业的财务状况和经营业绩的方法，以便于学生在学习中整体掌握主要报表数据的评价及其相互之间的联系。

（2）采用校企合作的方式开发教材，力争做到教学内容贴近实际。与企业专家研讨教材编写方案，邀请了浙江华汇装饰工程股份有限公司财务总监钱建方参加教材的编写，汲取了企业在实际会计工作中的案例，使教材内容实务性更强，力求培养与实际工作岗位零距离的毕业生。

（3）精心策划安排学习情境的内容，符合学生对知识的认知规律。学习情境以“引例”导入，明确“职业能力目标”与“典型工作任务”；学习子情境中加入必要的“知识链接”和“小思考”；为了强化学生实战能力，在每个学习情境安排了“学中做”与“工作实例”；在每个学习情境后面，为了巩固知识给出“情境小结”和“做中学——技能·职业资格·职称考试训练”，进一步帮助学生在厘清思路的基础上，通过练习巩固所学知识。

本教材由赵威任主编，魏标文、王岚、钱建方任副主编，宣国萍任主审，具体编写分工如下：赵威编写学习情境三和学习情境五；魏标文编写学习情境二；王岚编写学习情境一和学习情境四；李晨溪编写学习情境六；钱建方参与了企业财务数据资料计算，以及教材方案设计与资料收集。

本教材不足之处恳请各位读者指出，以便及时修正。

编　者

2022 年 1 月

目　　录

学习情境一　资产负债表编制与分析

【引例】

课程思政

资产负债表的轶闻

关于资产负债表，有两个轶闻。美国著名会计学家张伯伦(Chamberlain，1974)曾经评价，“世界上第一个亿万富翁”洛克菲勒在19世纪50年代开始经商的时候“精通于查看资产负债表，这给美国克利夫兰的商人们留下了深刻的印象”。与之相反，曾经有过百年辉煌历史的前英国老牌银行帝国巴林银行的董事长彼得·巴林则认为，资产负债表没有什么用。他曾经在1994年3月有过这么一段不屑的断言：“若以为揭露更多资产负债表的数据，就能增加对一个集团的了解，那真是幼稚无知。”但随后不久，巴林银行就因为内部控制不力，以及资产负债表对于衍生金融工具风险方面的信息没有给予应有的揭示而倒闭了。

点评：资产负债表是企业对外报送的主要会计报表之一。很多人都认为，如果巴林银行新加坡分行能够将衍生金融交易过程中的风险敞口通过资产负债表较为充分地加以披露，从而引起总部和相关监管机构的重视，巴林银行也许就不会倒闭。透过这两个轶闻，资产负债表的重要地位和作用可见一斑。我们将在本学习情境学习资产负债表编制与分析的相关知识。

(资料来源：http://data.book.hexun.com/chapter-4700-3-1.shtml)

【职业能力目标】

根据会计主管岗位的要求，通过本学习情境的学习，学生应明确资产负债表的结构，理解资产负债表的编制方法，掌握比较资产负债表的编制与分析方法。

【典型工作任务】

本学习情境的典型工作任务主要有阅读资产负债表，编制资产负债表，根据资产负债表编制比较资产负债表，并对其进行分析。

学习子情境一　编制与阅读资产负债表

职业判断

(1) 编制资产负债表的工作流程是什么？

(2) 资产负债表编制过程涉及哪些会计岗位？

一、认知资产负债表的结构

我国企业的资产负债表采用账户式结构。账户式资产负债表分左、右两方。其左方为资产项目，大体按资产的流动性强弱排列，流动性强的资产，如“货币资金”“应收票据”“应收账款”等，排在前面；流动性弱的资产，如“长期股权投资”“固定资产”等，排在后面。其右方为负债和所有者权益项目，一般按要求清偿时间的先后顺序排列，“短期借款”“应付票据”“应付账款”等需要在1年以内或者长于1年的一个正常营业周期内偿还的流动负债排在前面，“长期借款”等在1年以上才需偿还的非流动负债排在中间，在企业清算之前不需要偿还的所有者权益项目排在后面。

账户式资产负债表中的资产各项目的合计等于负债和所有者权益各项目的合计，即资产负债表左方和右方平衡。因此，账户式资产负债表可以反映资产、负债和所有者权益之间的内在关系，即“资产＝负债＋所有者权益”。账户式资产负债表的格式见表1-1。

·知识链接·

资产负债表的含义与作用

资产负债表是反映企业在某一特定日期所拥有的或控制的经济资源、所承担的现时义务和所有者对净资产的要求权的会计报表。它是根据资产、负债和所有者权益(或股东权益，下同)之间的相互关系，按照一定的分类标准和一定的顺序，把企业某一日期的资产、负债和所有者权益各项目予以适当排列，并对日常工作中形成的大量数据进行高度浓缩整理后编制而成的。其作用主要表现在以下方面：

(1) 资产负债表可以提供某一日期的资产总额及其构成，表明企业拥有或控制的资源及其分布情况。

(2) 资产负债表可以提供某一日期的负债总额及其构成，表明企业未来需要用多少资产或劳务清偿债务以及清偿的时间。

(3) 有助于评价企业的资本结构、财务弹性。

(4) 资产负债表可以提供某一日期的所有者权益的构成情况，表明企业所有者所拥有的权益，据以判断资产保值、增值的情况以及对负债的保障程度。

（5）反映企业财务状况的发展趋势。

表 1-1　　**资 产 负 债 表**　　会企 01 表

编制单位：　　____年____月____日　　单位：元

资　　产	期末余额	上年年末余额	负债和所有者权益（或股东权益）	期末余额	上年年末余额
流动资产：			流动负债：		
货币资金			短期借款		
交易性金融资产			交易性金融负债		
衍生金融资产			衍生金融负债		
应收票据			应付票据		
应收账款			应付账款		
应收款项融资			预收款项		
预付款项			合同负债		
其他应收款			应付职工薪酬		
存货			应交税费		
合同资产			其他应付款		
持有待售资产			持有待售负债		
一年内到期的非流动资产			一年内到期的非流动负债		
其他流动资产			其他流动负债		
流动资产合计			流动负债合计		
非流动资产：			非流动负债：		
债权投资			长期借款		
其他债权投资			应付债券		
长期应收款			其中：优先股		
长期股权投资			永续债		
其他权益工具投资			租赁负债		
其他非流动金融资产			长期应付款		
投资性房地产			预计负债		
固定资产			递延收益		
在建工程			递延所得税负债		
生产性生物资产			其他非流动负债		
油气资产			非流动负债合计		
使用权资产			负债合计		
无形资产			所有者权益（或股东权益）：		
开发支出			实收资本（或股本）		
商誉			其他权益工具		
长期待摊费用			其中：优先股		
递延所得税资产			永续债		
其他非流动资产			资本公积		
非流动资产合计			减：库存股		
			其他综合收益		
			专项储备		
			盈余公积		
			未分配利润		
			所有者权益（或股东权益）合计		
资产总计			负债和所有者权益（或股东权益）总计		

格式说明：财会〔2019〕6 号中附件 2 一般企业财务报表格式（适用于已执行新金融准则、新收入准则和新租赁准则的企业）。

二、认知资产负债表的编制方法

资产负债表的数据主要来自会计账簿记录，我国资产负债表主体部分的各项目都有“期末余额”和“上年年末余额”两个栏目，属于比较资产负债表。有的项目应根据有关科目的期末余额填列，有的项目应按有关科目调整后的期末余额填列。有关项目的具体填列方法如下。

（一）“上年年末余额”的填列方法

资产负债表中“上年年末余额”栏内各项目数字，应根据上年年末资产负债表“期末余额”栏内所列数字填列。如果本年度资产负债表规定的各个项目的名称和上年度不一致，应将上年年末资产负债表各项目的名称和数字按照本年度的规定进行调整，按调整后的数字填入本年度资产负债表“上年年末余额”栏目内。

（二）“期末余额”的填列方法

资产负债表中“期末余额”的填列方法有以下五种：

第一，根据总账科目余额填列。

(1)根据总账科目的余额直接填列。“交易性金融资产”“递延所得税资产”“短期借款”“交易性金融负债”“应付票据”“应交税费”“预计负债”“递延收益”“递延所得税负债”“实收资本(或股本)”“资本公积”“库存股”“其他综合收益”“专项储备”“盈余公积”等项目，应根据有关总账科目的余额直接填列。

(2) 根据几个总账科目的期末余额计算填列。例如，“货币资金”项目，应根据“库存现金”“银行存款”“其他货币资金”科目的期末余额合计数填列。又如，“其他应付款”项目，应根据“应付利息”“应付股利”和“其他应付款”科目的期末余额合计数填列。

第二，根据明细科目余额计算填列。

(1) “应付账款”项目，应根据“应付账款”科目所属明细科目贷方余额和“预付账款”科目所属明细科目贷方余额计算填列。

(2) “预付款项”项目，应根据“应付账款”科目所属明细科目借方余额和“预付账款”科目所属明细科目借方余额计算填列。

(3) “应收账款”项目，应根据“应收账款”科目所属明细科目借方余额和“预收账款”科目所属明细科目借方余额之和，再扣除“坏账准备”科目与应收账款有关的贷方余额后填列。

(4)“ 预收款项”项目，应根据“应收账款”科目所属明细科目贷方余额和“预收账款”科目所属明细科目贷方余额计算填列。

(5) “应付职工薪酬”项目，应根据“应付职工薪酬”科目所属明细科目期末余额分析填列。

第三，根据总账科目和明细科目的余额分析计算填列。

(1) “长期借款”项目，应根据“长期借款”总账科目余额，扣除“长期借款”科目所属明细科目中将在资产负债表日起 1 年内到期且企业不能自主地将清偿义务展期的长期借款后的金额填列。

(2) “长期应收款”项目，应根据“长期应收款”总账科目余额，减去“未实现融资收益”总账科目余额，再减去所属相关明细科目中将于 1 年内到期的部分填列。

(3) “长期应付款”项目，应根据“长期应付款”总账科目余额，减去“未确认融资费用”总账科目余额，再减去所属相关明细科目中将于1年内到期的部分填列。

第四，根据有关科目余额减去其备抵科目余额后的净额填列。比如，资产负债表中的“长期股权投资”项目，应根据“长期股权投资”科目期末余额减去“长期股权投资减值准备”科目余额后的净额填列；“固定资产”项目，应根据“固定资产”科目期末余额减去“累计折旧”“固定资产减值准备”科目余额后的净额填列；“无形资产”项目，应根据“无形资产”科目期末余额减去“累计摊销”“无形资产减值准备”科目余额后的净额填列。

第五，综合运用上述填列方法分析填列。

·小思考·

资产负债表与利润表有什么关系？四张主要会计报表之间又有什么关系呢？

【学中做1-1】　20×8年12月31日，某企业结账后，“库存现金”科目余额为5 000元，“银行存款”科目余额为2 000 000元，“其他货币资金”科目余额为500 000元。计算该企业20×8年12月31日资产负债表中“货币资金”项目的金额。

货币资金＝5 000＋2 000 000＋500 000＝2 505 000(元)

【学中做1-2】　20×8年12月31日，某企业应付管理人员工资为150 000元，本期职工福利费为21 000元。计算该企业20×8年12月31日资产负债表中“应付职工薪酬”项目的金额。

应付职工薪酬＝150 000＋21 000＝171 000(元)

【学中做1-3】　20×8年12月31日，某企业“长期待摊费用”科目期末借方余额为187 500元，将于1年内摊销的金额为102 000元。计算该企业20×8年12月31日资产负债表中“长期待摊费用”项目的金额。

长期待摊费用＝187 500－102 000＝85 500(元)

【学中做1-4】　20×8年12月31日，某企业“材料采购”科目期末借方余额为150 000元，“原材料”科目期末借方余额为362 000元，“周转材料”科目期末借方余额为20 000元，“库存商品”科目期末借方余额为5 075 860元，“材料成本差异”科目期末借方余额为50 000元，“存货跌价准备”科目期末贷方余额为50 000元。计算该企业20×8年12月31日资产负债表中“存货”项目的金额。

存货＝150 000＋362 000＋20 000＋5 075 860＋50 000－50 000＝5 607 860(元)

【学中做1-5】　20×8年12月31日，某企业“债权投资”科目期末借方余额为500 000元，其中20×5年3月购入的4年期国库券为300 000元，20×8年年末购入的3年期企业债券为200 000元。假设上述投资没有计提减值准备，企业不存在其他1年内到期的非流动资产。计算该企业20×8年12月31日资产负债表中“一年内到期的非流动资产”和“债权投资”项目的金额。

一年内到期的非流动资产＝300 000(元)

债权投资＝500 000－300 000＝200 000(元)

【学中做1-6】　Q公司属于制造业，生产、销售专用设备，20×8年12月31日有关科目余额如表1-2所示。

表 1-2　　Q公司科目余额表　　单位:元

资产类科目	借方余额	负债和所有者权益类科目	贷方余额
库存现金	4 067	短期借款	5 290 425
银行存款	29 405 997	应付票据	22 001 910
其他货币资金	1 591 444	应付账款	28 297 504
应收票据	870 072	预收账款	2 354 299
应收账款	32 445 815	应付职工薪酬	1 254 505
坏账准备	－1 887 168	应交税费	－3 045 290
预付账款	7 615 188	应付利息	10 483
其他应收款	1 101 129	其他应付款	1 268 498
原材料	7 182 947	长期应付款	200 000
生产成本	5 014 902	股本	18 820 000
自制半成品	6 731 690	资本公积	55 298 943
库存商品	10 352 140	盈余公积	5 073 082
委托加工物资	3 121 425	未分配利润	24 070 756
周转材料——包装物	491 460		
周转材料——低值易耗品	545 254		
存货跌价准备	－96 594		
其他流动资产	104 589 768		
长期股权投资	5 000 000		
固定资产	47 197 827		
累计折旧	－9 271 174		
固定资产减值准备	－231 623		
在建工程	1 310 552		
无形资产	11 981 254		
累计摊销	－349 004		
长期待摊费用	319 583		
递延所得税资产	447 932		

其他有关明细科目补充资料如下：

“坏账准备”科目期初贷方余额为 1 887 168 元，其中，1 882 168 元为应收账款的坏账准备，5 000 元为其他应收款的坏账准备。

“长期股权投资”科目期初借方余额为 5 000 000 元，其中将于 3 个月内收回的投资为 100 000元。

要求：根据以上资料，编制 Q 公司 20×8 年 12 月 31 日的资产负债表(见表 1-3)。

相关计算如下：

货币资金＝4 067＋29 405 997＋1 591 444＝31 001 508(元)

应收账款＝32 445 815－1 882 168＝30 563 647(元)

其他应收款＝1 101 129－5 000＝1 096 129(元)

存货＝7 182 947＋5 014 902＋6 731 690＋10 352 140＋3 121 425＋491 460＋545 254－96 594＝33 343 224(元)

固定资产＝47 197 827－9 271 174－231 623＝37 695 030(元)

无形资产＝11 981 254－349 004＝11 632 250(元)

表 1-3　　**资产负债表**

会企 01 表

编制单位：Q 公司　　20×8 年 12 月 31 日　　单位：元

资　　产	期末余额	上年年末余额	负债和所有者权益（或股东权益）	期末余额	上年年末余额
流动资产：			流动负债：		
货币资金	31 001 508	5 859 128	短期借款	5 290 425	10 799 005
交易性金融资产			交易性金融负债		
衍生金融资产			衍生金融负债		
应收票据	870 072		应付票据	22 001 910	14 919 650
应收账款	30 563 647	22 171 670	应付账款	28 297 504	19 973 712
应收款项融资			预收款项	2 354 299	1 310 931
预付款项	7 615 188	9 678 675	合同负债		
其他应收款	1 096 129	1 149 108	应付职工薪酬	1 254 505	2 496 670
存货	33 343 224	21 311 019	应交税费	−3 045 290	−1 762 010
合同资产			其他应付款	1 278 981	769 262
持有待售资产	100 000		持有待售负债		
一年内到期的非流动资产			一年内到期的非流动负债		
其他流动资产	104 589 768	60 169 600	其他流动负债		3 506 160
流动资产合计			流动负债合计	57 432 334	52 013 380
非流动资产：			非流动负债：		
债权投资			长期借款		4 008 277
其他债权投资			应付债券		
长期应收款			其中：优先股		
长期股权投资	4 900 000	250 000	永续债		
其他权益工具投资			租赁负债		
其他非流动金融资产			长期应付款	200 000	200 000
投资性房地产			预计负债		
固定资产	37 695 030	22 467 853	递延收益		
在建工程	1 310 552	629 774	递延所得税负债		
生产性生物资产			其他非流动负债		
油气资产			非流动负债合计	200 000	4 208 277
使用权资产			负债合计	57 632 334	56 221 657
无形资产	11 632 250	2 030 034	所有者权益（或股东权益）：		
开发支出			实收资本（或股本）	18 820 000	14 070 000
商誉			其他权益工具		
长期待摊费用	319 583		其中：优先股		
递延所得税资产	447 932	389 862	永续债		
其他非流动资产			资本公积	55 298 943	41 961
非流动资产合计	56 305 347	25 767 523	减：库存股		
			其他综合收益		
			专项储备		
			盈余公积	5 073 082	2 300 758
			未分配利润	24 070 756	13 302 747
			所有者权益（或股东权益）合计	103 262 781	29 715 466
资产总计	160 895 115	85 937 123	负债和所有者权益（或股东权益）总计	160 895 115	85 937 123

注：表中“上年年末余额”栏数据来自 Q 公司上年资料，作为已知条件。

资产负债表的数字蕴含着什么信息？我们在对其进行分析时应注意什么？

三、阅读资产负债表项目

（一）阅读资产类项目

1. 货币资金

货币资金反映企业库存现金、银行存款和其他货币资金的合计数。这些货币资金构成企业的“血液”，也是现金流量表中所谓的“现金”的主体。一般而言，一个企业的货币资金越多，说明企业的支付能力和财务弹性越强。但是，货币资金的盈利能力弱，因此，货币资金并不是多多益善；相反，货币资金积压过多，反而意味着企业资金运作效率和水平较低。

在实务中，人们常常把那些因为不善于理财和找不到很好的投资机会而拿着很多钱不知道该怎么花的企业称为“现金牛”，其原因就在于该类企业货币资金的盈利能力差。货币资金本身意味着机会成本。企业应当根据自身需求，确定一个最佳货币资金持有量，以合理使用货币资金。

·知识链接·

评价企业货币资金持有量是否合理应结合的因素

企业可以结合下列因素评价企业货币资金持有量是否合理：

(1) 企业的资产规模与业务量。在通常情况下，企业资产规模越大，货币资金的持有量越大。企业业务量越多，则处于货币资金形态的资产也就越多。

(2) 企业筹资能力。如果企业信誉好，筹资渠道多，就不用大量持有货币资金。

(3) 企业有效运用货币资金的能力。如果企业较多的资金仅停留在货币状态，意味着企业资金只能用于支付，表明企业管理人员生财无道。若企业经营者运用货币资金的能力强，则可维持较低的货币水平，将资金用于投资活动，这样就盘活了资金，提高了企业的盈利水平。

(4) 企业所处行业的特点。不同行业的企业，其货币资金的规模存在着差异，有的甚至差异很大。

2. 交易性金融资产

交易性金融资产反映资产负债表日企业分类为以公允价值计量且其变动计入当期损益的金融资产，以及企业持有的指定为以公允价值计量且其变动计入当期损益的金融资产的期末账面价值。

3. 应收票据

应收票据是指企业因销售商品、产品和提供劳务等收到的商业汇票。它包括银行承兑汇票和商业承兑汇票两种形式。商业汇票是一种载有一定付款日期、付款地点、付款金额和付款人的，无条件支付的流通证券，也是一种可以由持票人自由转让给他人的债权凭证。应收票据与一般的应收款项相比，流动性和安全性更强，更容易在市场上流通转让，供货方比较容易接受。有鉴于此，在过去，应收票据一般不考虑坏账风险而是按照其原值反映，但其毕竟也是一种商业信用，依然存在着风险，因此根据《企业会计准则》的规定，应收票据也要根据实际情况计提坏账准备，并按照扣除坏账准备后的净额列示。

·知识链接·

分析应收票据的质量时应注意的问题

应收票据分析应从分析票据的业务基础及会计报表附注中披露的信息两方面进行：

(1) 应收票据的业务基础。商业汇票要求以商品交易为前提。具有良好的业务合作的企业之间，特别是关联方之间，会出现相互开具商业汇票的行为。债权企业先将商业承兑汇票向银行贴现，然后将从银行取得的贴现款划给原票据债务企业，从而达到从银行间接融资的目的。此时，开具商业承兑汇票的目的是向银行融资，这种票据反映的情况就不具有真实的经济交易，从而加大了企业的财务风险。

(2) 会计报表附注中披露的信息。我们在分析应收票据时还应结合会计报表附注中披露的信息，了解企业是否存在已经贴现的商业承兑票据，是否会影响企业未来偿债情况。

4. 应收账款

应收账款是指企业因销售商品、产品和提供劳务等而应向购买单位收取的各种款项，如应收的价款、增值税款以及代垫的运杂费等。在正常情况下，这种账款在1年内能够收回，所以一般归属于流动资产。但在现实经济生活当中，企业可能因为信用危机导致应收账款长期被占压而迟迟收不回来。企业应收账款管理的目标就是在应收账款信用政策所增加的盈利和这种政策的成本之间作出权衡，以使企业利润最大化或企业价值最大化。

为了体现应收账款的真实价值，应收账款应当估计其坏账损失，按照商业信用金额扣除所计提的坏账准备的净额列示。应收账款分析应与销售额分析、现金流分析联系起来。应收账款的起点是销售，终点是现金。正常的情况是销售增加引起应收账款增加，现金的存量和经营现金流量也会随之增加。如果一个企业应收账款日益增加，而销售和现金日益减少，则企业的营销政策就可能已出现问题，甚至变得比较可疑，有虚构收入操纵利润的嫌疑。

·知识链接·

实务中应收账款分析主要是通过比较分析、结构分析和比率分析来进行的

(1) 比较分析就是将应收账款的变化与销售收入的变化加以比较。一般来说，应收账款与销售收入规模存在一定的正相关，当企业放宽信用限制时，往往会刺激销售，但同时也增加了应收账款；而企业紧缩信用限制时，在减少应收账款时又会影响销售。因此，如果应收账款的增长率明显大于销售收入的增长率，则说明应收账款过多。

(2) 结构分析就是将企业的应收账款占总资产的比例(即结构)与同行业其他企业的情况加以比较。一般来说，每一个行业都有其独特的资产结构。如果企业的应收账款占总资产的比例明显超过同行业的一般水平，则往往说明应收账款过多。

(3) 比率分析就是将企业的应收账款周转率与同行业其他企业的情况加以比较。应收账款周转率是用一段时间内的(信用)销售收入，除以同期内流通在外的应收账款平均余额。其计算公式为：

应收账款周转率=销售收入÷应收账款平均余额

如果企业的应收账款周转率明显低于同行业的一般水平,则往往说明应收账款过多,周转过慢。

此外,在对应收账款的分析中,我们除了采用比较分析、结构分析和比率分析来判断应收账款是否过多,还应进行账龄分析和对象分析来进一步判断应收账款的风险。

应收账款的账龄是指资产负债表中的应收账款从销售实现、产生应收账款之日起,至资产负债表日止所经历的时间,简而言之,就是应收账款停留在企业账簿上的时间。在分析应收账款时,我们一定要仔细分析会计报表附注,了解应收账款的账龄情况。一般来说,1 年以内的应收账款在企业正常信用期限范围内;1～2 年的应收账款虽属逾期,但也属正常;2～3 年的应收账款风险较大;而 3 年以上的应收账款通常收回的可能性极小。

5. 存货

存货是指企业在生产经营过程中为销售或耗用而储存的各种有形资产,包括各种原材料、包装物、低值易耗品、委托加工材料、产成品、库存商品以及委托代销商品等。存货作为一项重要的流动资产,它区别于固定资产等非流动资产的最基本的特征在于,企业持有存货的最终目的是为了出售。

在资产负债表上,存货按照成本与可变现净值孰低计价。成本指的是取得存货的历史成本。库存商品的可变现净值为预计售价减去预计销售费用及预计销售税金。材料的可变现净值取决于材料用于生产还是直接出售,相关计算公式为:

用于生产的材料可变现净值=终端完工产品预计售价－终端产品的预计销售税费－预计追加成本

用于销售的材料可变现净值=材料预计售价－材料预计销售税费

存货的这种计价方式主要是为了避免存货价值虚增,体现了稳健性原则。

存货金额的大小应当采用辩证的观点来看。通常而言,在“适时制”及“零存货”等新的管理理念下,存货意味着较大的成本负担,容易给人造成“积压滞销”之感,但也不排除企业在特殊情况下,为了“囤积居奇”或战略性目的而把持着大量存货。企业存货管理的目标就是要尽力在各种存货持有成本与短缺成本之间作出权衡,以使企业的利润最大化或企业价值最大化。

·知识链接·

实务中对存货的具体分析主要包括比较分析、结构分析和比率分析

(1) 比较分析就是将存货的变化与营业收入的变化加以比较。一般来说,存货与营业收入规模存在一定的正相关。在正常情况下,企业的营业收入规模越大,存货的规模越大;企业的营业收入规模越小,存货规模越小。因此,如果存货的增长率明显大于营业收入的增长率,往往说明存货过多。

(2) 结构分析就是将企业的存货占总资产的比例(即结构)与同行业其他企业的情况加以比较。一般来说,每一个行业都有其独特的存货结构。如果企业的存货占总资产的比例明显超过同行业的一般水平,往往说明存货过多。

(3) 比率分析就是将企业的存货周转率与同行业其他企业的情况加以比较。存货周转率是用一段时间内的营业成本，除以同期内的存货平均余额。其计算公式为：

存货周转率＝营业成本÷存货平均余额

如果企业的存货周转率明显低于同行业的一般水平，往往说明存货过多，周转过慢。

6. 合同资产

合同资产是指企业已向客户转让商品而有权收取对价的权利，且该权利取决于时间流逝之外的其他因素。应收款项是企业无条件收取合同对价的权利。只有在合同对价到期支付之前仅仅随若时间的流逝即可收款的权利，才是无条件的收款权。合同资产和应收款项都是企业拥有的有权收取对价的合同权利，两者的区别在于，应收款项代表的是无条件收取合同对价的权利，即企业仅仅随着时间的流逝即可收款，而合同资产并不是一项无条件收款权，该权利除了时间流逝，还取决于其他条件（如履行合同中的其他履约义务）才能收取相应的合同对价。合同资产和合同负债应当在资产负债表中单独列示，并按流动性，分别列示为“合同资产”或“其他非流动资产”以及“合同负债”或“其他非流动负债”。同一合同下的合同资产和合同负债应当以净额列示，不同合同下的合同资产和合同负债不能互相抵销。

7. 债权投资

债权投资反映资产负债表日企业以摊余成本计量的长期债权投资的期末账面价值。

8. 其他债权投资

其他债权投资反映企业资产负债表日分类为以公允价值计量且其变动计入其他综合收益的长期债权投资的账面价值。

9. 长期应收款

长期应收款反映企业租赁产生的应收款项和采用递延方式分期收款实质上具有融资性质的销售商品、提供劳务等经营活动产生的应收款项。

10. 长期股权投资

长期股权投资是指投资企业对被投资企业实施控制、产生重大影响的权益性投资以及对其合营企业的投资。

·知识链接·

长期股权投资对企业的作用

（1）通过对外长期投资实施企业的发展战略。企业通过对竞争对手实施兼并，可以扩大市场占有率；通过对其他企业的控制，可以获得稳定的材料货源并开拓产品销售渠道；通过长期投资，可以实施发展战略，快速扩大企业的规模。

（2）通过对外长期投资实现多元化经营。多元化经营可以帮助企业降低经营风险，稳定盈利能力；但同时对企业的经营管理能力也提出了很高的要求，因为多元化经营可能使企业陷入极大的风险中。

11. 其他权益工具投资

其他权益工具投资反映资产负债表日企业指定为以公允价值计量及其变动计入其他综合收益的非交易性权益工具投资的期末账面价值。

12. 固定资产

固定资产是指企业为生产商品、提供劳务、出租或经营管理而持有的，使用寿命超过一个会计年度的有形资产。固定资产是企业经营规模大小的标志，是企业最重要的生产力要素之一，是企业经济效益和竞争力的源泉。高质量的固定资产，应当表现为：①技术装备水平较高，其生产能力与存货的市场份额所需要的生产能力相匹配，能够将符合市场质量需要的产品推向市场并获得利润。②周转速度适当，资产的闲置率不高。③结构合理，符合行业特征。判断技术装备水平高低的财务指标主要是固定资产综合成新率。其计算公式为：

固定资产综合成新率＝(固定资产原值－累计折旧)÷固定资产原值×100％

在一般情况下，设备、厂房越新，技术装备水平越高；设备、厂房越旧，技术装备水平越低。因此，如果企业的综合成新率明显低于同行业的平均水平，往往说明企业的技术装备水平相对较低。

判断周转速度快慢的财务指标主要是固定资产周转率。其计算公式为：

固定资产周转率＝营业收入÷固定资产平均余额×100％

如果企业的固定资产周转率明显低于同行业的平均水平，则说明固定资产的周转速度较慢，资产的闲置率较高。

判断固定资产结构是否合理的财务指标主要是固定资产占总资产的比重。其计算公式为：

固定资产占总资产的比重＝固定资产÷总资产×100％

一般来说，每一个行业的企业都有其独特的固定资产结构。例如，金融类企业的盈利模式为吸存放贷，主要的盈利性资产是贷款、债券投资，固定资产是其非生息性资产，所以，对于银行来说，其固定资产所占比重应当尽量低；对于制造业企业来说，其固定资产通常为厂房、机器设备、运输工具等，固定资产是企业的生产设施，但同时企业资产的相当部分也会以存货和应收款项的形式存在，因此固定资产所占总资产比重适中；对于电力企业来说，由于其主要盈利资产是电厂机组，固定资产占总资产的比重会非常高。因此，判断固定资产结构是否合理，需要将企业的固定资产占总资产的比重与同行业的一般水平加以比较。如果企业的固定资产占总资产的比重明显超过同行业的一般水平，往往说明固定资产过多，企业大量的资金投在了厂房、设备里。

在资产负债表上，"固定资产"项目反映资产负债表日企业固定资产的期末账面价值和企业尚未清理完毕的固定资产清理净损益。该项目应根据"固定资产"科目的期末余额，减去"累计折旧"科目和"固定资产减值准备"科目的期末余额后的金额，以及"固定资产清理"科目的期末余额填列。累计折旧计提方法有多种，企业通常基于税收方面的考虑而选用不同的折旧方法，由此导致的固定资产账面价值的变化。财务报告使用者需要结合附注信息予以分析，在必要时可以还原固定资产的原始价值，以便考核企业的经营实力，正确评估固定资产的整体运行情况，对其使用效率和综合竞争力水平予以全面而公允的评价。

财务报告使用者在分析时还要重视企业固定资产的构成，在各类固定资产中，生产用固定资产，特别是生产设备，在企业全部固定资产中应占有较大比重，而非生产用固定资产、未使用固定资产和不需用固定资产占全部固定资产的比重应该较低。因此，分析固定资产的利用率或闲置率，可以评价企业固定资产的使用效率。此外，考察固定资产更新情况，可以判断企业固定资产的更新改造情况。通常,更新改造程度越高,意味着企业固定资产的质量和性能越好,企业的发展潜力越大。

·知识链接·

行业特征决定固定资产结构差异

不同行业的企业,其固定资产占总资产的比重是不同的,下面以招商银行、四川长虹、用友软件、粤电力四企业某年年末的报表数据为例来说明。有关数据资料见表1-4。

表1-4　**四企业某年年末的固定资产比重**　金额单位:万元

企业名称	资产	期末余额	比重
招商银行	固定资产	485 647.3	1.80%
	资产总计	26 631 715.5	100.00%
四川长虹	固定资产	229 728.4	13.18%
	资产总计	1 742 633.4	100.00%
用友软件	固定资产	6 408.7	5.48%
	资产总计	116 786.5	100.00%
粤电力	固定资产	726 008.3	59.54%
	资产总计	1 219 308.0	100.00%

点评:招商银行属于金融类企业,其盈利模式为吸存放贷,主要的盈利性资产是贷款、债券投资,固定资产是其非生息性资产,所以,对于银行,固定资产所占比重应当尽量低;四川长虹属于电器制造类企业,制造类企业的固定资产通常为厂房、机器设备、运输工具等,固定资产是企业的生产设施,但同时企业资产的相当部分也会以存货和应收账款的形式存在,因此,固定资产所占总资产比重适中;用友软件属于软件类企业,主要生产财务软件,从根本上来说,软件类企业的核心盈利能力来自其智力资源,固定资产是从属于智力资源的,所以,这类企业的固定资产占总资产的比重较低;粤电力的主要盈利资产是电厂机组,固定资产占总资产的比重非常高。

13. 无形资产

无形资产是指企业拥有或者控制的、没有实物形态的、可辨认的非货币性资产,包括商标权、著作权(版权)、专利权、非专利技术、土地使用权、特许权等。与固定资产类似,无形资产是能够给企业带来较长期的经济利益的资产。随着科技进步和知识创新步伐的加快,无形资产所占比重对于部分企业而言会越来越大,并构成企业价值和核心竞争力的主要来源。在资产负债表上,“无形资产”项目按照无形资产的取得成本减去相关累计摊销与无形资产减值准备后的金额列示。据此可以看出,无形资产在会计报表上反映的是企业在这方面的投入金额,并不能反映其无形资产真正的价值,而在现实经济生活当中,其成本和价值可能相差甚远。

至于开发支出项目,可以用来表示正处于开发过程,而且估计能够开发成功并具有一定价值的项目,因此,开发支出项目是能够资本化的无形资产的投入成本。

14. 在建工程

在建工程是企业进行的与固定资产有关的各项工程,包括固定资产新建工程、改扩建工程、大修理工程等资产负债表中的工程项目。它反映资产负债表日企业尚未达到预定可使用状态的在建工程的期末账面价值和企业为在建工程准备的各种物资的期末账面价值。该项目应根据“在建工程”科目的期末余额,减去“在建工程减值准备”科目的期末余额后的金额,以及“工程物资”科目的期末余额,减去“工程物资减值准备”科目的期末余额后的金额填列。为反映固定资产投资的效率,企业应根据资产负债表及附注所提供的有关明细资料进行在建工程分析和支出结构分析。

为了使在建工程早完工、早投产,我们必须分析各支出项目工程的完工程度,为此,可计算完工率指标。其计算公式为:

工程完工率=本年已完工程实际支出÷本年在建工程支出数×100%

该指标表示本年完工工程与本年投资支出价值的比率。比值越大,表示完工程度越高。完工率指标的大小受期初和期末工程余额大小的影响。在期初结转未完工程支出数既定的情况下,企业若尽量减少期末未完工程支出数余额,可以提高工程完工率。计算和分析完工率指标的完成情况,可以查明影响工程进度的原因,合理安排支出,缩短期限,以尽快地形成生产能力。

15. 总资产

总资产代表着企业的经营规模,资产越多,说明企业可以用于赚取收益的资源越多,可以用于偿还债务的资产保障越多;但不是说企业的资产越多就越好,资产不代表企业的收益能力,有些企业资产规模很大却经营亏损,有些企业资产规模不大却照样盈利。

企业资产是否能够带来经济利益,是资产质量、结构、规模和发展战略等因素共同作用的结果。因此,对企业总资产的分析应从其规模、结构及资产质量等因素入手,结合企业的发展战略,综合分析。

【学中做 1-7】 根据Q公司资产负债表(见表1-3)资料,对Q公司总资产规模和结构变动情况进行分析(见表1-5)。

表 1-5　　Q公司总资产规模和结构变动情况分析表　　金额单位:元

项目	20×8年	20×7年	增减额	增减率	结构(占总资产)		
					20×8年	20×7年	结构变动
流动资产	104 589 768	60 169 600	44 420 168	73.82%	65.00%	70.02%	−5.02%
非流动资产	56 305 347	25 767 523	30 537 824	118.51%	35.00%	29.98%	5.02%
资产总额	160 895 115	85 937 123	74 957 992	87.22%	100.00%	100.00%	—

从表1-5的计算结果可以分析得出:

第一,从流动资产来看,流动资产比20×7年增长了73.82%,虽然占总资产的比重有所下降,但在资产总额中还是占很大比重,结合Q公司资产负债表分析,主要是存货和应收账款增加导致的,说明公司的经营成果带来了资产的增加。

第二,从非流动资产情况来看,非流动资产比20×7年增长了118.51%,在总资产中比重也增长了5.02%,具体来看,主要是固定资产增加导致的。这说明公司采取了不断扩大资产规模、提升资产盈利潜力的发展策略,未来的收益会有所提高,但固定资产的弹性较差,风险高,因而加大了公司的经营风险。

·知识链接·

比较分析法

财务报告分析常用的方法有比较分析法、比率分析法、趋势分析法和因素分析法。下面主要介绍比较分析法。

比较分析法是通过经济指标在数量上的比较，来揭示经济指标的数量关系和数量差异的一种方法。比较分析法又分为横向比较分析法和纵向比较分析法两种。

1. 横向比较分析法

横向比较分析法又叫水平分析法，是将实际达到的结果同某一标准，包括某一期或数期财务报表中的相同项目的实际数据进行比较的分析方法。它可以用绝对数比较，也可以用相对数比较。例如，20×7 年 12 月 31 日，某公司资产总额是 2 000 万元；20×8 年 12 月 31 日，其资产总额是 2 800 万元，则总资产比 20×7 年增加了 800 万元，增长率是 40%。绝对数比较仅通过差异数说明差异金额，但没有表明变动程度，而相对数比较则进一步说明变动程度，所以在实际工作中，可以将绝对数比较与相对数比较相结合，对分析资料得出充分的判断和准确的评价。

2. 纵向比较分析法

纵向比较分析法又叫垂直分析法，是以会计报表中某一关键项目为基数项目，以其金额为 100%，将其余项目的金额分别计算出各占关键项目金额的百分比的分析方法。其计算公式为：

结构比率＝某一组成部分的数额÷整体的数额×100%

利用结构比率进行纵向比较分析，可以考察总体中某一部分形成和安排是否合理，以便协调企业的财务活动。会计报表分析中常用的构成比率有以下几种：

一是资产各项目占资产总额的比重。

二是负债各项目占负债总额的比重。

三是负债、所有者权益各项目占资产总额的比重。

四是各类固定资产占固定资产总额的比重。

五是各成本项目占总成本的比重。

六是各类存货占存货总额的比重。

七是各项成本、费用、利润占营业收入的比重。

八是各项现金流入(出)占现金总流入(出)的比重。

例如，A 公司结构利润表(部分)如表 1-6 所示(以各年收入为 100%)，对 A 公司净利润构成情况作出简要分析。

表 1-6 **A 公司结构利润表(部分)** 金额单位：万元

项　目	金额		构成比率	
	20×8 年	20×7 年	20×8 年	20×7 年
营业收入	450 000	400 000	100%	100%
营业成本	292 500	280 000	65%	70%
营业利润	157 500	120 000	35%	30%
费用(含所得税费用)	126 000	100 000	28%	25%
净利润	31 500	20 000	7%	5%

分析：A 公司 20×8 年净利润构成比 20×7 年上升了 2%，主要原因有二：一是营业成本构成比重下降了 5%（导致营业利润比重上升了 5%）；二是费用比重上升了 3%。各个因素共同影响使得净利润构成上升了 2%。

负债是企业重要的筹资来源，但可能给企业带来财务风险。如何分析负债项目，合理利用负债筹资呢？

（二）阅读负债类项目

1. 短期借款

短期借款是指企业向银行或其他金融机构等借入的期限在 1 年以下（含 1 年）的各种借款。短期借款相对而言资金成本较低，但其作为流动负债，通常带有强制性的偿还负担，如果资金安排不当，容易造成企业短期的偿债压力。企业在举债时，应测算短期借款到期时现金流量状况，确保企业有足够的现金能用来偿还本息。

此外，在对短期借款进行分析时，企业还要注意使短期借款的数量与流动资产的相关项目相适应，关注借款偿还时间，预测企业未来现金流量，评价企业的短期借款偿还能力。

短期借款筹资的优点在于可以根据企业的需要安排，使用灵活，取得程序较为简便。银行为了防范风险，对发放中长期贷款一般比较谨慎，利率也较高，在这种情况下，短期借款就成为很多企业最为重要的财务资源通道。但短期借款最突出的缺点在于短期内要归还，于是需要保证资产的流动性，以降低企业的财务风险。

需要防止出现的是，短期借款用于长期用途，即“短贷长投”。这是一种非常危险的现象。在这种情况下，企业必须要能持续创造良好的经营活动现金流；否则，如果企业资产的盈利能力不强，经营活动现金流量匮乏，企业资金的周转就会发生困难，会造成流动比率下降，偿债能力恶化，企业陷入难以自拔的财务困境。

·小思考·

企业的短期借款发生变动的原因有哪些？

2. 应付票据

资产负债表里的“应付票据”项目，反映资产负债表日以摊余成本计量的、企业因购买材料、商品和接受服务等开出、承兑的商业汇票，包括银行承兑汇票和商业承兑汇票。相对于应付账款而言，应付票据可变现能力更强，更容易为客户所接受。应付票据的付款时间有约束力，如果到期不能支付，则会影响企业的信誉和以后资金的筹集，而且还会受到银行的处罚。

3. 应付账款

资产负债表里的"应付账款"项目，反映资产负债表日以摊余成本计量的，企业因购买材料、商品和接受劳务等经营活动应支付的款项。应付账款是一种商业信用行为，要求以企业的商业信用作保证。

企业在分析应付账款时，应将其与存货联系起来。在供货商赊销政策一定的条件下，企业应付账款的规模会和企业采购规模有一定的关系；如果企业产销平衡，应付账款的规模还应该与营业收入有对应关系。通常应注意，企业应付账款平均付款期是不是比较稳定，如果企业购销状况没有很大变化，同时供应商没有改变信用政策，而企业的应付账款不正常地增加，平均付款期不正常地延长，这就表明企业支付能力在恶化。

4. 预收款项

预收款项是指企业因销售商品、提供劳务而预先向客户收取的款项。作为一笔流动负债，它意味着后续的商品或服务支出。企业大量而稳定的预收款项的存在往往意味着后续期内较为稳定的收入来源，这对于以后期间的利润具有一定的保障作用，同时也可能展示出该企业商品或劳务供应的紧俏性和优越感，对市场而言是一项利好消息。

5. 应付职工薪酬

应付职工薪酬是指企业为获得职工提供的服务或解除劳动关系而给予的各种形式的报酬或补偿。应付职工薪酬改革作为新企业会计准则改革的一项重要内容，在会计上树立了完整的人工成本概念，使得职工薪酬的内容变得十分丰富。职工薪酬的内容包括短期薪酬、离职后福利、辞退福利与其他长期薪酬。

应付职工薪酬的额度和期限如果在正常的范围内，就不会体现企业的资金和信誉情况。如果企业出现明显拖欠职工薪酬的情况，就表明企业信誉不良或是资金周转出现了困难。

从应付职工薪酬的定义上看，该项目体现的是企业使用各种人力资源所付出的全部代价，以及产品成本在人工成本中所占的比重。依据资产负债表该项目列示的余额和会计报表附注提供的本期数据，我们可以分析评估企业人力资源的劳动效率，还可以通过该项目不同年度的发生额，对企业生产经营趋势作出评价，甚至可以洞察企业的某些异常变动。

6. 应交税费

应交税费用来核算企业按照税法规定计算应交纳的各种税费。这些税费在尚未交纳之前暂时停留在企业形成一项负债，具体包括增值税、消费税、所得税、资源税、土地增值税、城市维护建设税、房产税、土地使用税、车船税、教育费附加等。企业不需要预计应交数，直接计算交纳的税金，如印花税、契税、耕地占用税等，不在"应交税费"科目核算。

税金与企业的经营息息相关，当一个企业没有减免税优惠的情况下，如果其收入非常高，但其交纳的税费却非常低，就要关注该企业是否有偷税行为；而一个企业本期收入与上期相比没有大幅度增长，但税金却明显增加时，就要了解该企业是否因为上期违反税法规定而补交税款，或者行业税率有什么调整，这种变化是否对企业本期和以后的生产经营产生影响。

7. 长期借款

长期借款作为我国传统的企业长期资金融通方式，相对于发行股票和债券而言，具有融资成本低、筹资速度快、借款弹性大等优点。企业可以在有利的经营环境下，充分发挥其财务杠杆效应，为股东和企业谋取更大价值。但同时，长期借款也给企业带来风险，而且通常借款的限制条件较多，筹资数量有限。如果企业长期借款的比重较大，财务报告使用者应当结合公司的资本结构安排和发展规划及前景，综合加以考虑，即它可能代表企业与金融机构的信任与融洽关系，并揭示企业经营的胆识和魄力；也可能意味着企业“靠借钱过日子”，并可能由此引发企业较大的财务危机。

分析长期借款时，财务报告使用者应注意长期借款是否与企业的固定资产、无形资产的规模相适应，是否与企业的当期收益相适应。此外，财务报告使用者还应关注长期借款费用处理的合规性与合理性。

·知识链接·

引起长期借款变动的情况

(1) 银行信贷政策以及资金市场供求状况的改变。比如，金融业调整了利息率，降低到企业可以接受的水平，一直用短期借款“拆东墙补西墙”的企业可能考虑改变这种状态，转成长期借款。

(2) 满足企业对资金的长期需要。比如，当有新的盈利水平较好的项目，如果企业没有更好的资金来源时，通过担保、抵押方式借入长期借款是很多企业的选择。

(3) 保持权益资金的稳定性。当企业收益率远远高于资本市场收益率时，企业股东喜欢“借鸡生蛋”，因为债权人要的仅仅是固定利息，高出利息的收益将全部归股东所有。借款越多，赚钱越多，股东分得的高出资本金利息部分的收益就越多。

(4) 调整负债结构和财务风险。如果企业所有者觉得企业欠款实在太多，企业财务风险已经高到他不能接受的程度，可能会考虑归还部分长期借款，从而导致长期借款余额发生变化。

【学中做 1-8】 根据 Q 公司资产负债表资料(见表 1-3)，对 Q 公司总负债规模和结构变动情况进行分析(见表 1-7)。

表 1-7　　负债规模和结构变动分析表　　金额单位：万元

项目	20×8 年	20×7 年	增减额	增减率	结构(占总资产)		
					20×8 年	20×7 年	结构变动
流动负债合计	57 432 334	52 013 380	5 418 954	10.42%	35.70%	60.52%	−24.82%
非流动负债合计	200 000	4 208 277	−4 008 277	−95.25%	0.12%	4.90%	−4.78%
负债总额	57 632 334	56 221 657	1 410 677	2.51%	35.82%	65.42%	−29.60%
资产总额	160 895 115	85 937 123	74 957 992	87.22%	100.00%	100.00%	—

从表 1-7 的计算结果可以分析得出：

第一，Q 公司 20×8 年负债总额比 20×7 年有所增加，负债占资产总额的比重比上年大幅度下降，负债占总资产的比重由 65.42%下降到 35.82%。这说明企业的资金来源转向了自有资本，财务实力增强，财务风险降低。

第二，Q 公司负债结构中长期负债的比重相对较小，公司的负债成本相对较低；负债主要来源于短期负债，财务风险较高，应关注公司资金的流动性及短期偿债能力。

(三) 阅读所有者权益类项目

1. 股本

上市公司发行的全部股份按面值计算,在会计上称为股本。对于一般企业而言,投资者实际投入的资本金数额叫作实收资本。我国实行注册资本金制度,开办企业必须依法筹集最低限度的资本金即注册资本。例如,《中华人民共和国公司法》第七十八条规定,股份有限公司最低注册资本不低于1 000万元。注册资本是国家授予企业法人经营管理的财产或者企业法人自有财产数额的表现,它能反映公司法人财产权的大小,并用来作为公司经营和社会信用方面的保障。

·知识链接·

引起股本变化的原因

(1) 公司增发新股或配股。这是投资者追加投资引起的变化。

(2) 资本公积或盈余公积转增股本。股本增加,所有者权益总额不变。

(3) 以送股方式进行利润分配。股本增加,未分配利润减少,所有者权益总额不变。

2. 其他权益工具

其他权益工具反映资产负债表日企业发行在外的除普通股以外分类为权益工具的金融工具的期末账面价值。对于资产负债表日企业发行的金融工具,分类为金融负债的,应在"应付债券"项目填列,对于优先股和永续债,还应在"应付债券"项目下的"优先股"项目和"永续债"项目分别填列;分类为权益工具的,应在"其他权益工具"项目填列,对于优先股和永续债,还应在"其他权益工具"项目下的"优先股"项目和"永续债"项目分别填列。

3. 资本公积

资本公积在会计核算中被分为两大类:一类是资本(股本)溢价;另一类是其他资本公积。投资者直接投入企业的资金包括两部分:第一部分就是前述的股本或实收资本;第二部分就是企业收到投资者出资超过其在注册资本或股本中所占份额的部分,即所谓的资本溢价或股本溢价,该部分在会计上通过"资本公积"科目核算。

资本公积除了包括资本溢价,还包括其他资本公积,具体如下:①接受其他股东资本性投入。②发行可分离交易的可转债中包含的权益成分。③以权益结算的股份支付等。

4. 其他综合收益

其他综合收益包括:①可供出售金融资产(新金融准则中其他债权投资或其他权益工具投资)价值的暂时波动。②权益法下被投资产其他综合收益变动时被投资产"长期股权权益"价值调整。③持有至到期投资重分类为可供出售金融资产时的价值波动。④自用房地产、存货转为公允价值模式计量下的投资性房地产时的增值额。⑤重新计量设定受益计划,净负债或净资产所产生的波动。

5. 盈余公积和未分配利润

盈余公积和未分配利润合称为留存收益,它们都表示企业经营活动中的积累,两者并没有本质区别。有人把盈余公积定义为"具有特定用途的留存收益",这里所谓的"特定用途"其实是一个误解。盈余公积作为一项资金来源,并没有什么特定用途。如果说它有特定用途，就是指盈余公积对于利润分配的限定。换言之，只要盈余公积不被当作红利分给股东，至于这部分资金用于内部经营活动的什么方面，并没有什么限制和特殊的规定。除了法定盈余公积，企业还可以根据股东大会或类似权力机构的批准，按规定提取一定比例的任意盈余公积，以进一步扩大资本积累。

未分配利润是利润具体分配后的剩余。确切地说，就是企业期初的累积未分配利润，加上本期实现的净利润，减去提取的盈余公积、向投资者分配的利润等之后的余额。未分配利润是企业可自由支配的资金来源，可以留待以后年度进行分配，对于稳定或调整企业的利润分配政策有一定意义。

·知识链接·

未分配利润变化的原因

未分配利润来源于历年的积累，每期都在发生变化，主要变动原因有以下两点：

(1) 企业生产经营活动的业绩，包括本年经营活动和以前年度经营活动形成的经营业绩的积累。

(2) 企业利润分配政策的执行。企业确认本期分配利润，未分配利润会减少，所有者权益也随之减少，如果企业暂时不分配利润，未分配利润就积累下来了。

【学中做 1-9】 根据 Q 公司资产负债表资料(见表 1-3)，对 Q 公司所有者权益规模和结构变动情况进行分析(见表 1-8)。

表 1-8 **所有者权益规模和结构变动分析表** 金额单位：元

项 目	20×8 年	20×7 年	增减额	增减率	结构(占所有者权益的比重)		
					20×8 年	20×7 年	结构变动
实收资本	18 820 000	14 070 000	4 750 000	33.76%	18.23%	47.35%	−29.12%
资本公积	55 298 943	41 961	55 256 982	131 686.52%	53.55%	0.14%	53.41%
盈余公积	5 073 082	2 300 758	2 772 324	120.50%	4.91%	7.74%	−2.83%
未分配利润	24 070 756	13 302 747	10 768 009	80.95%	23.31%	44.77%	−21.46%
所有者权益合计	103 262 781	29 715 466	73 547 315	247.51%	100.00%	100.00%	—

从表 1-8 的计算结果可以分析得出：

第一，Q 公司所有者权益总额增长很快，资本公积、盈余公积和未分配利润增长额和增长幅度都较高。

第二，Q 公司的所有者权益增长很大部分来自盈余公积和未分配利润的增长，说明 Q 公司 20×8 年的获利情况较好，应结合利润表的盈利情况进一步分析。在全部资产中，所有者权益占资产的比重达到 64.18%(103 262 781÷160 895 115×100%)，说明 Q 公司财务实力强，所有者权益总额的增加也说明了 Q 公司所有者投资得以保值与增值。

工作实例

编制资产负债表

根据 VV 公司有关资料，编制 20×8 年 12 月 31 日的资产负债表。

资料一：VV公司20×7年12月31日的资产负债表如表1-9所示。

表1-9 **资产负债表** 会企01表

编制单位：VV公司 20×7年12月31日 单位：元

资产	期末余额	上年年末余额	负债和所有者权益（或股东权益）	期末余额	上年年末余额
流动资产：		（略）	流动负债：		（略）
货币资金	4 619 400		短期借款	200 000	
交易性金融资产	210 000		交易性金融负债		
衍生金融资产			衍生金融负债		
应收票据	368 580		应付票据	585 300	
应收账款	119 000		应付账款	105 900	
应收款项融资			预收款项		
预付款项	108 200		合同负债		
其他应收款	2 500		应付职工薪酬	3 500	
存货	5 508 400		应交税费	450	
合同资产			其他应付款	16 700	
持有待售资产			持有待售负债		
一年内到期的非流动资产			一年内到期的非流动负债	750 000	
其他流动资产			其他流动负债		
流动资产合计	10 936 080		流动负债合计	1 661 850	
非流动资产：			非流动负债：		
债权投资			长期借款	854 600	
其他债权投资			应付债券		
长期应收款			其中：优先股		
长期股权投资	302 500		永续债		
其他权益工具投资			租赁负债		
其他非流动金融资产			长期应付款		
投资性房地产			预计负债		
固定资产	1 422 900		递延收益		
在建工程	202 300		递延所得税负债		
生产性生物资产			其他非流动负债		
油气资产			非流动负债合计	854 600	
使用权资产			负债合计	2 516 450	
无形资产	305 600		所有者权益（或股东权益）：		
开发支出			实收资本（或股本）	10 000 000	
商誉			其他权益工具		
长期待摊费用			其中：优先股		
递延所得税资产			永续债		
其他非流动资产			资本公积	235 700	
非流动资产合计	2 233 300		减：库存股		
			其他综合收益		
			专项储备		
			盈余公积	185 430	
			未分配利润	231 800	
			所有者权益（或股东权益）合计	10 652 930	
资产总计	13 169 380		负债和所有者权益（或股东权益）总计	13 169 380	

资料二：VV 公司 20×8 年发生经济业务如下：

(1) 从银行借入期限 3 年、利率 5%、分期付息到期偿还本金的借款 2 000 000 元，已存入银行账户，该项借款将用于厂房的建造。

(2) 购入原材料一批，收到的增值税专用发票上注明原材料价款 200 000 元，增值税额 26 000 元，另支付运输费 1 090 元，增值税专用发票注明运费 1 000 元，增值税额 90 元，所有款项通过银行转账支付，材料尚未验收入库，材料核算采用计划成本法。

(3) 将交易性金融资产(股票投资)出售，价款 200 500 元已存入银行，该投资的成本为 170 000 元，公允价值变动为增值 10 000 元，应交转让金融商品增值税额为 1 726.42 元。

(4) 购入不需安装的设备一台，价款为 85 000 元，增值税额为 11 050 元，运输费为 3 000 元，增值税额为 270 元。价款及包装费、运输费均以银行存款支付，设备已交付使用。

(5) 用银行本票支付采购材料价款，公司收到开户银行转来银行本票多余款收账通知，通知上填写的多余款为 4 188 元，购入材料支付价款及运费 99 800 元，支付增值税额 12 942 元，原材料已验收入库，该批原材料计划价格为 100 000 元。该公司原材料采用计划成本核算。

(6) 归还短期借款本金 30 000 元。

(7) 购入工程物资一批，收到的增值税专用发票上注明物资价款 200 000 元，增值税额 26 000 元，所有款项以银价存款支付。

(8) 计提本年用于厂房建造的 3 年期的借款利息 100 000 元，该借款为分期付息。

(9) 计提应计入本年损益的长期借款利息 16 000 元，该借款为分期付息。

(10) 支付长期借款利息 116 000 元。

(11) 提取现金 500 000 元，准备发放工资。

(12) 支付人员的工资 500 000 元，其中包括支付给在建工程人员的工资 200 000 元。

(13) 分配应支付的职工工资 500 000 元，其中生产人员工资 275 000 元，车间管理人员工资 10 000 元，行政管理人员工资 15 000 元，在建工程人员工资 200 000 元。

(14) 销售产品价款为 1 200 000 元，增值税销项税额为 156 000 元，货款 1 356 000 元收到并存入银行。产品销售成本为 900 000 元。

(15) 生产车间产品领用原材料 700 000 元，一般消耗领用低值易耗品 40 000 元，采用一次摊销法摊销。

(16) 结转领用原材料和低值易耗品应分摊的材料成本差异，材料成本差异率为 3%。

(17) 生产车间一台机床批准出售，原价为 300 000 元，已提折旧为 180 000 元，清理费用为 500 元，出售收入为 800 元，增值税额为 104 元，均通过银行存款收支。该项固定资产已清理完毕。

(18) 计提自用无形资产摊销 60 000 元，以银行存款支付生产车间厂房维修费用 20 000 元。

(19) 以银行存款支付产品销售广告费 20 000 元，产品展览费 8 000 元，增值税额 1 680 元。

(20) 计提固定资产折旧 125 000 元，其中生产车间固定资产折旧费 105 000 元，行政管理部门固定资产折旧费 20 000 元。

(21) 将本期制造费用 156 200 元转入生产成本，计算并结转本期完工产品成本，假设没有期初在产品，本期生产的产品全部完工入库，本期生产成本为 1 152 200 元。

(22) M 公司资本公积增加 300 000 元（本公司持有 M 公司 30%股权，长期股权投资采用权益法核算）。

(23) 销售产品，开出的增值税发票上注明的销售价款为 350 000 元，增值税销项税额为 45 500 元，产品已发出，货款尚未收到。该产品成本为 200 000 元。

(24) 本期应交城市维护建设税为 8 770.89 元，应交教育费附加为 3 758.95 元。

(25) 用银行存款交纳增值税 125 298.42 元，城市维护建设税 8 770.89 元，教育费附加 3 758.95 元。

(26) 公司将盈余公积 60 000 元转增资本，将资本公积 35 000 元转增资本。

(27) 收到应收账款 80 500 元存入银行，偿还应付账款 75 000 元。

(28) 将各损益类科目结转至“本年利润”科目。

(29) 计算税前的会计利润及所得税费用和应交所得税，并将所得税费用结转入本年利润，所得税税率为 25%。假设本例中，资产和负债的账面价值与其计税基础不存在差异。

(30) 计算税后净利润，将“本年利润”科目的余额转入“利润分配——未分配利润”科目。

(31) 根据净利润的 10%、5%、20%提取法定盈余公积、任意盈余公积和分配普通股现金股利。

(32) 将“利润分配”科目下属其余明细科目的余额均转入“利润分配——未分配利润”科目。

工作过程

工作步骤一：根据经济业务编制会计分录。

(1) 借：银行存款	2 000 000	
贷：长期借款		2 000 000
(2) 借：材料采购	201 000	
应交税费——应交增值税（进项税额）	26 090	
贷：银行存款		227 090
(3) 借：银行存款	200 500	
贷：交易性金融资产——成本		170 000
——公允价值变动		10 000
投资收益		20 500
借：投资收益	1 726.42	
贷：应交税费——转让金融商品应交增值税		1 726.42
(4) 借：固定资产	88 000	
应交税费——应交增值税（进项税额）	11 320	
贷：银行存款		99 320
(5) 借：材料采购	99 800	
应交税费——应交增值税（进项税额）	12 942	
银行存款	4 188	
贷：其他货币资金——银行本票		116 930

借:原材料	100 000	
贷:材料采购		99 800
材料成本差异		200
(6) 借:短期借款	30 000	
贷:银行存款		30 000
(7) 借:工程物资	200 000	
应交税费——应交增值税(进项税额)	26 000	
贷:银行存款		226 000
(8) 借:在建工程	100 000	
贷:应付利息		100 000
(9) 借:财务费用	16 000	
贷:应付利息		16 000
(10) 借:应付利息	116 000	
贷:银行存款		116 000
(11) 借:库存现金	500 000	
贷:银行存款		500 000
(12) 借:应付职工薪酬——工资	500 000	
贷:库存现金		500 000
(13) 借:生产成本	275 000	
制造费用	10 000	
管理费用	15 000	
在建工程	200 000	
贷:应付职工薪酬——工资		500 000
(14) 借:银行存款	1 356 000	
贷:主营业务收入		1 200 000
应交税费——应交增值税(销项税额)		156 000
借:主营业务成本	900 000	
贷:库存商品		900 000
(15) 借:生产成本	700 000	
贷:原材料		700 000
借:制造费用	40 000	
贷:周转材料——低值易耗品		40 000
(16) 借:生产成本	21 000	
贷:材料成本差异		21 000
借:制造费用	1 200	
贷:材料成本差异		1 200
(17) 借:固定资产清理	120 000	
累计折旧	180 000	
贷:固定资产		300 000
借:固定资产清理	500	
贷:银行存款		500

借:银行存款	904	
贷:固定资产清理		800
应交税费——应交增值税(销项税额)		104
借:资产处置损益	119 700	
贷:固定资产清理		119 700
(18) 借:管理费用	80 000	
贷:累计摊销		60 000
银行存款		20 000
(19) 借:销售费用	28 000	
应交税费——应交增值税(进项税额)	1 680	
贷:银行存款		29 680
(20) 借:制造费用	105 000	
管理费用	20 000	
贷:累计折旧		125 000
(21) 借:生产成本	156 200	
贷:制造费用		156 200
借:库存商品	1 152 200	
贷:生产成本		1 152 200
(22) 借:长期股权投资——其他权益变动	90 000	
贷:资本公积——其他资本公积		90 000
(23) 借:应收账款	395 500	
贷:主营业务收入		350 000
应交税费——应交增值税(销项税额)		45 500
借:主营业务成本	200 000	
贷:库存商品		200 000
(24) 借:税金及附加	12 529.84	
贷:应交税费——应交城市维护建设税		8 770.89
——应交教育费附加		3 758.95
(25) 借:应交税费——应交增值税(已交税金)	125 298.42	
——应交城市维护建设税	8 770.89	
——应交教育费附加	3 758.95	
贷:银行存款		137 828.26
(26) 借:盈余公积	60 000	
贷:实收资本		60 000
借:资本公积	35 000	
贷:实收资本		35 000
(27) 借:银行存款	80 500	
贷:应收账款		80 500
借:应付账款	75 000	
贷:银行存款		75 000

(28) 借:主营业务收入 1 550 000.00
　　投资收益 18 773.58
　　贷:本年利润 1 568 773.58
　借:本年利润 1 391 229.84
　　贷:主营业务成本 1 100 000.00
　　　税金及附加 12 529.84
　　　财务费用 16 000.00
　　　销售费用 28 000.00
　　　管理费用 115 000.00
　　　资产处置损益 119 700.00

(29) 借:所得税费用 44 385.94
　　贷:应交税费——应交所得税 44 385.94
　借:本年利润 44 385.94
　　贷:所得税费用 44 385.94

(30) 借:本年利润 133 157.80
　　贷:利润分配——未分配利润 133 157.80

(31) 借:利润分配——提取法定盈余公积 13 315.78
　　　　——提取任意盈余公积 6 657.89
　　　　——应付现金股利或利润 26 631.56
　　贷:盈余公积 19 973.67
　　　应付股利 26 631.56

(32) 借:利润分配——未分配利润 46 605.23
　　贷:利润分配——提取法定盈余公积 13 315.78
　　　　——提取任意盈余公积 6 657.89
　　　　——应付现金股利或利润 26 631.56

工作步骤二:根据会计分录编制科目汇总表(略),根据科目汇总表编制资产负债表。

根据上述会计分录编制 20×8 年年末资产负债表,如表 1-10 所示。

表 1-10 **资 产 负 债 表** 会企 01 表

编制单位:VV 公司 20×8 年 12 月 31 日 单位:元

资　　产	期末余额	上年年末余额	负债和所有者权益(或股东权益)	期末余额	上年年末余额
流动资产:			流动负债:		
货币资金	6 683 143.74	4 619 400.00	短期借款	170 000.00	200 000.00
交易性金融资产	30 000.00	210 000.00	交易性金融负债		
衍生金融资产			衍生金融负债		
应收票据	368 580.00	368 580.00	应付票据	585 300.00	585 300.00
应收账款	434 000.00	119 000.00	应付账款	30 900.00	105 900.00
应收款项融资			预收款项		
预付款项	108 200.00	108 200.00	合同负债		
其他应收款	2 500.00	2 500.00	应付职工薪酬	3 500.00	3 500.00

（续表）

资　　产	期末余额	上年年末余额	负债和所有者权益（或股东权益）	期末余额	上年年末余额
存货	5 099 200.00	5 508 400.00	应交税费	44 835.94	450.00
合同资产			其他应付款	43 331.56	16 700.00
持有待售资产			持有待售负债		
一年内到期的非流动资产			一年内到期的非流动负债	750 000.00	750 000.00
其他流动资产			其他流动负债		
流动资产合计	12 725 623.74	10 936 080.00	流动负债合计	1 627 867.50	1 661 850.00
非流动资产：			非流动负债：		
债权投资			长期借款	2 854 600.00	854 600.00
其他债权投资			应付债券		
长期应收款			其中：优先股		
长期股权投资	392 500.00	302 500.00	永续债		
其他权益工具投资			租赁负债		
其他非流动金融资产			长期应付款		
投资性房地产			预计负债		
固定资产	1 265 900.00	1 422 900.00	递延收益		
在建工程	702 300.00	202 300.00	递延所得税负债		
生产性生物资产			其他非流动负债		
油气资产			非流动负债合计	2 854 600.00	854 600.00
使用权资产			负债合计	4 482 467.50	2 516 450.00
无形资产	245 600.00	305 600.00	所有者权益（或股东权益）：		
开发支出			实收资本（或股本）	10 095 000.00	10 000 000.00
商誉			其他权益工具		
长期待摊费用			其中：优先股		
递延所得税资产			永续债		
其他非流动资产			资本公积	290 700.00	235 700.00
非流动资产合计	2 606 300.00	2 233 300.00	减：库存股		
			其他综合收益		
			专项储备		
			盈余公积	145 403.67	185 430.00
			未分配利润	318 352.57	231 800.00
			所有者权益（或股东权益）合计	10 849 456.24	10 652 930.00
资产总计	15 331 923.74	13 169 380.00	负债和所有者权益（或股东权益）总计	15 331 923.74	13 169 380.00

学习子情境二　比较分析资产负债表

职业判断

如何对资产负债表进行比较分析？如何形成分析结论呢？

通过比较企业连续数期的资产负债表数据，综合研究资产负债表中各项目之间的结构关系和变动情况，来判断企业财务状况及其发展前景，这种分析实质上是对资产负债表的综合分析，包括横向比较分析（水平分析）和纵向比较分析（垂直分析）。

一、编制与分析水平资产负债表

如果企业的生产经营活动处于持续健康发展状态，则其资产负债表上的主要财务数据或财务指标就应该呈现出持续稳定发展的趋势。如果企业的主要财务数据或财务指标异常波动或出现恶化趋势，则意味着企业的生产经营活动的某些方面发生了重大变化。

（一）编制水平资产负债表

【学中做 1-10】 根据 VV 公司 20×8 年年末资产负债表的资料（见表 1-10），编制水平资产负债表，如表 1-11 所示。

表 1-11　　**水平资产负债表**

编制单位：VV 公司　　20×8 年 12 月 31 日　　金额单位：元

项　　目	期末余额	上年年末余额	增减额	增减率
流动资产：				
货币资金	6 683 143.74	4 619 400.00	2 063 743.74	44.68%
交易性金融资产	30 000.00	210 000.00	−180 000.00	−85.71%
衍生金融资产				
应收票据	368 580.00	368 580.00	0	0
应收账款	434 000.00	119 000.00	315 000.00	264.71%
应收款项融资				
预付款项	108 200.00	108 200.00	0	0
其他应收款	2 500.00	2 500.00	0	0
存货	5 099 200.00	5 508 400.00	−409 200.00	−7.43%
合同资产				
持有待售资产				

（续表）

项　目	期末余额	上年年末余额	增减额	增减率
一年内到期的非流动资产				
其他流动资产				
流动资产合计	12 725 623.70	10 936 080.00	1 789 543.74	16.36%
非流动资产：				
债权投资				
其他债权投资				
长期应收款				
长期股权投资	392 500.00	302 500.00	90 000.00	29.75%
其他债权工具投资				
其他非流动金融资产				
投资性房地产				
固定资产	1 265 900.00	1 422 900.00	−157 000.00	−11.03%
在建工程	702 300.00	202 300.00	500 000.00	247.16%
生产性生物资产				
油气资产				
使用权资产				
无形资产	245 600.00	305 600.00	−60 000.00	−19.63%
开发支出				
商誉				
长期待摊费用				
递延所得税资产				
其他非流动资产				
非流动资产合计	2 606 300.00	2 233 300.00	373 000.00	16.70%
资产总计	15 331 923.70	13 169 380.00	2 162 543.74	16.42%
流动负债：				
短期借款	170 000.00	200 000.00	−30 000.00	−15.00%
交易性金融负债				
衍生金融负债				
应付票据	585 300.00	585 300.00	0	0
应付账款	30 900.00	105 900.00	−75 000.00	−70.82%
预收款项				
合同负债				
应付职工薪酬	3 500.00	3 500.00	0	0
应交税费	44 835.94	450.00	44 385.94	9 863.54%
其他应付款	43 331.56	16 700.00	26 631.56	159.47%
持有待售负债				
一年内到期的非流动负债	750 000.00	750 000.00	0	0

（续表）

项　目	期末余额	上年年末余额	增减额	增减率
其他流动负债				
流动负债合计	1 627 867.50	1 661 850.00	−33 982.50	−2.04%
非流动负债：				
长期借款	2 854 600.00	854 600.00	2 000 000.00	234.03%
应付债券				
其中：优先股				
永续债				
租赁负债				
长期应付款				
预计负债				
递延收益				
递延所得税负债				
其他非流动负债				
非流动负债合计	2 854 600.00	854 600.00	2 000 000.00	234.03%
负债合计	4 482 467.50	2 516 450.00	1 966 017.50	78.13%
所有者权益（或股东权益）：				
实收资本（或股本）	10 095 000.00	10 000 000.00	95 000.00	0.95%
其他权益工具				
其中：优先股				
永续债				
资本公积	290 700.00	235 700.00	55 000.00	23.33%
减：库存股				
其他综合收益				
专项储备				
盈余公积	145 403.67	185 430.00	−40 026.33	−21.59%
未分配利润	318 352.57	231 800.00	86 552.57	37.34%
所有者权益（或股东权益）合计	10 849 456.20	10 652 930.00	196 526.24	1.84%
负债和所有者权益（或股东权益）总计	15 331 923.70	13 169 380.00	2 162 543.74	16.42%

（二）分析水平资产负债表

分析水平资产负债表时可以参照以下步骤：

第一，从投资或资产角度进行分析评价。

（1）分析总资产规模及各类、各项资产的变动状况，揭示资产变动的主要方面，从总体上了解企业经过一定时期经营后资产的变动情况。

（2）发现变动幅度较大或对总资产变动影响较大的重点项目。

(3) 注意资产变动的合理性与效益性。

(4) 注意考察资产规模变动与所有者权益变动的适应程度。

(5) 注意分析会计政策变动的影响。

第二,从筹资或权益角度进行分析评价。

(1) 分析权益总额的变动状况以及各类、各项筹资的变动状况,揭示出权益总额变动的主要方面,从总体上了解企业经过一定时期经营后权益总额的变动情况。

(2) 发现变动幅度较大或对权益总额变动影响较大的重点类别和重点项目,为进一步分析指明方向。

(3) 注意结合会计报表附注,分析表外数据对权益的影响。

【学中做 1-11】 根据 VV 公司水平资产负债表(见表 1-11)资料,分析其水平资产负债表。

根据 VV 公司水平资产负债表,可得分析结论如下:

第一,资产变化情况分析。公司总资产 20×8 年比 20×7 年增加了 2 162 543.74 元,增长了16.42%,表明公司占有的经济资源有所增加,公司资产规模有所扩大;进一步分析资产增加的原因,流动资产增加了 1 789 543.74 元,对资产总额的影响为 13.59%(1 789 543.74÷13 169 380×100%);非流动资产增加了 373 000 元,对资产总额的影响为 2.832%;在流动资产中,货币资金增加了 2 063 743.74 元,增长了44.68%,对资产的影响为 15.67%,这会增加公司资产的流动性和偿债能力,但同时也应该警惕公司是否存在货币资金浪费的现象,从而影响公司的盈利性;应收账款 20×8 年增加了 315 000 元,增长了 264.71%,对资产总额的影响为2.39%,应结合公司的销售情况、公司的信用政策、应收账款的管理情况进一步分析;存货项目减少409 200 元,降低了 7.43%,使得总资产减少了 3.11%,存货总额的变化受存货构成及销售情况影响;在非流动资产中,在建工程增加了 500 000 元,增长了 247.16%,使得总资产增加了 3.80%,在建工程的增加虽然对 20×8 年经营成果没有太大影响,但在建工程的完工有助于扩张公司的生产能力。

第二,权益变化情况分析。公司本年度负债总额增加了 1 966 017.5 元,增长了78.13%,使得权益总额增长了14.93%。其中流动负债减少了 33 982.5 元,降低了 2.04%;非流动负债的增长主要来自长期借款的增加,长期借款 20×8 年增加了 2 000 000 元,增长了234.03%,对权益总额的影响为15.19%,这会加大公司未来的偿债压力。

公司 20×8 年所有者权益总额增加了 196 526.24 元,增长了 1.84%,使得权益总额增长了1.49%,主要来自实收资本的增加和未分配利润的增加,说明公司的财务实力有所增强。

(三) 分析资产负债表变动原因

从资产负债表单项分析侧重于分析资产负债表项目发生了哪些变化,还不能揭示资产负债表变动的深层次原因。如果从资产负债表左、右两方对应关系方面进行分析,则对资产负债表的变动原因的解释更具有说服力。一般而言,引起资产负债表变动的原因可以归纳为以下四种类型。

1. 负债变动型

负债变动型是指在其他权益项目不变时,负债变动引起资产发生变动的类型。其典型形式如表 1-12 所示。

表 1-12　　负债变动型资产负债表(简表)　　单位:万元

资　产	期末余额	上年年末余额	负债和股东权益	期末余额	上年年末余额
流动资产			负债	1 400	1 000
固定资产			实收资本(或股本)	2 600	2 600
……			盈余公积	200	200
			未分配利润	200	200
总　计	4 400	4 000	总　计	4 400	4 000

从表 1-12 中可以看出,本期企业总资产增加了 400 万元,增长率为 10%,这完全来自负债的增加。尽管企业经营规模扩大了,但这不表示企业经营业绩好,对于这种变化不能简单予以良好评价,这只是企业筹资理财的结果。

2. 追加投资变动型

追加投资变动型是指其他权益项目不变时,投资人追加或收回投资引起资产发生变动的类型。其典型形式如表 1-13 所示。

表 1-13　　追加投资变动型资产负债表(简表)　　单位:万元

资　产	期末余额	上年年末余额	负债和股东权益	期末余额	上年年末余额
流动资产			负债	1 000	1 000
固定资产			股本	3 000	2 600
……			盈余公积	200	200
			未分配利润	200	200
总　计	4 400	4 000	总　计	4 400	4 000

从表 1-13 中可以看出,本期企业总资产增加了 400 万元,增长率为 10%,是投资人追加投资引起的。企业经营规模扩大了,但并不是企业主观努力、搞好经营活动引起的。当一个企业不是依靠自身努力经营,而是依靠投资人追加投资扩大经营规模时,会计信息使用者很难对其作出良好评价。

3. 经营变动型

经营变动型是指其他权益项目不变时,企业经营变动引起资产发生变动的类型。其典型形式如表 1-14 所示。

表 1-14　　经营变动型资产负债表(简表)　　单位:万元

资　产	期末余额	上年年末余额	负债和股东权益	期末余额	上年年末余额
流动资产			负债	1 000	1 000
固定资产			股本	2 600	2 600
……			盈余公积	600	200
			未分配利润	200	200
总　计	4 400	4 000	总　计	4 400	4 000

从表 1-14 中可以看出,本期企业盈余公积增加了 400 万元,导致总资产增加了 400 万元,增长率为 10%,其根本原因是企业本期盈利,从而通过提取盈余公积扩大企业经营规模。

这是企业主观努力的结果，应该给予良好评价。如果情况相反，则会因企业经营失败导致企业经营规模缩减。

4. 股利分配变动型

股利分配变动型是指在其他权益项目不变的情况下，股利分配引起资产发生变动的类型。其典型形式如表 1-15 所示。

表 1-15　　**股利分配变动型资产负债表**　　单位：万元

资　　产	期末余额	上年年末余额	负债和股东权益	期末余额	上年年末余额
流动资产			负债	1 000	1 000
固定资产			股本	2 600	2 600
……			盈余公积	200	200
			未分配利润	600	200
总　计	4 400	4 000	总　计	4 400	4 000

从表 1-15 中可以看出，本期企业从盈利中留用了利润 400 万元，导致资产增长了 400 万元，增长率为 10%，这表明企业当年经营卓有成效。当企业盈利时，盈余公积也会相应地增加，这里仅为说明这一类型而假定盈余公积不变。相反，如果股利分配总额超过当期扣除各项提取后的净利润，会使资产规模缩小，但并不表明企业经营失败，而是企业实行某种股利政策的结果。

在实务中，很难有一个企业的资产负债表变动与上述几种典型情况之一相一致，但任何一个企业的资产负债表变动都可以通过以上几种类型结合来说明。

二、编制与分析垂直资产负债表

（一）编制垂直资产负债表

【学中做 1-12】　根据 VV 公司 20×8 年年末资产负债表（见表 1-10）的资料，编制比较资产负债表，如表 1-16 所示。

表 1-16　　**垂直资产负债表**

编制单位：VV 公司　　20×8 年 12 月 31 日　　金额单位：元

项　　目	期末余额	上年年末余额	期末结构	上年年末结构	差异率
流动资产：					
货币资金	6 683 143.74	4 619 400.00	43.59%	35.08%	8.51%
交易性金融资产	30 000.00	210 000.00	0.20%	1.59%	−1.39%
衍生金融资产					
应收票据	368 580.00	368 580.00	2.40%	2.80%	−0.40%
应收账款	434 000.00	119 000.00	2.83%	0.90%	1.93%
应收款项融资					
预付款项	108 200.00	108 200.00	0.71%	0.82%	−0.11%
其他应收款	2 500.00	2 500.00	0.02%	0.02%	0
存货	5 099 200.00	5 508 400.00	33.26%	41.83%	−8.57%

（续表）

项　　目	期末余额	上年年末余额	期末结构	上年年末结构	差异率
合同资产					
持有待售资产					
一年内到期的非流动资产					
其他流动资产					
流动资产合计	12 725 623.70	10 936 080.00	83.00%	83.04%	−0.04%
非流动资产：					
债权投资					
其他债权投资					
长期应收款					
长期股权投资	392 500.00	302 500.00	2.56%	2.30%	0.26%
其他权益工具投资					
其他非流动金融资产					
投资性房地产					
固定资产	1 265 900.00	1 422 900.00	8.26%	10.80%	−2.54%
在建工程	702 300.00	202 300.00	4.58%	1.54%	3.04%
生产性生物资产					
油气资产					
使用权资产					
无形资产	245 600.00	305 600.00	1.60%	2.32%	−0.72%
开发支出					
商誉					
长期待摊费用					
递延所得税资产					
其他非流动资产					
非流动资产合计	2 606 300.00	2 233 300.00	17.00%	16.96%	0.04%
资产总计	15 331 923.70	13 169 380.00	100.00%	100.00%	0
流动负债：					
短期借款	170 000.00	200 000.00	1.11%	1.52%	−0.41%
交易性金融负债					
衍生金融负债					
应付票据	585 300.00	585 300.00	3.82%	4.44%	−0.62%
应付账款	30 900.00	105 900.00	0.20%	0.80%	−0.60%
预收款项					
合同负债					
应付职工薪酬	3 500.00	3 500.00	0.02%	0.03%	−0.01%
应交税费	44 835.94	450.00	0.29%	0.003%	0.287%
其他应付款	43 331.56	16 700.00	0.28%	0.13%	0.15%
持有待售负债					
一年内到期的非流动负债	750 000.00	750 000.00	4.89%	5.70%	−0.81%

（续表）

项　　目	期末余额	上年年末余额	期末结构	上年年末结构	差异率
其他流动负债					
流动负债合计	1 627 867.50	1 661 850.00	10.62%	12.62%	-2.00%
非流动负债：					
长期借款	2 854 600.00	854 600.00	18.62%	6.49%	12.13%
应付债券					
其中：优先股					
永续债					
租赁负债					
长期应付款					
预计负债					
递延收益					
递延所得税负债					
其他非流动负债					
非流动负债合计	2 854 600.00	854 600.00	18.62%	6.49%	12.13%
负债合计	4 482 467.50	2 516 450.00	29.24%	19.11%	10.13%
所有者权益(或股东权益)：					
实收资本(或股本)	10 095 000.00	10 000 000.00	65.84%	75.93%	-10.09%
其他权益工具					
其中：优先股					
永续债					
资本公积	290 700.00	235 700.00	1.90%	1.79%	0.11%
减：库存股					
其他综合收益					
专项储备					
盈余公积	145 403.67	185 430.00	0.95%	1.41%	-0.46%
未分配利润	318 352.57	231 800.00	2.08%	1.76%	0.32%
所有者权益(或股东权益)合计	10 849 456.20	10 652 930.00	70.76%	80.89%	-10.13%
负债和所有者权益(或股东权益)总计	15 331 923.70	13 169 380.00	100.00%	100.00%	0

（二）分析垂直资产负债表

分析垂直资产负债表可以参照以下步骤进行：

第一，资产结构分析评价。

（1）从静态角度观察企业资产的配置情况，特别关注流动资产和非流动资产的比重以及其中重要项目的比重，分析时可以通过与行业平均水平或可比企业的资产结构进行对比，对资产的流动性和资产风险进行判断，进而对企业资产结构的合理性作出评价。

（2）从动态角度分析资产结构的变动情况，对企业资产结构的稳定性作出评价，进而对企业资产结构的调整情况作出评价。

·知识链接·

资产结构

资产结构是指企业在某一时点上资产的各组成项目的排列和搭配关系。决定资产结构的因素主要有以下四个：

(1) 行业特点。企业所处的行业通常对企业资产结构有着极其重要的影响。比如，生产企业的固定资产比重一般要大于流通企业，而机械行业企业的存货比重一般要高于食品行业企业，航空运输企业的固定资产比重一般较大。

(2) 经营性质。企业的经营性质不同对资产结构也有较大的影响。比如，流通企业、批发企业比零售企业需要更多的固定资产，生产企业、机械化程度高的企业相对于机械化程度低的企业，其固定资产比重较高；一般地，母公司企业相对于子公司企业，长期投资的比重较高。此外，营运周期长短也影响着资产结构，营运周期越长，占用在原材料、在产品、产成品、应收账款上的资金越多；反之，则越少。

(3) 产品生命周期。企业的产品会依次经历成长、成熟、衰退和死亡等阶段。与产品所处的生命周期相适应，企业的资产结构也随之各阶段地交替，适应性地变化。比如，产品处于成长期的企业会大量添置设备、厂房等固定资产，为更多地占有市场而采用宽松的信用政策，应收账款占用资金较多，货币资金相对较少。产品进入衰退期的企业会收缩战线，大规模地回笼货币资金，这时企业的货币资金增多，存货等资产比重会大为减少。因此，应结合产品生命周期评价资产结构。

(4) 宏观经济环境。首先，宏观经济环境决定着企业对外投资机会的大小、投资收益的高低和投资风险的大小，从而直接影响到企业的长期投资数额；其次，物价波动大小往往会直接影响到企业货币资金的数量、存货水平和固定资产规模；最后，处于朝阳产业中的企业，前景广阔，非流动资产规模与日俱增。相反，处于夕阳产业中的企业，经营日益萎缩，货币资金充裕，比重上升。此外，国家的法律、法规和政策也会影响企业的资产结构。

第二，资本结构分析评价。

(1) 从静态角度观察资本结构的构成，衡量企业的财务实力，评价企业的财务风险，同时结合企业的获利能力和经营风险，评价资本结构的合理性。

(2) 从动态角度分析企业资本结构的变动情况，对资本结构的调整情况以及对股东收益可能产生的影响作出评价。

·小思考·

企业的资本结构指的是什么？

【学中做 1-13】 根据 VV 公司垂直资产负债表(见表 1-16)，可得分析结论如下：

结论一，资产结构分析评价。

从静态方面分析，公司流动资产比重 20×8 年为 83.00%，非流动资产比重为 17.00%，说明公司资产的流动性较强，资产风险较小；在流动资产的构成中，货币资金占 43.59%，存货占 33.26%，这种结构的合理性应结合公司所在行业的情况进一步分析。

从动态方面分析，公司流动资产比重下降了0.04%，非流动资产比重上升了0.04%。在流动资产中，货币资金比重上升了8.51%，存货比重下降了8.57%，说明公司的流动资产变现性增强；在非流动资产中，在建工程比重上升了3.04%；固定资产比重下降了2.54%，应分析是资产报废引起的还是计提折旧等因素导致的。总体而言，流动资产和非流动资产的比重变化不大，公司的资产结构较为稳定。

结论二，资本结构分析评价。

从静态方面分析，公司所有者权益比重为70.76%，负债比重为29.24%，资产负债率不高，财务风险较小，公司的财务实力较强。这种结构的合理性应结合公司的获利能力进一步分析。

从动态方面分析，负债比重上升了10.13%，从理论上会加大公司的财务风险，但资产负债率不高，说明公司本期注重利用负债财务杠杆的作用为公司创造更多的收益。所有者权益比重下降了10.13%，说明公司的财务实力有所降低。

(三) 分析资产负债表对称结构

企业的资产结构受制于行业的性质，不同的资产性质，其资金融通方式上也有所不同。因此，即使总资产或总资本相同的企业，不同的投资方式所产生的资产结构与不同筹资方式所产生的资本结构也不完全相同。

资产负债表的结构可以说是千差万别，但归纳起来可以分为保守结构、稳健结构、平衡结构和风险结构四种类型。

1. 保守结构

在保守结构的形式中，无论资产负债表左方的资产结构如何，资产负债表右方的资金全部来源于长期资金，非流动负债与所有者权益的比例高低不影响这种结构形式。其形式见表1-17。

表1-17　　保守结构资产负债表

<table>
<tr><td rowspan="2">流动资产</td><td>非流动负债</td></tr>
<tr><td rowspan="2">所有者权益</td></tr>
<tr><td>非流动资产</td></tr>
</table>

从表1-17中可以看出，保守结构的主要标志是企业全部资产的资金依靠长期资金来源满足。其结果有以下几种：

(1) 企业风险极低。因为筹资风险是建立在经营风险的基础之上的，只要企业资产经营不存在风险，其偿债风险就会消除。由于这一形式中的偿债风险极低，因此，即使提高长期资产的比例，资产风险加大，两方综合起来，也会形成一方较大的风险被另一方较小的风险中和，而使企业风险降低。

(2) 导致较高的资金成本。相对于其他结构形式，这一形式的资金成本最高，但前提是短期债务成本低于长期债务成本。

(3) 筹资结构弹性弱。一旦企业进入用资淡季，对资金存量不易作出调整，企业可以通过将闲置资金投资于短期证券市场来调节，但必须以存在完善的证券市场为前提，而且这种投资的收益也不一定能够消除这种高成本带来的差异。

在实务中保守结构的资产负债表很少被企业普遍采用。

2. 稳健结构

在稳健结构的形式中，长期资产的资金需要依靠长期资金来解决，短期资产的资金需要则使用长期资金和短期资金共同解决，长期资金和短期资金的比例不影响这一形式。其形式见表1-18。

表1-18　　稳健结构资产负债表

流动资产	流动负债
	非流动负债
非流动资产	
	所有者权益

从表1-18中可以看出，稳健结构的主要标志是企业流动资产的一部分资金需要使用流动负债来满足，另一部分资金需要则由非流动负债来满足。其结果有以下几种：

(1) 足以使企业保持相当优异的财务信誉，通过流动资产的变现来满足偿还短期债务的需要，企业风险较小。

(2) 企业可以通过调整流动负债与非流动负债的比例，使负债成本达到企业目标标准，相对于保守结构的资产负债表而言，这一结构的负债成本相对较低，并具有可调节性。

(3) 无论是资产结构还是资本结构，都具有一定的弹性，特别是当临时性资产需要降低或消失时，可通过偿还短期债务或进行短期证券投资来调整，一旦临时性资产需要再产生，又可以通过重新举债或出售短期证券来满足其所需。

这是一种能够被所有企业普遍采用的资产与权益对称结构。

3. 平衡结构

在平衡结构的形式中，以流动负债来满足流动资产的资金需要，以非流动负债和所有者权益来满足长期资产的资金需求，长期负债和所有者权益之间的比例关系不是判断这一结构形式的标志。其形式见表1-19。

表1-19　　平衡结构资产负债表

流动资产	流动负债
非流动资产	非流动负债
	所有者权益

从表1-19中可以看出，平衡结构的主要标志是企业流动资产的资金需要全部依靠流动负债来满足。其结果有以下几种：

(1) 同样高的资产风险与筹资风险中和后，企业风险较均衡。

(2) 负债政策要依靠资产结构变化进行调整。

(3) 存在潜在的风险。这一结构以资金变现时间和数量与偿债时间和数量相一致为前提，一旦两者出现时间上的差异和数量上的差异，如营业收入未能按期取得现金、应收账款没能足额收回、短期证券以低于购入成本出售等，就会使企业产生资金周转困难，并有可能陷入财务危机。

这一结构只适用于经营状况良好、成长性较好的企业。

4. 风险结构

在风险结构的形式中，流动负债不仅用于满足流动资产的资金需要，而且还用于满足部分长期资产的资金需要，这一结构不因为流动负债在多大程度上满足长期资产的资金需求而改变。其形式见表 1-20。

表 1-20　　风险结构资产负债表

流动资产	流动负债
非流动资产	非流动负债 所有者权益

从表 1-20 中可以看出，风险结构的主要标志是以短期资金来满足部分长期资金的需要。其结果有以下几种：

(1) 财务风险较大，较高的资产风险和较高的筹资风险不能匹配。流动负债和长期资产在流动性上并不对称，如果通过长期资产的变现来偿还短期内到期的债务，必然给企业带来沉重的偿债压力，从而要求企业极大地提高资产的流动性。

(2) 相对于其他结构而言，其负债成本最低。

(3) 存在破产的潜在威胁。由于企业时刻面临偿债压力，一旦市场发生变动，或发生意外事件，就可能引发企业资产经营的风险，使得企业因资金周转不灵而陷入财务困境，造成企业因不能偿还到期债务而破产。

这一结构只适用于处在发展壮大时期的企业，而且只能在短期内采用。

工 作 实 例

对资产负债表进行比较分析

根据 Q 公司资产负债表(见表 1-3)数据，编制 Q 公司水平资产负债表与垂直资产负债表，并对其进行分析。

工 作 过 程

工作步骤一：编制并分析 Q 公司水平资产负债表，如表 1-21 所示。

表 1-21　　水平资产负债表

编制单位：Q 公司　　　　20×8 年 12 月 31 日　　　　金额单位：元

项　　目	期末余额	上年年末余额	增减额	增减率
流动资产：				
货币资金	31 001 508	5 859 128	25 142 380	429.11%
交易性金融资产				
衍生金融资产				
应收票据	870 072		870 072	—
应收账款	30 563 647	22 171 670	8 391 977	37.85%
应收款项融资				
预付款项	7 615 188	9 678 675	−2 063 487	−21.32%

（续表）

项　　目	期末余额	上年年末余额	增减额	增减率
其他应收款	1 096 129	1 149 108	－52 979	－4.61%
存货	33 343 224	21 311 019	12 032 205	56.46%
合同资产				
持有待售资产				
一年内到期的非流动资产	100 000		100 000	—
其他流动资产				
流动资产合计	104 589 768	60 169 600	44 420 168	73.82%
非流动资产：				
债权投资				
其他债权投资				
长期应收款				
长期股权投资	4 900 000	250 000	4 650 000	1 860.00%
其他权益工具投资				
其他非流动金融资产				
投资性房地产				
固定资产	37 695 030	22 467 853	15 227 177	67.77%
在建工程	1 310 552	629 774	680 778	108.10%
生产性生物资产				
油气资产				
使用权资产				
无形资产	11 632 250	2 030 034	9 602 216	473.01%
开发支出				
商誉				
长期待摊费用	319 583		319 583	—
递延所得税资产	447 932	389 862	58 070	14.90%
其他非流动资产				
非流动资产合计	56 305 347	25 767 523	30 537 824	118.51%
资产总计	160 895 115	85 937 123	74 957 992	87.22%
流动负债：				
短期借款	5 290 425	10 799 005	－5 508 580	－51.01%
交易性金融负债				
衍生金融负债				
应付票据	22 001 910	14 919 650	7 082 260	47.47%
应付账款	28 297 504	19 973 712	8 323 792	41.67%
预收款项	2 354 299	1 310 931	1 043 368	79.59%
合同负债				
应付职工薪酬	1 254 505	2 496 670	－1 242 165	－49.75%
应交税费	－3 045 290	－1 762 010	－1 283 280	72.83%
其他应付款	1 278 981	769 262	509 719	66.26%
持有待售负债				
一年内到期的非流动负债				
其他流动负债		3 506 160	－3 506 160	－100.00%

（续表）

项　　目	期末余额	上年年末余额	增减额	增减率
流动负债合计	57 432 334	52 013 380	5 418 954	10.42%
非流动负债：				
长期借款		4 008 277	−4 008 277	−100.00%
应付债券				
其中：优先股				
永续债				
租赁负债				
长期应付款	200 000	200 000	0	0
预计负债				
递延收益				
递延所得税负债				
其他非流动负债				
非流动负债合计	200 000	4 208 277	−4 008 277	−95.25%
负债合计	57 632 334	56 221 657	1 410 677	2.51%
所有者权益（或股东权益）：				
实收资本（或股本）	18 820 000	14 070 000	4 750 000	33.76%
其他权益工具				
其中：优先股				
永续债				
资本公积	55 298 943	41 961	55 256 982	131 686.52%
减：库存股				
其他综合收益				
专项储备				
盈余公积	5 073 082	2 300 758	2 772 324	120.50%
未分配利润	24 070 756	13 302 747	10 768 009	80.95%
所有者权益（或股东权益）合计	103 262 781	29 715 466	73 547 315	247.51%
负债和所有者权益（或股东权益）总计	160 895 115	85 937 123	74 957 992	87.22%

【分析要点】

通过表1-21计算结果可以看出Q公司的财务状况如下：

第一，分析Q公司的资产变动情况。Q公司20×8年资产规模比20×7年扩大，资产总额增加了74 957 992元，增长率为87.22%；结合资产各项目分析，资产的增长主要来自货币资金、长期股权投资和无形资产。其中，货币资金增加了25 142 380元，对总资产的影响为29.26%（25 142 380÷85 937 123×100%），自身增长率为429.11%，货币资金的增长应结合销售情况分析，公司可能大量采用现销的方式；长期股权投资增加了4 650 000元，对资产总额的影响是5.41%（4 650 000÷85 937 123×100%），自身增长率为1 860.00%，可见该项目虽然占资产总额的比重不大，但本身的增幅是巨大的，说明经营者开始注重对外投资；无形资产增加了9 602 216元，对资产总额的影响是11.17%（9 602 216÷85 937 123 ×100%），自身增长率为473.01%，无形资产可以增强公司的市场竞争力，提高公司的发展后劲，可见

Q公司从长远发展出发，加大了无形资产的投入。

第二，分析Q公司负债的变动情况。Q公司20×8年负债整体变化不大，总额增加了1 410 677元，增长率为2.51%。其中，流动负债增加了5 418 954元，增长率为10.42%；非流动负债出现了负增长，金额减少了4 008 277元，减少率为95.25%。可见公司的负债筹资以流动负债为主，非流动负债为辅，这样的负债结构使得公司的债务成本较低，非流动负债呈现下降趋势也表明公司比较稳健，有充足的资金偿还债务，财务风险较小。

第三，分析Q公司所有者权益的变动情况。Q公司20×8年所有者权益总额增加了73 547 315元，增长率为247.51%，说明公司的所有者权益得以保值和增值；在所有者权益中，资本公积增加了55 256 982元，增长率为131 686.52%，增长最多，资本公积的增长反映了公司的经营获得了投资者的认可，愿意以较高的出资取得该公司的股权；盈余公积增加了2 772 324元，增长率为120.50%，这表明公司当期经营卓有成效，经营情况稳健，当期实现的净利润大部分用于提取盈余公积，作为公司未来发展的积累资金，增强了公司的发展实力；未分配利润增加了10 768 009元，增长率为80.95%。

工作步骤二：编制并分析Q公司垂直资产负债表，如表1-22所示。

表1-22　　垂直资产负债表

编制单位：Q公司　　20×8年12月31日　　金额单位：元

项　目	期末余额	上年年末余额	期末结构	上年年末结构	差异率
流动资产：					
货币资金	31 001 508	5 859 128	19.27%	6.82%	12.45%
交易性金融资产					
衍生金融资产					
应收票据	870 072		0.54%	0	0.54%
应收账款	30 563 647	22 171 670	19.00%	25.80%	−6.80%
应收款项融资					
预付款项	7 615 188	9 678 675	4.73%	11.26%	−6.53%
其他应收款	1 096 129	1 149 108	0.68%	1.34%	−0.66%
存货	33 343 224	21 311 019	20.72%	24.80%	−4.08%
合同资产					
持有待售资产					
一年内到期的非流动资产	100 000		0.06%	0	0.06%
其他流动资产					
流动资产合计	104 589 768	60 169 600	65.00%	70.02%	−5.02%
非流动资产：					
债权投资					
其他债权投资					
长期应收款					
长期股权投资	4 900 000	250 000	3.05%	0.29%	2.76%
其他权益工具投资					
其他非流动金融资产					
投资性房地产					

（续表）

项　　目	期末余额	上年年末余额	期末结构	上年年末结构	差异率
固定资产	37 695 030	22 467 853	23.43%	26.14%	−2.71%
在建工程	1 310 552	629 774	0.81%	0.73%	0.08%
生产性生物资产					
油气资产					
使用权资产					
无形资产	11 632 250	2 030 034	7.23%	2.36%	4.87%
开发支出					
商誉					
长期待摊费用	319 583		0.20%	0	0.20%
递延所得税资产	447 932	389 862	0.28%	0.45%	−0.17%
其他非流动资产					
非流动资产合计	56 305 347	25 767 523	35.00%	29.98%	5.02%
资产总计	160 895 115	85 937 123	100.00%	100.00%	0
流动负债：					
短期借款	5 290 425	10 799 005	3.29%	12.57%	−9.28%
交易性金融负债					
衍生金融负债					
应付票据	22 001 910	14 919 650	13.67%	17.36%	−3.69%
应付账款	28 297 504	19 973 712	17.59%	23.24%	−5.65%
预收款项	2 354 299	1 310 931	1.46%	1.53%	−0.07%
合同负债					
应付职工薪酬	1 254 505	2 496 670	0.78%	2.91%	−2.13%
应交税费	−3 045 290	−1 762 010	−1.89%	−2.05%	0.16%
其他应付款	1 278 981	769 262	0.79%	0.90%	−0.11%
持有待售负债					
一年内到期的非流动负债					
其他流动负债		3 506 160	0	4.08%	−4.08%
流动负债合计	57 432 334	52 013 380	35.70%	60.52%	−24.82%
非流动负债：					
长期借款		4 008 277	0	4.66%	−4.66%
应付债券					
其中：优先股					
永续债					
租赁负债					
长期应付款	200 000	200 000	0.12%	0.23%	−0.11%
预计负债					
递延收益					
递延所得税负债					
其他非流动负债					
非流动负债合计	200 000	4 208 277	0.12%	4.90%	−4.78%
负债合计	57 632 334	56 221 657	35.82%	65.42%	−29.60%

（续表）

项　　目	期末余额	上年年末余额	期末结构	上年年末结构	差异率
所有者权益(或股东权益)：					
实收资本(或股本)	18 820 000	14 070 000	11.70%	16.37%	−4.67%
其他权益工具					
其中:优先股					
永续债					
资本公积	55 298 943	41 961	34.37%	0.05%	34.32%
减:库存股					
其他综合收益					
专项储备					
盈余公积	5 073 082	2 300 758	3.15%	2.68%	0.47%
未分配利润	24 070 756	13 302 747	14.96%	15.48%	−0.52%
所有者权益(或股东权益)合计	103 262 781	29 715 466	64.18%	34.58%	29.60%
负债和所有者权益(或股东权益)总计	160 895 115	85 937 123	100.00%	100.00%	0

【分析要点】

通过表1-22计算结果可以看出Q公司的财务状况如下：

第一，资产结构方面。20×8年Q公司流动资产占总资产的比重为65.00%，非流动资产占总资产的比重为35.00%，说明公司保持了很高的流动性，也具有一定的生产规模。结合Q公司行业情况判断其资产结构的合理性，一般的制造业，流动资产占总资产的比重应少一些，因此，Q公司资产的结构是较为不合理的。虽然流动资产比重20×8年比20×7年下降了5.02%，但公司的流动资产比重仍然较高。

在流动资产中，存货、应收账款、预付款项、货币资金都占有较高比重，就资产的变现性而言，对于公司的短期债权人的偿债保障是较好的。针对20×8年货币资金比重较大的情况，公司主要应考察是否存在货币资金闲置问题，或者结合销售分析公司是否主要采用现销方式。

在非流动资产中，固定资产占总资产的比重为23.43%，其他非流动资产比重不大，虽然长期股权投资与无形资产的比重较20×7年有所提高，但仍不是非流动资产的主要项目，说明公司经营决策的重心仍然围绕固定资产进行。

第二，负债结构方面。Q公司20×8年流动负债和非流动负债占总资产的比重分别为35.70%和0.12%，非流动负债在负债中的比重较少，公司的短期偿债压力会较大，对公司流动资产的变现性要求较高。如果公司留有足够的流动资产偿债，将会导致公司资金闲置。一般而言，这样的负债结构在制造业中不是很合理。

第三，所有者权益结构方面。Q公司20×8年所有者权益占总资产的比重为64.18%，比重较高，说明公司的财务实力强，偿债压力小，财务风险小。但同时公司没有通过长期借款等方式进行长期融资，没有很好地发挥财务杠杆效应，公司总的资本成本会比较高。

第四，报表中其他重要项目结构分析。Q公司20×8年应收账款的比重为19.00%，比20×7年下降了6.80%，降幅较大，说明公司在销售和应收账款催收方面的工作卓有成效；

应收票据从无到有，说明公司改变了销售政策，是比较好的现象；短期借款比重由 20×7 年的12.57%下降到 20×8 年的 3.29%，说明公司近期偿还短期借款较多，会减轻公司未来负债负担；资本公积比重由 20×7 年的 0.05%上升到 20×8 年的 34.37%，比重上升非常大，应具体分析资本公积产生的原因。

根据 Q 公司水平资产负债表与垂直资产负债表分析结果可以看出，公司经营情况稳健，经营形式及前景乐观，公司规模不断扩大，经济实力提升，发展后劲强。但公司也存在一些问题，如货币资金比重较高，可能是公司大量采用现销方式销售造成的，这样可能会影响销售量，而且资金利用效率低，机会成本较高。对外长期投资增长较快，可能会影响公司内部经营能力；权益资本结构不太合理，资金主要来源于自有资金。公司应加强货币资金管理，改变资产与资本结构，采取多种筹资与投资方式，以获得更多的经济效益。

工作步骤三：对 Q 公司资产负债表进行变动原因分析。

根据 Q 公司资产负债表（见表 1-3）对 Q 公司资产负债表进行变动原因分析，如表 1-23 所示。

表 1-23　　资产负债表变动原因分析表　　单位：元

资　产	期末余额	上年年末余额	负债和所有者权益	期末余额	上年年末余额	变　动　数
流动资产			负债	57 632 334	56 221 657	1 410 677
……			实收资本（或股本）	18 820 000	14 070 000	4 750 000
固定资产			资本公积	55 298 943	41 961	55 256 982
……			盈余公积	5 073 082	2 300 758	2 772 324
			未分配利润	24 070 756	13 302 747	10 768 009
资产总计	160 895 115	85 937 123	负债和所有者权益总计	160 895 115	85 937 123	74 957 992

从表 1-23 的计算结果可以看出，公司本期生产经营规模扩大，总资产增加了 74 957 992 元，增长率为 87.22%。其原因有两个方面：

(1) 通过举债，使生产经营规模扩大了 1 410 677 元，使得资产总额增长了 1.64%。

(2) 本期生产经营活动卓有成效，从当期盈利中提取盈余公积和未分配利润 13 540 333 元，使得总资产增长了 15.75%，资本公积增加使得总资产增长了 64.30%，投资人投资使得资产增长了 5.53%。

工作步骤四：对 Q 公司资产负债表进行对称结构分析。

根据 Q 公司资产负债表（见表 1-3）对 Q 公司资产负债表进行对称结构分析，如表 1-24 所示。

表 1-24　　Q 公司稳健结构资产负债表（简表）　　单位：元

<table>
<tr><td rowspan="2">流动资产
104 589 768</td><td>流动负债
57 432 334</td></tr>
<tr><td>非流动负债
200 000</td></tr>
<tr><td>非流动资产
56 305 347</td><td>所有者权益
103 262 781</td></tr>
</table>

根据表 1-24 可以看出，Q 公司资产与权益对称结构属于稳健结构。主要标志是公司流动资产的一部分资金需要使用流动负债来满足，另一部分资金需要则由非流动负债来满足。

【学习情境小结】

本学习情境主要介绍了资产负债表的结构、资产负债表的编制方法以及资产负债表的比较分析和主要项目的阅读。资产负债表是反映企业在某一特定日期所拥有的或控制的经济资源、所承担的现时义务和所有者对净资产的要求权的财务报表。我国企业的资产负债表采用账户式结构。资产负债表的数据主要来自会计账簿记录，可以直接根据总账科目余额填列；根据几个总账科目的余额计算填列；根据总账科目和明细科目的余额分析计算填列；根据有关明细科目余额计算填列；根据有关总账科目与其备抵科目抵销后的净额填列。在进行资产负债表分析时，我们要注意其各项目的构成及其相互关系。资产负债表综合分析主要是对比较资产负债表和结构资产负债表进行分析。在分析时，我们要注意揭示资产负债表各项目变动的根本原因及其资本结构的合理性。

本学习情境的重点是根据企业的资料完成资产负债表的编制，并能够运用比较分析法和结构分析法进行资产负债表的综合分析。

学习情境框架结构如图 1-1 所示。

- 资产负债表编制与分析
  - 编制与阅读资产负债表
    - 认知资产负债表的结构
    - 认知资产负债表的编制方法
    - 阅读资产负债表项目
  - 比较分析资产负债表
    - 编制与分析水平资产负债表
    - 编制与分析垂直资产负债表

图 1-1　学习情境框架图

【做中学——技能 · 职业资格 · 职称考试训练】

一、单项选择题

1. 下列会计报表中，属于时点报表的是(　　)。

A. 资产负债表　　B. 所有者权益变动表

C. 现金流量表　　D. 利润表

2. 20×8 年 12 月 31 日，某企业“固定资产”科目余额为 4 000 万元，“累计折旧”科目余额为 1 600 万元，“固定资产减值准备”科目余额为 200 万元，“在建工程”科目余额为 200 万元。20×8 年 12 月 31 日，该企业资产负债表中“固定资产”项目金额为(　　)万元。

A. 1 200　　B. 900

C. 1 100　　D. 2 200

3. 下列资产负债表项目中，需要根据相关总账所属明细科目的期末余额分析填列的是(　　)项目。

A. “应付账款”　　B. “应收票据”

C. “应付票据”　　D. “应付职工薪酬”

4. 下列有关应付票据处理的表述中，不正确的是(　　)。

A. 企业开出并承兑商业汇票时，应按其票面金额贷记“应付票据”科目

B. 应付票据到期支付时，按账面余额结转

C. 企业支付的银行承兑手续费，记入当期“财务费用”科目

D. 企业到期无力支付的银行承兑汇票，应按票面金额转入“应付账款”科目

5. 我国目前采用的资产负债表的格式是(　　)。

A. 单步式　　B. 多步式

C. 报告式　　D. 账户式

6. 下列会计核算方法中，属于会计日常核算工作起点的是(　　)。

A. 取得或填制会计凭证　　B. 登记会计账簿

C. 编制会计报表　　D. 设置会计科目和会计账户

7. 下列资产负债表项目中，直接根据多个明细科目余额填列的是(　　)项目。

A. “应付账款”　　B. “盈余公积”

C. “未分配利润”　　D. “实收资本”

8. 下列各项中，不纳入“其他货币资金”科目核算的是(　　)。

A. 交易性金融资产　　B. 银行本票存款

C. 银行信用卡存款　　D. 外埠存款

9. 20×8 年年末，甲企业“委托加工物资”科目余额为 3 000 万元，“发出商品”科目余额为 2 400万元，“原材料”科目余额为 3 000 万元，“材料成本差异”科目借方余额为 300 万元。假定不考虑其他因素，20×8 年年末，该企业资产负债表中“存货”项目的金额为(　　)万元。

A. 8 100　　B. 8 700　　C. 5 700　　D. 5 100

10. 某年年末，某企业“应收账款”科目借方余额为 650 万元，其中“应收账款”科目所属明细科目的借方余额为 850 万元，贷方余额为 200 万元，年末计提“坏账准备”科目的贷方余额为 65 万元，假定年末坏账准备与应收账款相关，该企业年末资产负债表中“应收账款”项目余额为(　　)万元。

A. 585　　B. 600　　C. 785　　D. 800

二、多项选择题

1. 月份终了，资产负债表中的“未分配利润”项目应根据(　　)科目计算填列。

A. “盈余公积”　　B. “利润分配”

C. “本年利润”　　D. “资本公积”

2. 下列固定资产中，不计提折旧的固定资产有(　　)。

A. 土地　　B. 当月增加的固定资产

C. 处于更新改造过程中的固定资产　　D. 大修理停用的固定资产

3. 会计报表附表包括(　　)。
A. 利润分配表　　B. 业务分部报表
C. 地区分布报表　　D. 分部报表

4. 资产负债表中“存货”项目的金额应根据(　　)科目的余额分析填列。
A. “委托加工物资”　　B. “材料成本差异”
C. “库存商品”　　D. “存货跌价准备”

5. 在填列资产负债表“一年内到期的非流动负债”项目时,需要考虑的科目有(　　)。
A. “应付票据”　B. “应付债券”　C. “长期借款”　D. “应付股利”

6. 下列各项中,应在资产负债表“应付账款”项目列示的有(　　)。
A. “预付账款”科目所属明细科目贷方余额
B. “应收账款”科目所属明细科目贷方余额
C. “应付账款”科目所属明细科目贷方余额
D. “应付账款”总账科目贷方余额

7. 下列科目中,其期末余额反映在“固定资产”项目中的有(　　)。
A. “在建工程”　　B. “工程物资”
C. “固定资产减值准备”　　D. “累计折旧”

8. 下列科目中,其期末余额应当记入资产负债表“存货”项目的有(　　)。
A. 制造费用　　B. 在途物资
C. 委托加工物资　　D. 商品进销差价

9. 下列资产负债表项目中,应根据有关科目余额减去其备抵科目余额后的净额填列的有(　　)。
A. “应付票据”　　B. “交易性金融资产”
C. “无形资产”　　D. “长期股权投资”

10. 资产负债表各项目的“期末余额”栏主要填列方法有(　　)。
A. 根据总账科目余额直接填列
B. 根据有关科目余额减去备抵科目余额后的净额填列
C. 根据明细科目的余额计算填列
D. 综合运用上述填列方法分析填列

三、判断题

1. “货币资金”项目反映企业库存现金、银行结算户存款、外埠存款、银行汇票存款、银行本票存款、信用证保证金存款等的合计数,该项目根据“库存现金”“银行存款”科目期末余额合计数填列。(　　)
2. 如果没有需要,企业可以不编制会计报表附注。(　　)
3. 如果“固定资产清理”科目出现借方余额,应填写到资产负债表“固定资产清理”项目中并以负数列示。(　　)
4. “开发支出”项目应当根据“研发支出”科目所属的“资本化支出”明细科目余额填列。(　　)
5. “应付债券”项目应根据“应付债券”总账科目余额填列。(　　)

四、计算分析题

1. 宏伟公司20×8年12月31日有关资料如下：

(1) 长期借款资料如表1-25所示。

表1-25　　宏伟公司长期借款资料表

借款起始日期	借款期限(年)	金额(万元)
20×8年1月1日	3	500
20×5年1月1日	5	800
20×4年6月1日	5	400

(2) “长期待摊费用”科目的期末余额为80万元，将于1年内摊销的数额为30万元。

要求：

(1) 根据上述资料，计算资产负债表中“长期借款”项目的金额。

(2) 根据上述资料，计算资产负债表中“一年内到期的非流动负债”项目的金额。

(3) 根据上述资料，计算资产负债表中“长期待摊费用”项目的金额。

(4) 根据上述资料，计算资产负债表中“一年内到期的非流动资产”项目的金额。

2. 甲上市公司为增值税一般纳税人，适用的增值税税率为13%。存货按实际成本核算，商品售价不含增值税，其销售成本随销售同时结转。20×8年1月1日，甲上市公司的资产负债表如表1-26所示。

表1-26　　资产负债表(简表)

编制单位：甲上市公司　　20×8年 1 月 1 日　　单位：元

资　　产	上年年末余额	负债和所有者权益	上年年末余额
货币资金	3 204 000	短期借款	2 000 000
交易性金融资产	0	应付账款	840 000
应收票据	240 000	应付票据	400 000
应收账款	1 592 000	预收款项	600 000
预付款项	1 600	应付职工薪酬	40 000
存货	3 680 000	应交税费	96 000
长期股权投资	4 800 000	应付利息	400 000
固定资产	14 420 000	长期借款	10 080 000
在建工程	1 000 000	实收资本	16 000 000
无形资产	2 040 000	盈余公积	960 000
长期待摊费用	500 000	未分配利润	61 600
资产总计	31 477 600	负债和所有者权益总计	31 477 600

20×8年，甲上市公司发生如下交易或事项：

(1) 购入材料一批，开具商业承兑汇票一张，发票账单已经收到，增值税专用发票上注明的货款为30万元，增值税额为3.9万元。材料已验收入库。

(2) 以银行存款购入公允价值为100万元的股票，作为交易性金融资产核算。期末，交易性金融资产公允价值仍为100万元。

(3) 计算并确认短期借款利息5万元。

(4) 计算并计提坏账准备8万元。

(5) 计提行政管理部门用固定资产折旧20万元;摊销管理用无形资产成本10万元。

(6) 销售库存商品一批。该批商品售价为100万元,增值税额为13万元,实际成本为65万元,商品已发出。甲上市公司已于上年预收货款60万元,其余款项尚未结清。

(7) 分配工资费用,其中,公司行政管理人员工资15万元,在建工程人员工资5万元。

(8) 计提应计入在建工程成本的分期付息的长期借款利息20万元。

(9) 确认对联营企业的长期股权投资收益50万元。

(10) 计算并确认应交城市维护建设税3万元(教育费附加略)。

(11) 转销无法支付的应付账款30万元。

(12) 本年度实现利润总额54万元,所得税费用和应交所得税均为18万元(不考虑其他因素),提取法定盈余公积3.6万元。

要求:

(1) 编制甲上市公司20×8年度上述交易或事项的会计分录(不需编制各损益类科目结转本年利润以及利润分配的有关会计分录,要求写出"应交税费"科目的明细科目)。

(2) 填列甲上市公司20×8年12月31日的资产负债表(见表1-27)。

表1-27 **资产负债表(简表)** 会企01表

编制单位:甲上市公司 20×8年 12 月 31 日 单位:元

资　　产	期末余额	负债和所有者权益	期末余额
货币资金		短期借款	
交易性金融资产		应付账款	
应收票据		应付票据	
应收款项		预收款项	
预付账款		应付职工薪酬	
存货		应交税费	
长期股权投资		其他应付款	
固定资产		长期借款	
在建工程		实收资本	
无形资产		盈余公积	
长期待摊费用		未分配利润	
资产总计		负债和所有者权益总计	

3. V公司为一家上市公司,已知水平资产负债表和垂直资产负债表的部分数据分别如表1-28和表1-29所示。

表1-28 **水平资产负债表**

编制单位:V公司 20×8年 12 月 31 日 金额单位:元

项　　目	期末余额	上年年末余额	增减额	增减率
流动资产:				
货币资金	50 000	40 000		

（续表）

项　　目	期末余额	上年年末余额	增减额	增减率
交易性金融资产	20 000	28 000		
衍生金融资产				
应收票据				
应收账款	25 000	15 500		
应收款项融资				
预付款项				
其他应收款				
存货	85 000	97 000		
合同资产				
持有待售资产				
一年内到期的非流动资产				
其他流动资产	48 510	37 910		
流动资产合计	228 510	218 410		
非流动资产：				
债权投资				
其他债权投资				
长期应收款				
长期股权投资	51 000	42 200		
其他权益工具投资				
其他非流动金融资产				
投资性房地产				
固定资产	658 500	631 000		
在建工程				
生产性生物资产				
油气资产				
使用权资产				
无形资产	94 000	91 000		
开发支出				
商誉				
长期待摊费用				
递延所得税资产				
其他非流动资产				
非流动资产合计	803 500	764 200		
资产总计	1 032 010	982 610		
流动负债：				
短期借款	55 000	37 600		

（续表）

项　　目	期末余额	年初余额	增减额	增减率
交易性金融负债				
衍生金融负债				
应付票据				
应付账款	15 500	13 600		
预收款项				
合同负债				
应付职工薪酬				
应交税费	9 530	7 400		
其他应付款				
持有待售负债				
一年内到期的非流动负债				
其他流动负债	3 300	4 487		
流动负债合计	83 330	63 087		
非流动负债：				
长期借款	42 000	38 400		
应付债券	181 000	181 000		
其中：优先股				
永续债				
租赁负债				
长期应付款				
预计负债				
递延收益				
递延所得税负债				
其他非流动负债				
非流动负债合计	223 000	219 400		
负债合计	306 330	282 487		
所有者权益（或股东权益）：				
实收资本（或股本）	500 000	500 000		
其他权益工具				
其中：优先股				
永续债				
资本公积	102 640	107 000		
减：库存股				
其他综合收益				
专项储备				
盈余公积	85 320	82 423		

（续表）

项　　目	期末余额	年初余额	增减额	增减率
未分配利润	37 720	10 700		
所有者权益（或股东权益）合计	725 680	700 123		
负债和所有者权益（或股东权益）总计	1 032 010	982 610		

表 1-29　　垂直资产负债表

编制单位：V 公司　　20×8 年 12 月 31 日　　金额单位：元

项　　目	期末余额	上年年末余额	上年年末结构	期末结构	差异率
流动资产：					
货币资金	50 000	40 000			
交易性金融资产	20 000	28 000			
应收票据					
应收账款	25 000	15 500			
应收款项融资					
预付款项					
其他应收款					
存货	85 000	97 000			
合同资产					
持有待售资产					
一年内到期的非流动资产					
其他流动资产	48 510	37 910			
流动资产合计	228 510	218 410			
非流动资产：					
债权投资					
其他债权投资					
长期应收款					
长期股权投资	51 000	42 200			
其他权益工具投资					
其他非流动金融资产					
投资性房地产					
固定资产	658 500	631 000			
在建工程					
生产性生物资产					
油气资产					
使用权资产					
无形资产	94 000	91 000			

（续表）

项　　目	期末余额	上年年末余额	上年年末结构	期末结构	差异率
开发支出					
商誉					
长期待摊费用					
递延所得税资产					
其他非流动资产					
非流动资产合计	803 500	764 200			
资产总计	1 032 010	982 610			
流动负债：					
短期借款	55 000	37 600			
交易性金融负债					
衍生金融负债					
应付票据					
应付账款	15 500	13 600			
预收款项					
合同负债					
应付职工薪酬					
应交税费	9 530	7 400			
其他应付款					
持有待售负债					
一年内到期的非流动负债					
其他流动负债	3 300	4 487			
流动负债合计	83 330	63 087			
非流动负债：					
长期借款	42 000	38 400			
应付债券	181 000	181 000			
其中：优先股					
永续债					
租赁负债					
长期应付款					
预计负债					
递延收益					
递延所得税负债					
其他非流动负债					
非流动负债合计	223 000	219 400			
负债合计	306 330	282 487			

（续表）

项　　目	期末余额	上年年末余额	上年年末结构	期末结构	差异率
所有者权益（或股东权益）：					
实收资本（或股本）	5 000 000	5 000 000			
其他权益工具					
其中：优先股					
永续债					
资本公积	102 640	107 000			
减：库存股					
其他综合收益					
专项储备					
盈余公积	85 320	82 423			
未分配利润	37 720	10 700			
所有者权益（或股东权益）合计	725 680	700 123			
负债和所有者权益（或股东权益）总计	1 032 010	982 610			

要求：

(1) 编制水平资产负债表，并作出分析评价。

(2) 编制垂直资产负债表，并作出分析评价。

学习情境二　利润表编制与分析

【引例】

课程思政

主营业务收入是企业利润的源泉

企业失败的原因很多，业务的盈利能力持续弱化是其中很重要的原因。洛阳春都食品股份有限公司（以下简称“春都”）和河南双汇投资发展股份有限公司（以下简称“双汇”）都是我国从事肉类加工的上市公司，但两家公司在市场竞争中的表现却大不相同。同是国务院确定的全国520家重点企业、同是中国名牌、同是地处中原的肉类加工企业，双汇的崛起和春都的滑坡引起了我们对盈利能力的思考。

双汇在发展中紧紧围绕主业做文章，依靠高新技术提高产品质量，积极扩大主业生产规模，利用价格优势和规模优势，实现了经济效益的连年增长。正是双汇强劲的主营业务盈利能力给公司效益持续增长带来了良好的基础。

春都自1998年年底募股上市后由于管理混乱，对主营业务外的领域投资过度，主营业务被拖垮。春都1999年以来的主营业务收入，尤其是主营业务利润出现大幅度下滑。

点评：利润表是反映企业经营业绩的核心报表。通过对利润表的解读与分析，我们可以深入地了解企业经营情况，本学习情境我们将学习利润表编制与分析的有关知识。

（资料来源：http://wenku.baidu.com/view/65a6a606de80d4d8d15a4fff.html）

【职业能力目标】

根据会计主管岗位的要求，通过本学习情境的学习，学生应明确利润表的结构，掌握利润编制方法，掌握比较利润表的编制与分析方法。

【典型工作任务】

本学习情境的典型工作任务主要有阅读利润表，编制利润表，根据利润表编制比较利润表，并对其进行分析。

学习子情境一　编制与阅读利润表

职业判断

一、认知利润表的结构

利润表一般由表首、正表和补充资料三部分构成。其中，表首说明报表名称、编制单位、编制日期、报表编号、货币名称、计量单位等；正表是利润表的主体，反映企业形成经营成果的各个项目和计算过程；补充资料反映非经常性项目对利润总额的影响。

利润表正表的结构一般有单步式利润表和多步式利润表两种。我国现行的利润表采用多步式结构。所谓多步式利润表，就是通过对当期的收入、费用、支出项目按性质加以归类，按利润形成的主要环节列示一些中间性利润指标（如营业利润、利润总额、净利润），分步计算当期净损益的利润表。多步式利润表的格式见表 2-1。

表 2-1　　　　利　润　表

会企 02 表

编制单位：　　　　________年______月　　　　单位：元

项　　目	本期金额	上期金额
一、营业收入		
减：营业成本		
税金及附加		
销售费用		
管理费用		
研发费用		
财务费用		
其中：利息费用		
利息收入		
加：其他收益		
投资收益（损失以“－”号填列）		
其中：对联营企业和合营企业的投资收益		
以摊余成本计量的金融资产终止确认收益（损失以“－”号填列）		
净敞口套期收益（损失以“－”号填制）		
公允价值变动收益（损失以“－”号填列）		
信用减值损失（损失以“－”号填列）		
资产减值损失（损失以“－”号填列）		
资产处置收益（损失以“－”号填列）		
二、营业利润（亏损以“－”号填列）		
加：营业外收入		
减：营业外支出		
三、利润总额（亏损总额以“－”号填列）		

（续表）

项　　目	本期金额	上期金额
减：所得税费用		
四、净利润（净亏损以“－”号填列）		
（一）持续经营净利润（净亏损以“－”号填列）		
（二）终止经营净利润（净亏损以“－”号填列）		
五、其他综合收益的税后净额		
（一）不能重分类进损益的其他综合收益		
（二）将重分类进损益的其他综合收益		
六、综合收益总额		
七、每股收益：		
（一）基本每股收益		
（二）稀释每股收益		

·知识链接·

利润表的含义与作用

利润表是反映企业在一定会计期间经营成果的会计报表。利润表把一定会计期间的收入与同一会计期间相关的费用进行配比，以计算出企业一定时期的净利润（或净亏损）。按照《企业会计准则》的规定，企业的利润主要由营业利润、利润总额和净利润三个层次构成，将每一层次的利润都分解成相应的收入和费用项目的比较，从而反映了从“核心业务”到“非核心业务”的扩展，这种利润层次体系有助于报表使用者形象地理解不同范围的经营成果的形成原因。

利润表实际上是反映企业经营情况的一段“录像”。这段“录像”有起点和终点，而利润表所要描述的就是从起点到终点的这个过程，因而被喻为“一段精彩的表演”。这个过程要记录的并不是所有内容，而是这一期间发生了多少收入和多少费用，这段时间是盈利还是亏损。

利润表反映了盈利活动引起的资产负债表中的权益变化，并最终通过所有者权益表现出来。但在现实经济生活中，人们对于利润表的重视显然超过了资产负债表。利润表是企业经济效益的综合体现，它所提供的信息是动态信息。利润表的作用可以表现在以下几个方面：

（1）可以帮助财务报告使用者了解企业实现收入的规模和成本耗费水平。企业在生产经营活动中，不断地发生各种费用，同时取得各种收入。利润表通过收入和成本费用情况的反映，可以提供企业在一定期间内的收益和成本费用情况，以及资金的投入和产出的比例关系，可以使财务报告使用者了解企业的经营业绩和财务成果，分析企业盈亏形成的原因。

（2）可以用来分析预测企业的偿债能力。企业偿债所需的资金不仅取决于现有资产的流动性，而且也受企业获利多少的影响。如果企业获利能力不强，盈利性现金流入不足，企业资产的流动性和权益结构也会恶化，从而使企业偿债能力下降。对于财务报告使用者而言，分析企业不同时期以及不同企业的利润信息，可以预测评价企业的偿债能力，据此作出是否维持、增加或收缩对企业信贷的决策。

（3）可以为经营者进行经营决策提供依据。通过对利润表中各项组成要素的比较分析，并与以前各期比较，可以反映出企业各项收入、费用和利润的升降趋势及其变化幅度，发现企业经营管理中存在的问题。同时，财务报告使用者还可以分析企业利润的构成，对利润进行结构分析，为企业经营决策提供依据。

(4) 能揭示利润的变化趋势，预测企业未来的获利能力。现行《企业会计制度》及《企业会计准则》要求编制的利润表必须设计两个年度的比较报表，因此利润表提供不同时期的比较数字，可以反映企业获利水平的变动，能够揭示企业利润的发展变化趋势，从而有助于财务报告使用者预测企业未来的经营能力。

(5) 可以作为企业分配经营成果的依据。利润表比较完整地提供了企业一定时期的营业利润、投资净收益和营业外收支等有关损益的情况，在扣除了所得税费用后即可计算出企业的净利润。净利润的大小决定了企业各个利害关系人的分配数额，因此，利润表为企业分配利润提供了基础数据和依据。

(6) 能为企业在资本市场融资提供重要依据。企业可以在资本市场上通过发行公司债券和股票进行融资，但我国法律、法规对此有严格的规定。比如，《中华人民共和国公司法》(以下简称《公司法》)规定，公司最近 3 年平均可分配利润足以支付公司债券 1 年的利息，是公司发行债券融资必须符合的条件之一。同时，我国《公司法》规定，近 3 年连续盈利，预期利润率超过银行同期存款利率是公司申请公开发行股票融资的必备条件之一。这些都表明企业的获利能力和利润水平是企业在资本市场上融资及影响企业融资规模的重要依据。

利润是会计信息使用者最关心的项目。利润表该如何编制呢？

二、认知利润表的编制方法

利润表中的各个项目根据各损益类科目的发生额分析填列。利润表各项目的内容及其填列方法如下：

第一步，以营业收入为基础，减去营业成本、税金及附加、销售费用、管理费用、研发费用、财务费用、资产减值损失，加上其他收益、投资收益(减去投资损失)、公允价值变动收益(减去公允价值变动损失)、资产处置收益(减去资产处置损失)等，计算出营业利润。

·知识链接·

主营业务利润和其他业务利润

主营业务利润是指企业主营业务收入扣除主营业务成本、主营业务负担的税费后的利润。主营业务利润是企业在主要生产经营业务范围内实现的利润，是企业最重要也是相对稳定的利润来源，是企业生存发展的基础。其他业务利润是指企业经营主营业务以外的其他业务活动实现的利润，即其他业务收入减去其他业务成本、其他业务负担的税费后的差额。

第二步，以营业利润为基础，加上营业外收入，减去营业外支出，计算出利润总额。

第三步，以利润总额为基础，减去所得税费用，计算出净利润（或亏损）。

普通股或潜在普通股已公开交易的企业，以及正处于公开发行普通股或潜在普通股过程中的企业，还应当在利润表中列示每股收益信息。

利润表各项目均需填列“本期金额”和“上期金额”两栏。其中“上期金额”栏内各项数字，应根据上年该期利润表的“本期金额”栏内所列数字填列。“本期金额”栏内各期数字，除了“基本每股收益”和“稀释每股收益”项目，其他项目应当按照相关科目的发生额分析填列。比如，“营业收入”项目根据“主营业务收入”科目和“其他业务收入”科目的发生额分析计算填列；“营业成本”项目根据“主营业务成本”科目和“其他业务成本”科目的发生额分析计算填列。

·小思考·

利润表上的“净利润”项目是否能公允地反映企业当期正常的盈利能力？

【学中做 2-1】 根据学习情境一的学习子情境一中的工作实例，编制 VV 公司 20×8 年度利润表（假定 VV 公司利润表 20×7 年金额为已知数据，如表 2-2 所示）。

表 2-2 **利 润 表**

会企 02 表

编制单位：VV 公司 20×8 年度 单位：元

项 目	本期金额	上期金额
一、营业收入	1 550 000.00	1 300 000.00
减：营业成本	1 100 000.00	1 000 000.00
税金及附加	12 529.84	52 000.00
销售费用	28 000.00	26 000.00
管理费用	115 000.00	150 000.00
研发费用	—	—
财务费用	16 000.00	10 000.00
其中：利息费用	16 000.00	10 000.00
利息收入		—
加：其他收益		—
投资收益（损失以“—”号填列）	18 773.58	20 000.00
其中：对联营企业和合营企业的投资收益		
净敞口套期收益（损失以“—”号填制）		
公允价值变动收益（损失以“—”号填列）		
信用减值损失（损失以“—”号填列）		
资产减值损失（损失以“—”号填列）		
资产处置收益（损失以“—”号填列）	−119 700.00	
二、营业利润（亏损以“—”号填列）	177 543.74	82 000.00
加：营业外收入		30 000.00
减：营业外支出		
三、利润总额（亏损总额以“—”号填列）	177 543.74	112 000.00
减：所得税费用	44 385.94	28 000.00

（续表）

项　　　目	本期金额	上期金额
四、净利润(净亏损以“—”号填列)	133 157.80	84 000.00
（一）持续经营净利润(净亏损以“—”号填列)	133 157.80	84 000.00
（二）终止经营净利润(净亏损以“—”号填列)		
五、其他综合收益的税后净额		
（一）不能重分类进损益的其他综合收益		
（二）将重分类进损益的其他综合收益		
六、综合收益总额	133 157.80	84 000.00
七、每股收益：		
（一）基本每股收益		
（二）稀释每股收益		

编写说明：利润表项目本期金额可以根据VV公司损益类科目结转本年利润的金额分析填写，即损益类科目的本期净发生额，形成了利润表金额。

净利润是企业对外分配和对内留存的基础。净利润是如何形成的？利润表各项目对净利润产生怎样的影响呢？

三、阅读利润表项目

·小思考·

如何判断一个企业是否有持续的盈利能力？

（一）营业收入

营业收入是指企业日常经营活动中取得的经济利益的流入。它基本上代表着整个企业的营业规模，是企业业绩最重要、最基本的来源。营业收入包括企业主要经营活动和非主要经营活动所带来的收入总额，会计核算上分别称为主营业务收入和其他业务收入。收入意味着企业资产的增加或负债的减少，也是企业财富和所有者权益增长的基础。如果企业的利润总额绝大多数来自营业收入，则企业的利润质量较高。会计信息使用者阅读时应结合利润表附表进行，了解营业收入中主营业务收入和其他业务收入的金额，分析企业主营业务的发展趋势，进而作出合理的决策。

1. 主营业务收入

主营业务收入是企业销售商品、提供劳务等主营业务所取得的收入。

从数量上分析，主营业务收入应与资产负债表中的资产总额配比。主营业务收入代表了企业主要经营能力和获利能力，这种能力应该与企业的生产经营规模（资产总额）相适应。会计信息使用者在分析时应结合行业进行，不同行业的主营业务不同，主营业务收入也不同。

从质量上分析，主营业务收入应该符合《企业会计准则 14 号——收入》的规定，并要划分收入与利得的界限。其中，收入属于企业主要的经常性收入，收入和相关成本在会计报表中分别反映。利得是指收入以外的其他收益，通常从偶发的经济业务中取得，属于那种不经过经营过程就能取得或不曾期望获得的收益，如企业接受捐赠或政府补助取得的资产、因其他企业违约收取的罚款、处理固定资产的净损益、流动资产价值变动等。此外，会计信息使用者在阅读时要观察主营业务收入是否与资产负债表的应收账款配比，由此可以观察企业信用政策，是以赊销还是以现销为主。

2. 其他业务收入

其他业务收入占营业收入的比重不应该过大，若比重较高，会计信息使用者应关注会计报表附注，检查该企业是否存在关联方交易行为。这种关联方交易主要是企业向关联方企业出租固定资产、出租包装物、出让无形资产（如专利权、商标权等）的使用权，尤其是非专利技术，应分析这种交易的真实性、合理性。

·知识链接·

营业收入的分析可以从营业收入的构成分析与营业收入的增减变动分析等方面入手

营业收入的构成分析又包括营业收入的品种构成分析与营业收入的地区构成分析。大多数企业从事的都是多种商品或劳务的生产经营活动。在多种经营的条件下，企业不同品种的商品或劳务的营业收入构成会影响企业利润。占总收入比重大的商品或劳务是企业利润的主要增长点。地区构成分析是指企业为不同地区提供商品或劳务时，其营业收入的地区构成也是分析的重点，营业收入占总收入比重高的地区就是企业业绩的主要来源地。不同地区的消费者偏好不同，所以不同地区的市场潜力会影响企业未来的发展。

营业收入的增减变动分析是指编制营业收入构成增减变动情况表来进行具体分析。

【学中做 2-2】 某公司营业收入构成情况如表 2-3 所示，请对该公司营业收入的构成情况作出分析。

表 2-3　　营业收入构成增减变动情况表

项　目	20×7 年比重	20×8 年比重
营业收入	100.00%	100.00%
主营业务收入：	90.00%	92.00%
其中：A 产品	35.00%	25.00%
B 产品	48.00%	57.00%
C 产品	7.00%	10.00%
其他业务收入：	10.00%	8.00%
其中：销售材料	5.00%	4.00%
运输业务	3.00%	2.00%
出租包装物	2.00%	2.00%

在该公司的营业收入中，20×8 年的构成情况是：主营业务收入占 92%，其中 A 产品占 25%，B 产品占 57%，C 产品占 10%；其他业务收入占 8%。因此，该公司要想增加营业收入，重点应放在扩大 A、B 两种产品的销售上。在此基础上，我们将该公司收入的构成与 20×7 年度进行比较，A 产品收入的比重比 20×7 年下降了 10%，经调查是因为该产品处于

成熟期，市场已经饱和，公司应停止扩大生产该产品，避免遭受更大的损失；B产品收入的比重上升9%，经分析，主要原因是该产品正处于成长期，市场销售潜力仍然较大，公司应保持其生产规模；C产品所占市场比重并不大，但也处于上升阶段，经过调查，该产品市场前景良好，公司应扩大该产品的生产和销售，以占有更大的市场份额。

【学中做2-3】 某公司20×4—20×8年的营业收入增减变动情况如表2-4所示，请对营业收入的变动情况进行分析评价。

表2-4　**营业收入增减变动情况表**　金额单位：万元

年度	营业收入	变动情况	
		变动额	变动率
20×4	6 140		
20×5	8 195	2 055	33.47%
20×6	9 458	1 263	15.41%
20×7	12 521	3 063	32.39%
20×8	18 889	6 368	50.86%

计算结果表明，该公司5年来营业收入一直呈上升趋势。营业收入20×8年比20×7年增加了6 368万元，增长率为50.86%。这说明公司的经营状况良好，发展势头不错。另外，公司经营者还可以进一步将该公司营业收入的增长速度与同行业的增长速度进行比较，进而从公司在行业竞争中所处的位置来对其经营业绩进行评价。

（二）营业成本

营业成本反映企业在主要经营活动以及其他业务中所发生的成本总额，在会计核算中主要分为主营业务成本和其他业务成本两部分。营业成本不同于其他费用，它是直接依附于相关产品或劳务的、被对象化了的成本费用。比如，对于工商企业而言，主营业务成本通常就是售出的库存商品的进货成本或生产成本。营业成本作为利润的减项，对利润的高低有着重要的影响。

1. 主营业务成本

主营业务成本是指企业销售商品提供劳务等主营业务而发生的实际成本。通过对企业费用项目的分析，会计信息使用者可以对企业费用的发生情况、主要用途、费用规模有一定的了解；通过对成本的分析，可以对企业产品成本水平有所了解，与销售价格对比，还可以分析产品的盈利情况。可见，费用成本信息与收入信息一样，对会计信息分析者有着非常重要的意义。

从数量上分析，主营业务成本应与主营业务收入配比。将两者的差除以主营业务收入，即得到毛利率指标，将毛利率与行业、企业生命周期结合，可以评价主营业务成本的合理性。

从质量上分析，主营业务成本与不同利益主体之间有一定关系。在实际工作中，一些企业为满足小集团利益，往往利用会计政策职业判断空间来调控成本。比如，将主营业务成本作为资产挂账，导致当期费用低估，资产价值高估，误导会计信息使用者；或者将资产列作费用，导致当期费用高估，资产价值低估，歪曲了利润；或随意变更成本计算方法和费用分配方法，导致成本数据不准确等。

2. 其他业务成本

会计信息使用者在分析时主要关注该项目与其他业务收入的配比性。

(三) 税金及附加

税金及附加反映企业在本期经营活动中应负担的流转税费,如消费税、城市维护建设税、资源税、土地增值税和教育费附加等。分析该项目时,应该与营业收入配比,因为企业在一定时期内取得的营业收入要按照国家规定交纳各种税金及附加,如果两者不配比,则说明企业有“漏税”嫌疑。但是由于该项目金额相对较小,所以不是分析的重点。

(四) 销售费用

销售费用反映企业在销售过程中发生的各项费用以及为了销售而专门设立的销售机构的经营费用。销售费用的具体项目包括产品销售过程中发生的费用,如包装费、运输费、装卸费、保险费、出借包装物等周转材料的成本消耗以及委托代销费用等;也包括为了促销商品而发生的费用,如广告费、展览费、经营租赁费、售后服务费、产品质量保证损失等;还包括专设销售机构(含销售公司、销售网点、售后服务网点等)的经营费用,如相关职工薪酬、业务经费、销售用固定资产的折旧费、修理费等。

销售费用作为一种期间费用,与营业收入有很强的相关性,会计信息使用者在进行分析时应注意其支出数额与本期收入数额之间是否配比,如不配比,应分析原因;在对该项目的阅读上,如果其增长幅度较大,则应观察其增长的内容。

(五) 管理费用

管理费用反映企业为组织管理企业经营活动所发生的各项费用。管理费用内容非常多,应当由企业统一负担的费用一般都计入管理费用中。例如,公司筹建期间发生的开办费、公司董事会和总部各行政管理部门中的职工薪酬(包括工资、职工福利费、住房公积金、各种社会保险费、工会经费、职工教育经费、非货币性福利、辞退福利等)、公司经费、董事会费、聘请中介机构费、咨询费(含顾问费)、诉讼费、相关税金(如房产税、印花税、土地使用税、车船税等)、矿产资源补偿费、不予资本化的研发费用、技术转让费、排污费、业务招待费、用于经营管理活动的无形资产摊销、报经批准处理的存货盘亏毁损净损失等。

会计信息使用者在阅读时可将管理费用与企业营业收入配比,企业的管理费用基本属于固定性费用,在企业业务量一定、收入量一定的情况下,有效地控制企业固定性行政管理费用,将会给企业带来更多的收益;同时,可将企业管理费用与财务预算配比,分析管理费用的合理性,管理费用数额的大小反映了企业经营管理的理念与水平。

(六) 研发费用

研发费用反映企业在进行研究与开发过程中发生的费用化支出,以及计入管理费用的自行开发无形资产的摊销。该项目应根据“管理费用”科目下的“研究费用”明细科目的发生额以及“管理费用”科目下的“无形资产摊销”明细科目的发生额分析填列。

会计信息使用者在阅读时应将管理费用与营业收入配比,研发费用金额的大小反映了企业对技术创新的重视程度。

(七) 财务费用

财务费用主要是指企业为筹集生产经营所需资金而发生的各项费用。财务费用包括利息支出(利息收入冲减财务费用)、汇兑损益、金融机构手续费,企业发生的现金折扣(收到的现金折扣冲减财务费用)。需要注意的是,借款费用应当考虑资本化问题,只有非资本化的金额才计入财务费用。

会计信息使用者在阅读时应将财务费用与营业收入配比,通过行业水平、企业规模,以及本企业经营生命周期和历史水平分析,考察财务费用的合理性及财务风险情况。此外,会计信息使用者还应考虑财务费用赤字问题,对于大多数企业而言,财务费用不会出现赤字,当企业存款利息收入大于贷款利息费用时会出现财务费用赤字,如果数额较大,则属于不正常现象。

(八) 其他收益

其他收益反映计入其他收益的政府补助,以及其他与日常活动相关且计入其他收益的项目。该项目应根据“其他收益”科目的发生额分析填列。企业作为个人所得税的扣缴义务人,根据《中华人民共和国个人所得税法》收到的扣缴税款手续费,应作为其他与日常活动相关的收益在该项目中填列。

(九) 投资收益

投资收益反映企业确认的投资收益或者损失。在会计上,确认投资收益的事项主要如下:采用成本法核算的长期股权投资的应收股利收入;采用权益法核算的长期股权投资中,因被投资方净利润(或亏损)而计算应享有(或承担)的份额;企业持有的交易性金融资产、交易性金融负债、债权投资、其他债权投资和其他权益工具投资在持有期前获得的应收股利或者应收利息收入;上述资产或负债的出售或处置损益等。此外,交易性金融资产(或交易性金融负债)在取得时支付的佣金、手续费等相关交易费用也计入投资收益(冲减投资收益)。

投资收益是一种利得,通过其他单位使用投资者投资资产所创造的效益分配后取得。由于对外投资使企业间接地获取投资收益,投资收益的高低和真实性也不易控制。

(十)净敞口套期收益

净敞口套期收益反映净敞口套期下被套期项目累计公允价值变动转入当期损益的金额或现金流量套期储备转入当期损益的金额,主要应用于套期工具里实现的收益,期货的交易是其中最常见的内容。该项目应根据“净敞口套期损益”科目的发生额分析填列。

(十一) 公允价值变动收益

公允价值变动收益反映企业在初始确认时划分为以公允价值计量且其变动计入当期损益的金融资产或金融负债(包括交易性金融资产或金融负债和直接指定为以公允价值计量且其变动计入当期损益的金融资产或金融负债),以及采用公允价值模式计量的投资性房地产、衍生工具、套期保值业务等公允价值变动形成的应计入当期损益的利得或损失。

会计信息使用者在阅读该项目时应结合利润表附表相关具体项目的明细资料具体分析,帮助企业作出合理的投资决策。

(十二)信用减值损失

信用减值损失核算按要求计提的各项金融工具信用减值准备所确认的信用损失,主要包括应收票据、应收账款、其他应收款、应收款项融资等坏账的计提,其对应科目是“坏账准备”科目。会计信息使用者在对其分析时应注意信用减值损失与资产负债表中有关项目的配比,并考虑债务人经营情况、本年与上年计提比例的波动性、行业水平比较,观察其异常变化，分析企业是否应用信用减值损失调节利润。

（十三）资产减值损失

资产减值损失是企业计提有关资产减值准备形成的损失。会计信息使用者对其分析时应注意资产减值损失与资产负债表中有关项目（如存货、长期股权投资、固定资产等）的配比，并考虑将企业各项资产减值准备的情况与企业以往情况、市场情况、行业水平比较，观察其异常变化，分析企业是否应用资产减值损失来调节利润。

（十四）营业外收入

营业外收入是企业发生的与生产经营无直接关系的各项收入，通常属于不经过经营过程就能取得或不曾期望获得的收益，因此其数额一般较小，对企业利润的影响也较弱，如果数额较大，则需要进一步分析是否为以操纵企业利润为目的的关联方交易。

（十五）营业外支出

营业外支出是指不属于企业生产经营费用，与企业生产经营活动没有直接的关系，但应从企业实现的利润总额中扣除的支出，包括非季节性和非修理性期间的停工损失、职工子弟学校经费和技工学校经费、非常损失、公益救济性的捐赠、赔偿金、违约金等。该项目反映了企业发生的与本企业生产经营无直接关系的各项支出。营业外支出金额不应过大，否则是不正常的。

（十六）所得税费用

所得税是企业的一项费用，但是该项目并不是直接由当期利润总额乘以税率得到的，因为税法与会计准则对企业会计项目金额的认定不同，致使企业所得税费用与当期应交所得税不同。会计信息使用者分析该项目时，应结合资产负债表中的“递延所得税资产”“递延所得税负债”“应交税费”项目来分析。

（十七）净利润

净利润是企业最终取得的财务成果，也是可供企业所有者分配的财务成果。它是企业正常生产经营、非正常生产经营共同的成果，虽然有偶然、非正常因素的影响，但毕竟是企业实现的、最终能由所有者所有的资源。对于净利润的分析，会计信息使用者在利润总额的基础上，还需要考虑所得税。

（十八）其他综合收益的税后净额

该项目具体包括以后会计期间不能重分类进损益的其他综合收益和以后会计期间在满足规定条件时将重分类进损益的其他综合收益。

（十九）综合收益总额

该项目具体包括净利润与其他综合收益税后净额之和。

工作实例

编制利润表

承[学中做1-6]，Q公司20×8年各损益类项目累计净发生额如表2-5所示，公司发行在外的普通股股数为18 820 000股，利润表上期金额来自20×7年利润表资料。

表 2-5　　**20×8 年损益类科目累计发生额**

会企 02 表

编制单位：Q 公司　　20×8 年度　　单位：元

项　目	借方发生额	贷方发生额
主营业务收入		192 630 452
其他业务收入		3 126 467
主营业务成本	154 781 415	
其他业务成本	3 524 776	
税金及附加	637 680	
销售费用	11 679 764	
管理费用	7 081 471	
财务费用	1 847 259	
信用减值损失	516 703	
资产减值损失	284 075	
投资收益	1 029 427	
营业外收入		1 435 322
营业外支出	497 099	
所得税费用	3 348 116	

要求：根据以上资料，编制 Q 公司 20×8 年度利润表。

工 作 过 程

工作步骤一：计算利润表各项目数值。

营业收入＝192 630 452＋3 126 467＝195 756 919(元)

营业成本＝154 781 415＋3 524 776＝158 306 191(元)

营业利润＝195 756 919－158 306 191－637 680－11 679 764－7 081 471
－1 847 259－516 703－284 075－1 029 427＝14 374 349(元)

利润总额＝14 374 349＋1 435 322－497 099＝15 312 572(元)

净利润＝15 312 572－3 348 116＝11 964 456(元)

基本每股收益＝11 964 456÷18 820 000＝0.64(元)

工作步骤二：编制 20×8 年度利润表(见表 2-6)。

表 2-6　　**利　润　表**

会企 02 表

编制单位：Q 公司　　20×8 年度　　单位：元

项　目	本期金额	上期金额
一、营业收入	195 756 919.00	154 521 867.00
减：营业成本	158 306 191.00	125 234 737.00
税金及附加	637 680.00	438 282.00
销售费用	11 679 764.00	7 135 293.00
管理费用	7 081 471.00	7 230 285.00
研发费用	—	—

（续表）

项　　目	本期金额	上期金额
财务费用	1 847 259.00	1 410 414.00
其中：利息费用	1 847 259.00	1 410 414.00
利息收入		
加：其他收益		
投资收益(损失以“－”号填列)	－1 029 427.00	45 197.00
其中：对联营企业和合营企业的投资收益		
净敞口套期收益(损失以“－”号填制)		
公允价值变动收益(损失以“－”号填列)		
信用减值损失(损失以“－”号填列)	－516 703.00	－239 533.00
资产减值损失(损失以“－”号填列)	－284 075.00	－131 692.00
资产处置收益(损失以“－”号填列)		
二、营业利润(亏损以“－”号填列)	14 374 349.00	12 746 828.00
加：营业外收入	1 435 322.00	348 944.00
减：营业外支出	497 099.00	302 696.00
三、利润总额(亏损总额以“－”号填列)	15 312 572.00	12 793 076.00
减：所得税费用	3 348 116.00	3 502 271.00
四、净利润(净亏损以“－”号填列)	11 964 456.00	9 290 805.00
(一) 持续经营净利润(净亏损以“－”号填列)	11 964 456.00	9 290 805.00
(二) 终止经营净利润(净亏损以“－”号填列)		
五、其他综合收益的税后净额		
(一) 不能重分类进损益的其他综合收益		
(二) 将重分类进损益的其他综合收益		
六、综合收益总额	11 964 456.00	9 290 805.00
七、每股收益：		
(一) 基本每股收益	0.64	0.66
(二) 稀释每股收益	0.64	0.66

学习子情境二　比较分析利润表

职业判断

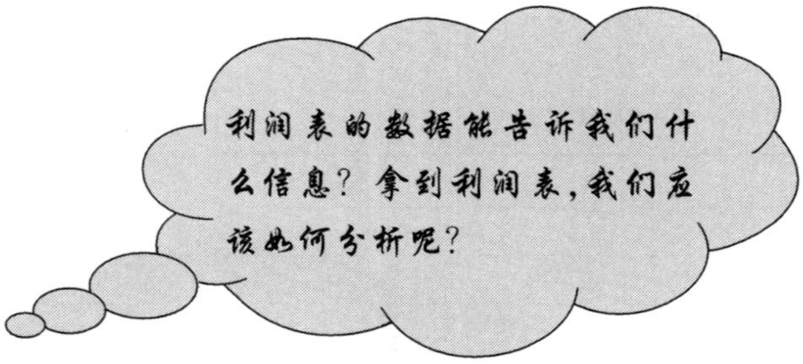

一、编制与分析水平利润表

水平利润表是通过对企业连续两期或多期利润表中的数据进行比较，计算其增减变动的数额和增减变动的百分比，从而了解企业利润变动趋势，包括变动方向、数额和幅度，据以预测企业未来财务活动的发展前景。

水平利润表分析可以分别从绝对额比较分析和百分率比较分析来进行。绝对额比较分析是以利润表中各项目的增减额为分析对象，通过分析各期金额的增减变化及其趋向，来判断企业的发展前景；百分率比较分析是通过利润表中各项目的增减变动百分比进行的分析，来揭示各损益项目变动对经营成果的影响，从而判断企业的发展前景。

(一) 编制水平利润表

【学中做 2-4】 根据 VV 公司 20×8 年度利润表的资料(见表 2-2)，编制 20×8 年度水平利润表，如表 2-7 所示。

表 2-7　　**水平利润表**

编制单位：VV 公司　　20×8 年度　　单位：元

项　　目	本期金额	上期金额	增减额	增减率
一、营业收入	1 550 000.00	1 300 000.00	250 000.00	19.23%
减：营业成本	1 100 000.00	1 000 000.00	100 000.00	10.00%
税金及附加	12 529.84	52 000.00	−39 470.16	−75.90%
销售费用	28 000.00	26 000.00	2 000.00	7.69%
管理费用	115 000.00	150 000.00	−35 000.00	−23.33%
研发费用	—	—	—	
财务费用	16 000.00	10 000.00	6 000.00	60.00%
其中：利息费用	16 000.00	10 000.00	6 000.00	60.00%
利息收入		—	—	
加：其他收益		—	—	
投资收益(损失以"—"号填列)	18 773.58	20 000.00	−1 226.42	−6.13%
其中：对联营企业和合营企业的投资收益				
净敞口套期收益(损失以"—"号填制)				
公允价值变动收益(损失以"—"号填列)				
信用减值损失(损失以"—"号填列)				
资产减值损失(损失以"—"号填列)				
资产处置收益(损失以"—"号填列)	−119 700.00		−119 700.00	
二、营业利润(亏损以"—"号填列)	177 543.74	82 000.00	95 543.74	116.52%
加：营业外收入		30 000.00	−30 000.00	−100.00%
减：营业外支出			—	
三、利润总额(亏损总额以"—"号填列)	177 543.74	112 000.00	65 543.74	58.52%
减：所得税费用	44 385.94	28 000.00	16 385.94	58.52%
四、净利润(净亏损以"—"号填列)	133 157.80	84 000.00	49 157.80	58.52%
(一) 持续经营净利润(净亏损以"—"号填列)	133 157.80	84 000.00	49 157.80	58.52%
(二) 终止经营净利润(净亏损以"—"号填列)				
五、其他综合收益的税后净额				
(一) 不能重分类进损益的其他综合收益				
(二) 将重分类进损益的其他综合收益				
六、综合收益总额	133 157.80	84 000.00	49 157.80	58.52%
七、每股收益：				
(一) 基本每股收益				
(二) 稀释每股收益				

(二) 分析水平利润表

分析水平利润表时可以从营业利润、利润总额和净利润三个方面展开，分别分析每个利润项目的变动情况及变动原因，找出企业利润增长的有利因素和不利因素。

·知识链接·

根据分析的目的和要求不同，水平分析法有三种比较形式

(1) 实际指标同预算比较。实际指标同预算(计划或定额)比较，可以揭示实际与预算(计划或定额)之间的差异，了解该指标的完成情况。

(2) 本期指标同上期指标或历史最高水平比较。本期指标同上期指标或历史最高水平比较，可以确定前后不同时期有关指标的变动情况，了解企业生产经营活动的发展趋势和管理工作的改进情况。

(3) 本企业指标与国内外同行业先进指标比较。本企业指标与国内外同行业先进指标比较，可以找出本企业与先进企业之间的差异，推动本企业改善经营管理方法，赶超先进水平。

【学中做 2-5】 根据 VV 公司 20×8 年度水平利润表的资料(见表 2-7)，对 VV 公司的水平利润表进行分析。

VV 公司营业利润 20×8 年比 20×7 年增加了 95 543.74 元，增长了 116.52%，说明公司生产经营业务获利能力明显增强。分析各项目可知，20×8 年营业收入比 20×7 年增加了 250 000 元，增长了 19.23%；营业成本增加了 100 000 元，增长了 10%，可见公司成本控制得好，由于成本的增长速度比收入的增长速度慢，带来了营业利润的增长；同时，本期税金及附加减少了39 470.16 元，降低率为 75.9%；受益于国家税收政策，本期管理费用下降了 35 000 元，降低率为 23.33%；财务费用增加了 6 000 元，增长了 60%；资产处置损失增加了 119 700 元，金额较大，应进一步分析原因。

公司利润总额增加了 65 543.74 元，增长了58.52%；净利润增加了 49 157.80 元，增长了 58.52%。利润总额和净利润的增长速度高于收入的增长速度，主要是本期销售成本、销售费用增长的比例低于收入的增长比例所致，税金及附加、管理费用本期甚至还有下降。

总之，公司的生产经营获利能力增强，毛利率上升，销售费用、管理费用控制好，同时受益于国家税收政策，利润总额和净利润有较大幅度增长。

二、编制与分析垂直利润表

(一) 编制垂直利润表

利润表垂直分析是指以利润表中“营业收入”项目为 100%，先计算出各个项目占收入的百分比，再比较各个指标百分比的增减变动情况，以此判断有关费用、利润指标的变动规律和趋势，了解利润形成过程的概况，为进一步深入分析重点项目奠定基础的利润表分析方法。

【学中做 2-6】 根据 VV 公司 20×8 年度利润表的资料(见表 2-2)，编制 20×8 年度垂直利润表，如表 2-8 所示。

表 2-8　　　　**垂直利润表**

编制单位：VV 公司　　　　20×8 年度　　　　单位：元

项　　目	本期金额	上期金额	本期结构	上期结构	差异率
一、营业收入	1 550 000.00	1 300 000.00	100.00%	100.00%	
减：营业成本	1 100 000.00	1 000 000.00	70.97%	76.92%	−5.95%
税金及附加	12 529.84	52 000.00	0.81%	4.00%	−3.19%
销售费用	28 000.00	26 000.00	1.81%	2.00%	−0.19%
管理费用	115 000.00	150 000.00	7.42%	11.54%	−4.12%
研发费用	—	—			
财务费用	16 000.00	10 000.00	1.03%	0.77%	0.26%
其中：利息费用	16 000.00	10 000.00	1.03%	0.77%	0.26%
利息收入		—			
加：其他收益		—			
投资收益（损失以"—"号填列）	18 773.58	20 000.00	1.21%	1.54%	−0.33%
其中：对联营企业和合营企业的投资收益					
净敞口套期收益（损失以"—"号填制）					
公允价值变动收益（损失以"—"号填列）					
信用减值损失（损失以"—"号填列）					
资产减值损失（损失以"—"号填列）					
资产处置收益（损失以"—"号填列）	−119 700.00		−7.72%		−7.72%
二、营业利润（亏损以"—"号填列）	177 543.74	82 000.00	11.45%	6.31%	5.14%
加：营业外收入		30 000.00		2.31%	−2.31%
减：营业外支出					
三、利润总额（亏损总额以"—"号填列）	177 543.74	112 000.00	11.45%	8.62%	2.83%
减：所得税费用	44 385.94	28 000.00	2.86%	2.15%	0.71%
四、净利润（净亏损以"—"号填列）	133 157.80	84 000.00	8.59%	6.46%	2.13%
（一）持续经营净利润（净亏损以"—"号填列）	133 157.80	84 000.00	8.59%	6.46%	2.13%
（二）终止经营净利润（净亏损以"—"号填列）					
五、其他综合收益的税后净额					
（一）不能重分类进损益的其他综合收益					
（二）将重分类进损益的其他综合收益					
六、综合收益总额	133 157.80	84 000.00	8.59%	6.46%	2.13%
七、每股收益：					
（一）基本每股收益					
（二）稀释每股收益					

(二) 分析垂直利润表

利润表垂直分析可以从静态角度评价实际利润构成情况,也可以从动态角度将实际利润构成与标准或基期利润构成进行分析评价;对于标准与基期利润构成,既可以用预算数,也可以用上期数,还可以用同行业比较数据。不同的比较标准将实现不同的分析评价目的。

垂直分析法是先将常规的财务报表换算成结构百分比形式的报表,然后将本期与前一期或几期的结构百分比报表汇编在一起,逐项比较,查明各特定项目在不同年度所占比重的变化情况,以进一步判断企业的财务状况与经营成本的发展趋势的方法。

·知识链接·

利润垂直分析的内容

利润表的垂直分析可以从以下几个方面进行:

(1) 通过对净利润、利润总额和营业利润占营业收入的比重分析,明确百元收入净利润形成各环节的贡献或影响程度。

(2) 通过对营业成本占营业收入的比重评价,揭示企业成本水平。

(3) 通过对期间费用占营业收入的比重评价,揭示企业的期间费用水平。

【学中做 2-7】 根据 VV 公司 20×8 年度垂直利润表的资料(见表 2-8),对 VV 公司的水平利润表进行分析。

VV 公司 20×8 年营业利润占收入的比重为 11.45%,比 20×7 年上升了 5.14%,表明公司生产经营获利能力大幅度提高。主要原因是公司成本控制得较好,营业成本的比重 20×8 年为 70.97%,比 20×7 年下降了 5.95%;同时,管理费用比重降低了 4.12%,也都是利润比重上升的有利因素。

工作实例

对利润表进行比较分析

根据 Q 公司利润表(见表 2-6)对 Q 公司的利润表进行比较分析。

工作过程

工作步骤一:编制并分析 Q 公司 20×8 年度水平利润表,如表 2-9 所示。

表 2-9　　水平利润表

编制单位:Q 公司　　20×8 年度　　单位:元

项　　目	本期金额	上期金额	增减额	增减率
一、营业收入	195 756 919.00	154 521 867.00	41 235 052.00	26.69%
减:营业成本	158 306 191.00	125 234 737.00	33 071 454.00	26.41%
税金及附加	637 680.00	438 282.00	199 398.00	45.50%
销售费用	11 679 764.00	7 135 293.00	4 544 471.00	63.69%

（续表）

项　　目	本期金额	上期金额	增减额	增减率
管理费用	7 081 471.00	7 230 285.00	−148 814.00	−2.06%
研发费用	—	—		
财务费用	1 847 259.00	1 410 414.00	436 845.00	30.97%
其中：利息费用	1 847 259.00	1 410 414.00	436 845.00	30.97%
利息收入				
加：其他收益				
投资收益（损失以“－”号填列）	−1 029 427.00	45 197.00	−1 074 624.00	−2 377.64%
其中：对联营企业和合营企业的投资收益				
净敞口套期收益（损失以“－”号填制）				
公允价值变动收益（损失以“－”号填列）				
信用减值损失（损失以“－”号填列）	−516 703.00	−239 533.00	−277 170.00	115.71%
资产减值损失（损失以“－”号填列）	−284 075.00	−131 692.00	−152 383.00	115.71%
资产处置收益（损失以“－”号填列）				
二、营业利润（亏损以“－”号填列）	14 374 349.00	12 746 828.00	1 627 521.00	12.77%
加：营业外收入	1 435 322.00	348 944.00	1 086 378.00	311.33%
减：营业外支出	497 099.00	302 696.00	194 403.00	64.22%
三、利润总额（亏损总额以“－”号填列）	15 312 572.00	12 793 076.00	2 519 496.00	19.69%
减：所得税费用	3 348 116.00	3 502 271.00	−154 155.00	−4.40%
四、净利润（净亏损以“－”号填列）	11 964 456.00	9 290 805.00	2 673 651.00	28.78%
（一）持续经营净利润（净亏损以“－”号填列）	11 964 456.00	9 290 805.00	2 673 651.00	28.78%
（二）终止经营净利润（净亏损以“－”号填列）				
五、其他综合收益的税后净额				
（一）不能重分类进损益的其他综合收益				
（二）将重分类进损益的其他综合收益				
六、综合收益总额	11 964 456.00	9 290 805.00	2 673 651.00	28.78%
七、每股收益：				
（一）基本每股收益	0.64	0.66	−0.02	−3.03%
（二）稀释每股收益	0.64	0.66	−0.02	−3.03%

【分析要点】

根据表 2-9 计算结果可以得到以下分析结论：

(1) 20×8 年度净利润、利润总额和营业利润都有所增长，增长幅度分别为 28.78%、19.69%和 12.77%，公司经营形势较好，稳定性较差的营业外收入的增长，对利润总额的增长作出了贡献。

(2) 分析公司的费用情况。20×8 年销售费用大幅度增加，增长率为 63.69%，对本期营业收入增长可能会有一定的贡献。因为广告宣传效应对企业的销售增长会在一定范围内起到促进作用，会计信息使用者要进一步分析销售费用对公司营业收入的影响情况，为管理者在后续营业期应采取的措施起到指导作用。

同时，会计信息使用者应注意资产减值损失大幅度增加，增长率为115.71%，应具体分析是哪类资产减值引起的，并分析减值的原因。该公司对外投资没有取得收益，而是形成了亏损，且对利润影响较大，应重点分析投资的情况，及时采取措施。

(3) 分析公司的成本方面。营业成本增长26.41%，与营业收入的增长幅度基本一致，成本上涨可以结合材料价格因素分析，控制成本是公司利润增长的关键。

工作步骤二：编制并分析Q公司20×8年度垂直利润表，如表2-10所示。

表2-10 **垂直利润表**

编制单位：Q公司 20×8 年度 单位：元

项目	本期金额	上期金额	本期结构	上期结构	差异率
一、营业收入	195 756 919.00	154 521 867.00	100.00%	100.00%	0
减：营业成本	158 306 191.00	125 234 737.00	80.87%	81.05%	−0.18%
税金及附加	637 680.00	438 282.00	0.33%	0.28%	0.05%
销售费用	11 679 764.00	7 135 293.00	5.97%	4.62%	1.35%
管理费用	7 081 471.00	7 230 285.00	3.62%	4.68%	−1.06%
研发费用	—	—			
财务费用	1 847 259.00	1 410 414.00	0.94%	0.91%	0.03%
其中：利息费用	1 847 259.00	1 410 414.00	0.94%	0.91%	0.03%
利息收入					
加：其他收益					
投资收益(损失以“—”号填列)	−1 029 427.00	45 197.00	−0.53%	0.03%	−0.56%
其中：对联营企业和合营企业的投资收益					
净敞口套期收益(损失以“—”号填制)					
公允价值变动收益(损失以“—”号填列)					
信用减值损失(损失以“—”号填列)	−516 703.00	−239 533.00	−0.26%	−0.16%	−0.10%
资产减值损失(损失以“—”号填列)	−284 075.00	−131 692.00	−0.15%	−0.08%*	−0.07%
资产处置收益(损失以“—”号填列)					
二、营业利润(亏损以“—”号填列)	14 374 349.00	12 746 828.00	7.34%	8.25%	−0.91%
加：营业外收入	1 435 322.00	348 944.00	0.73%	0.23%	0.50%
减：营业外支出	497 099.00	302 696.00	0.25%	0.20%	0.05%
三、利润总额(亏损总额以“—”号填列)	15 312 572.00	12 793 076.00	7.82%	8.28%	−0.46%
减：所得税费用	3 348 116.00	3 502 271.00	1.71%	2.27%	−0.56%
四、净利润(净亏损以“—”号填列)	11 964 456.00	9 290 805.00	6.11%	6.01%	0.10%
(一)持续经营净利润(净亏损以“—”号填列)	11 964 456.00	9 290 805.00	6.11%	6.01%	0.10%

（续表）

项　　目	本期金额	上期金额	本期结构	上期结构	差异率
（二）终止经营净利润(净亏损以"－"号填列)					
五、其他综合收益的税后净额					
（一）不能重分类进损益的其他综合收益					
（二）将重分类进损益的其他综合收益					
六、综合收益总额	11 964 456.00	9 290 805.00	6.11%	6.01%	0.10%
七、每股收益：					
（一）基本每股收益	0.64	0.66			
（二）稀释每股收益	0.64	0.66			

* 尾差调整。

【分析要点】

根据表 2-10 的计算结果可以得到以下分析结论：

(1) 分析成本费用。公司的营业成本比重小幅度下降、管理费用所占比重下降，这对营业利润的增加是有利的因素；税金及附加、销售费用、财务费用、资产减值损失都不同程度地提高了在营业收入中的比重，这对公司营业利润的提升有抑制作用；投资收益所占比重为负数，说明公司对外投资发生了损失，会计信息使用者应分析投资损失的原因，从而将有限的资金投入发展前景好的企业。上述因素导致营业利润出现下降趋势。

(2) 分析利润总额。20×8 年利润总额占营业收入比重为 7.82%，比 20×7 年比重下降了0.46%，主要是营业利润比重下降导致的。利润总额的绝对数呈现增加趋势，说明公司 20×8 年营业收入增长较快，增长主要是依赖营业利润的增加和营业外收入的增加，这充分说明公司在经营成果方面取得了良好的效果。

(3) 分析净利润。20×8 年净利润占营业收入的比重为 6.11%，比 20×7 年情况略有增长，说明公司的经营成果有一定的提高。在利润总额增加的情况下，所得税费用减少了，说明公司进行了合理的税收筹划，具体情况要结合所得税纳税申报表进行分析。

【学习情境小结】

本学习情境主要介绍了利润表的结构、利润表的编制方法以及利润表的比较分析和主要项目的阅读。

利润表是反映企业在一定会计期间经营成果的报表。我国利润表采用多步式。利润表中的各个项目应根据各损益类科目的发生额分析填列。第一步，以营业收入为基础计算出营业利润；第二步，以营业利润为基础计算出利润总额；第三步，以利润总额为基础计算出净利润(或亏损)。

利润表比较分析是通过对水平利润表和垂直利润表分别分析来完成的，会计信息使用者在分析时要结合各项目的内涵和质量，从内因揭示企业利润的变动情况。

本学习情境的重点是根据资料完成利润表的编制，并运用比较分析法结合企业实际情况对利润表进行分析。

学习情境二框架结构如图 2-1 所示。

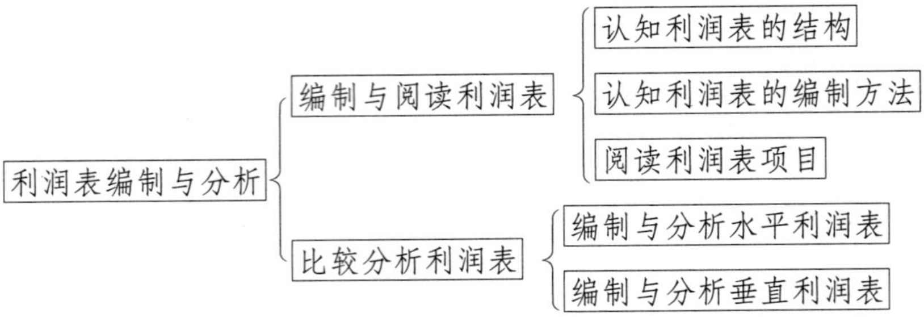

图 2-1　学习情境二框架图

【做中学——技能·职业资格·职称考试训练】

一、单项选择题

1. 下列报表中，能够反映企业一定期间内经营成果，表明企业运用所有资产的获利能力的是(　　)。

   A. 资产负债表　　B. 利润表

   C. 现金流量表　　D. 利润分配表

2. 反映企业全部财务成果的指标是(　　)。

   A. 主营业务利润　　B. 营业利润

   C. 利润总额　　D. 净利润

3. 对于在合同中规定了买方有权退货条款的销售，如无法合理确定退货的可能性，则符合商品销售收入确认条件的时点是(　　)。

   A. 发出商品时

   B. 买方正式接受商品或退货期满时

   C. 收到货款时

   D. 签订合同时

4. 下列项目中，属于期间费用的是(　　)。

   A. 主营业务成本　　B. 制造费用

   C. 财务费用　　D. 营业外支出

5. 某企业 20×8 年年初未分配利润为 200 万元，本年实现净利润 500 万元，提取法定盈余公积 50 万元，提取任意盈余公积 65 万元。该企业 20×8 年年末未分配利润余额为(　　)万元。

   A. 500　　B. 700　　C. 650　　D. 585

6. 某企业当期“主营业务收入”科目贷方发生额为 200 万元，借方记录有销售退回 10 万元，销售折让 5 万元，发生现金折扣 20 万元，销售折扣 30 万元。则该企业利润表“营业收入”项目应填列的数额是(　　)万元。

   A. 200　　B. 190　　C. 185　　D. 215

7. 企业采购原材料时开具银行承兑汇票所发生的手续费应计入(　　)。
   A. 存货成本　　B. 销售费用
   C. 财务费用　　D. 管理费用
8. 企业接受的现金捐赠应计入(　　)。
   A. 资本公积　　B. 营业外收入
   C. 盈余公积　　D. 未分配利润
9. 某企业上年未分配利润为100 000元,本年税后利润为400 000元,按规定提取法定盈余公积后(提取比例为10%),又向投资者分配利润60 000元,该企业本年未分配利润为(　　)元。
   A. 700 000　　B. 500 000　　C. 400 000　　D. 380 000
10. 某企业某产品的销售单价是180元,单位成本是120元。该企业本月销售产品2 500件,则本月实现的毛利额是(　　)元。
   A. 300 000　　B. 450 000　　C. 750 000　　D. 150 000

二、多项选择题

1. 企业在取得收入时可能会影响的会计要素有(　　)。
   A. 资产　　B. 负债　　C. 所有者权益　　D. 费用
2. 企业取得的下列款项中,符合"收入"会计要素定义的有(　　)。
   A. 出租固定资产收取的租金　　B. 出售固定资产收取的价款
   C. 出售原材料收取的价款　　D. 出售自制半成品收取的价款
3. 企业用当年实现的利润弥补亏损时,下列做法中,错误的有(　　)。
   A. 借记"本年利润"科目,贷记"利润分配——未分配利润"科目
   B. 借记"利润分配——未分配利润"科目,贷记"本年利润"科目
   C. 借记"利润分配——未分配利润"科目,贷记"利润分配——未分配利润"科目
   D. 无需专门作会计处理
4. 企业销售商品确认收入后,对于客户实际享受的现金折扣,下列说法中,错误的有(　　)。
   A. 确认当期财务费用　　B. 冲减当期主营业务收入
   C. 确认当期管理费用　　D. 确认当期主营业务成本
5. 下列项目中,应计入营业外收入的有(　　)。
   A. 债务重组利得　　B. 接受捐赠
   C. 收发差错造成的存货盘盈　　D. 确实无法支付的应付账款
6. 下列项目中,应计入税金及附加的有(　　)。
   A. 处置无形资产应交的增值税　　B. 销售商品应交的增值税
   C. 销售应税产品的资源税　　D. 销售应税消费品应交的消费税
7. 下列资产减值准备中,一经确认在相应资产持有期间内均不得转回的有(　　)。
   A. 坏账准备　　B. 固定资产减值准备
   C. 存货跌价准备　　D. 投资性房地产减值准备
8. 下列项目中,应列入利润表"营业成本"项目的有(　　)。
   A. 出售商品的成本

B. 销售材料的成本
C. 出租非专利技术的摊销额
D. 以经营租赁方式出租设备计提的折旧额

9. 下列项目中,属于反映企业经营成果的会计要素有(　　)。
A. 收入　　B. 费用
C. 所有者权益　　D. 利润

10. 企业交纳的下列税费中,应计入管理费用的有(　　)。
A. 增值税　　B. 印花税
C. 房产税　　D. 土地使用税

三、判断题

1. 在采用完工百分比法确认劳务收入时,其相关的销售成本应以实际发生的全部成本确认。(　　)
2. 某企业20×8年年末结账前"利润分配——未分配利润"科目的借方余额为20万元,系20×5年发生的未弥补亏损,当年实现的利润总额为180万元,如不考虑其他纳税调整因素,则该企业20×8年应纳税所得额为160万元。(　　)
3. 财务报表分析主要是为投资人服务的。(　　)
4. 影响主营业务收入变动的因素有产品销售数量和销售单价。(　　)
5. 每股收益是评价上市公司获利能力的核心指标。(　　)

四、业务题

1. 华新公司为增值税一般纳税人,销售的产品为应纳增值税产品,增值税税率为13%,产品销售价格中不含增值税额。产品销售成本按经济业务逐笔结转,其所得税税率为25%。华新公司20×8年发生如下经济业务:

(1) 向B公司赊销甲产品一批,销售价格为535 000元,产品成本为305 000元。产品已经发出并开出增值税专用发票,已向银行办妥托收手续。

(2) 根据债务人的财务状况,对应收账款计提20 000元坏账准备。

(3) 采用预收款方式销售商品,当年收到第一笔款项10 000元,已存入银行。

(4) 收到B公司甲产品退货。该退货系华新公司20×7年售出,售出时售价共计2 000元,成本为1 750元,该货款当时已如数收存银行。华新公司用银行存款支付退货款项,退回的甲产品已验收入库,并按规定开出红字增值税专用发票(假定不属于日后调整事项)。

(5) 年末,持有的交易性金融资产账面价值为40 000元,公允价值为41 000元。

(6) 计提已完工工程项目的长期借款利息3 000元(一次还本、分期付息);用银行存款支付发生的管理费用5 000元、销售费用2 000元。

(7) 销售产品应交的城市维护建设税为1 400元,应交的教育费附加为600元。

(8) 计算并确认应交所得税(不考虑纳税调整事项)。

要求:

(1) 编制华新公司有关经济业务的会计分录(除了"应交税费"科目,其余科目可不写明细科目)。

(2) 根据会计分录编制年度利润表。

2. 根据兴达公司利润表资料，对兴达公司利润表进行比较分析和结构分析。

表 2-11　　**兴达公司利润表分析(简表)**　　单位：元

项　目	利　润		增减额	增减率	20×8 年构成	20×7 年构成
	20×8 年	20×7 年				
一、营业收入	48 258.00	41 248.00				
减：营业成本	32 187.00	26 801.00				
税金及附加	267.00	164.00				
销售费用	1 588.00	1 380.00				
管理费用	4 279.00	2 867.00				
研发费用						
财务费用	1 855.00	1 615.00				
其中：利息费用	1 855.00	1 615.00				
利息收入						
加：其他收益						
投资收益(损失以"—"号填列)	1 250.00	990.00				
其中：对联营企业和合营企业的投资收益						
净敞口套期收益(损失以"—"号填制)						
公允价值变动收益(损失以"—"号填列)						
信用减值损失(损失以"—"号填列)						
资产减值损失(损失以"—"号填列)						
资产处置收益(损失以"—"号填列)						
二、营业利润(亏损以"—"号填列)	9 332.00	9 411.00				
加：营业外收入	315.00	683.00				
减：营业外支出	33.00	79.00				
三、利润总额(亏损总额以"—"号填列)	9 614.00	10 015.00				
减：所得税费用	3 172.00	3 305.00				
四、净利润(净亏损以"—"号填列)	6 442.00	6 710.00				

学习情境三　现金流量表编制与分析

【引例】

课程思政

从现金流量表中寻找绩优上市公司

从财务报表角度考虑，除了资产负债表、利润表，投资者阅读的重点是现金流量表。上市公司在生产经营、投资或筹资活动过程中，其现金流量的大小，反映出其自身获得现金的能力。一般情况下，经营性现金流量多，说明上市公司的销售畅通，资金周转快，产品或项目不但有市场，而且处于良好的发展时期；反之，则相反。

通常，现金流量的计算不涉及权责发生制，会计造假不容易。就如虚假的合同能够签出利润，但签不出现金的流量。在关联交易操控利润时，往往也会在现金流量方面暴露有利润而没有现金流入的情况。所以，利用每股经营活动现金流量净额去分析上市公司的获利能力，比每股盈利更加客观。

不过，每股税后利润和现金流量净额是相辅相成的，有的上市公司有较好的税后利润指标，但现金流量则不充分，这就是典型的操控利润的关联交易所导致的。随着年报公布数量增多，这种现象会被凸显出来。有的上市公司在年度内变卖资产，而出现现金流大幅增加的现象，也不一定是好事，这将影响上市公司可持续发展。投资者最好选择每股盈利和每股经营活动现金流量净额双高的个股，作为理性的中线投资品种。

如果从经典的股票定价理论来看，上市公司的股票价格是由上市公司未来的每股收益和每股经营性现金流量的净现值来决定的。盈亏已经不是决定股票价值唯一的重要因素。单从财务报表所反映的信息来看，现金流量日益取代净利润，成为评价公司股票价值的一个重要标准。如果形象地把现金看作企业日常生产经营运作的“血液”，那么现金流量表就像是一张上市公司的“验血报告单”。通过这张“验血报告单”，会计信息使用者可以清楚地判断上市公司日常生产经营运转是否健康。

除了上述分析现金流量的指标，会计信息使用者同时应该关注应收账款周转率和存货周转率，结合资产负债表和利润表提供的各方面信息综合起来加以分析，才能较客观地评价某个上市公司是如何获得现金，又如何去运用现金的。在此基础上，会计信息使用者应进一步深入分析上市公司的财务状况、收益质量，从中发现潜伏的重大财务风险，或者找出具有高质量盈利的绩优上市公司。

点评：现金流量是一个上市公司的“血液”与发展的命脉。正常稳定的现金流量才能保证上市公司健康发展。本学习情境我们将学习反映上市公司现金流量情况的重要报表——现金流量表的编制与分析。

（http://stock.hexun.com/2012-06-29/143015293.html.）

【职业能力目标】

根据会计主管岗位的要求，通过本学习情境的学习，学生应明确现金流量表的结构，掌握现金流量表编制方法，掌握比较现金流量表的编制与分析方法。

【典型工作任务】

本学习情境的典型工作任务主要有阅读现金流量表，编制现金流量表，根据现金流量表编制比较现金流量表，并对其进行分析。

学习子情境一　编制与阅读现金流量表

职业判断

现金被称为企业的“血液”。现金流量表中的现金包括哪些内容呢？

一、认知现金流量表的结构

现金流量表分为正表和补充资料两部分。

（一）现金流量表正表

现金流量表正表根据企业经济业务的性质和现金流量的来源，先分类反映经营活动产生的现金流量、投资活动产生的现金流量和筹资活动产生的现金流量，再汇总反映企业某一期间现金及现金等价物的净增加额。在有外币现金流量及境外子公司的现金流量折算为人民币的企业，还应单设“汇率变动对现金及现金等价物的影响”项目。其格式如表 3-1 所示。

表 3-1　　　　现金流量表　　　　会企 03 表

编制单位：　　　　＿＿＿＿年＿＿＿月　　　　单位：元

项　　目	本期金额	上期金额
一、经营活动产生的现金流量：		
销售商品、提供劳务收到的现金		
收到的税费返还		

（续表）

项　　目	本期金额	上期金额
收到其他与经营活动有关的现金		
经营活动现金流入小计		
购买商品、接受劳务支付的现金		
支付给职工以及为职工支付的现金		
支付的各项税费		
支付其他与经营活动有关的现金		
经营活动现金流出小计		
经营活动产生的现金流量净额		
二、投资活动产生的现金流量：		
收回投资收到的现金		
取得投资收益收到的现金		
处置固定资产、无形资产和其他长期资产收回的现金净额		
处置子公司及其他营业单位收到的现金净额		
收到其他与投资活动有关的现金		
投资活动现金流入小计		
购建固定资产、无形资产和其他长期资产支付的现金		
投资支付的现金		
取得子公司及其他营业单位支付的现金净额		
支付其他与投资活动有关的现金		
投资活动现金流出小计		
投资活动产生的现金流量净额		
三、筹资活动产生的现金流量：		
吸收投资收到的现金		
取得借款收到的现金		
收到其他与筹资活动有关的现金		
筹资活动现金流入小计		
偿还债务支付的现金		
分配股利、利润或偿付利息支付的现金		
支付其他与筹资活动有关的现金		
筹资活动现金流出小计		
筹资活动产生的现金流量净额		
四、汇率变动对现金及现金等价物的影响		
五、现金及现金等价物净增加额		
加：期初现金及现金等价物余额		
六、期末现金及现金等价物余额		

（二）现金流量表补充资料

现金流量表补充资料是对正表内容的补充说明，主要包括三项内容：

（1）将净利润调节为经营活动现金流量。

(2) 不涉及现金收支的重大投资和筹资活动。

(3) 现金及现金等价物净变动情况。

现金流量表补充资料的格式如表 3-2 所示。

表 3-2　　现金流量表补充资料　　单位:元

补　充　资　料	本期金额	上期金额
1. 将净利润调节为经营活动现金流量:		
净利润		
加:资产减值准备		
固定资产折旧、油气资产折耗、生产性生物资产折旧		
无形资产摊销		
长期待摊费用摊销		
处置固定资产、无形资产和其他长期资产的损失(收益以"—"号填列)		
固定资产报废损失(收益以"—"号填列)		
公允价值变动损失(收益以"—"号填列)		
财务费用(收益以"—"号填列)		
投资损失(收益以"—"号填列)		
递延所得税资产减少(增加以"—"号填列)		
递延所得税负债增加(减少以"—"号填列)		
存货的减少(增加以"—"号填列)		
经营性应收项目的减少(增加以"—"号填列)		
经营性应付项目的增加(减少以"—"号填列)		
其他		
经营活动产生的现金流量净额		
2. 不涉及现金收支的重大投资和筹资活动:		
债务转为资本		
一年内到期的可转换公司债券		
融资租入固定资产		
3. 现金及现金等价物净变动情况:		
现金的期末余额		
减:现金的期初余额		
加:现金等价物的期末余额		
减:现金等价物的期初余额		
现金及现金等价物净增加额		

补充资料不仅是对主表部分的补充说明,而且两者中的某些项目存在相等一致的关系:

(1) 主表中的第一项中的"经营活动产生的现金流量净额"必须与补充资料中的第一项中的由净利润调节后得到的"经营活动产生的现金流量净额"相一致。

(2) 主表中的最后的第五项中的"现金及现金等价物净增加额"必须与补充资料中最后的第三项中的"现金及现金等价物净增加额"相一致。

·知识链接·

现金流量表的含义与作用

1. 现金及现金等价物

1）现金

现金是指企业库存现金以及可以随时用于支付的存款。不能随时用于支付的存款不属于现金。现金包括库存现金、银行存款和其他货币资金。

库存现金是指企业持有可随时用于支付的现金，即为“库存现金”科目核算的内容。

银行存款是指企业存入金融机构、可以随时用于支付的存款，与“银行存款”科目核算内容基本一致，但不包括不能随时用于支付的存款。例如，不能随时支取的定期存款等不应作为现金。

其他货币资金是指存放在金融机构的外埠存款、银行汇票存款、银行本票存款、信用卡存款、信用证存款和存出投资款等，与“其他货币资金”科目核算内容一致。

2）现金等价物

现金等价物是指企业持有的期限短、流动性强、易于转换为已知金额现金、价值变动风险很小的投资。期限短一般是指从购买日起 3 个月内到期。现金等价物通常包括 3 个月内到期的债券投资等。现金等价物的特点如图 3-1 所示。

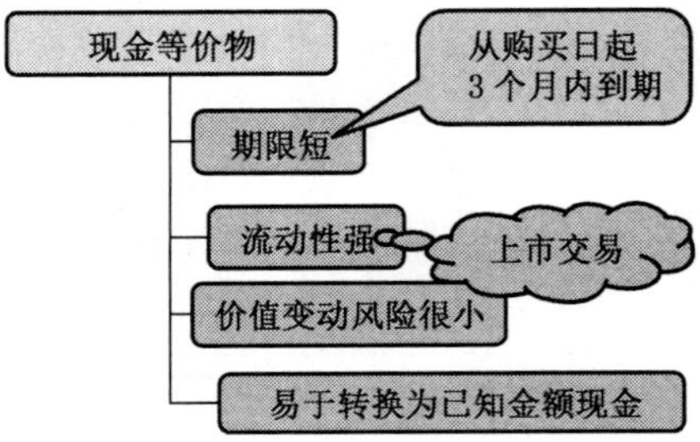

图 3-1　现金等价物的特点

2. 现金流量

现金流量是指企业一定时期的现金和现金等价物的流入和流出的数量。现金流量表也被称为企业收支的流水账。企业产生的现金流量分为三类。

1）经营活动产生的现金流量

经营活动是指企业投资活动和筹资活动以外的所有交易或事项。经营活动产生的现金流量主要包括销售商品、提供劳务、购买商品、接受劳务、支付工资和交纳税款等流入和流出的现金和现金等价物。

2）投资活动产生的现金流量

投资活动是指企业非流动资产的购建和不包括在现金等价物范围内的投资及其处置活动。投资活动产生的现金流量主要包括购建固定资产、处置子公司及其他营业单位等流入和流出的现金和现金等价物。

3）筹资活动产生的现金流量

筹资活动是指导致企业资本及债务规模和构成发生变化的活动。筹资活动产生的现金流量主要包括吸收投资、发行股票、分配利润、发行债券、偿还债务等流入和流出的现金和现金等价物。偿付应付账款、应付票据等商业应付款等属于经营活动，不属于筹资活动。

3. 现金流量表

现金流量表是指反映企业一定会计期间内现金和现金等价物流入和流出的会计报表。

现金流量表中将各种活动引起的现金流量按结果不同，分为现金流入量、现金流出量和现金净流量。现金流入量反映企业各种活动引起的现金流入总额。现金流出量反映企业各种活动引起的现金流出总额。现金净流量指现金流入与现金流出的差额。现金流量表中现金净流量可能是正数,也可能是负数,若为正数表示现金净流入,若为负数表示现金净流出。

4. 现金流量表分析的作用

现金流量表反映了企业在一定时期内创造的现金数额,揭示了在一定时期内现金流动的状况。对现金流量表进行分析的作用如下:

第一,提供企业一定时期内因经营活动而发生的现金收入来源和支出去向的信息,借以预测企业在未来期间产生现金流量的能力。

第二,反映企业现金增减变动的原因,分析在一定时期内企业所产生的现金能否足够偿还债务和满足其他需要现金的预算支出,判断和衡量企业偿债能力和支付股利的能力。

第三,反映企业经营成果和营业活动的现金流量之间的关系,便于分析企业现金充裕或紧缺的原因。

第四,分析企业投资活动和筹资活动对财务状况的影响,有助于会计信息使用者评价和比较不同企业未来现金流量的情况以及投资的风险。

5. 影响现金流量变动的因素

一般而言,能够引起企业现金流量净额发生变动的交易或事项,均应纳入当年的现金流量表编制范围。企业日常经营业务是影响现金及现金等价物的重要因素,但不是所有的交易或事项都影响现金净流量。企业的经济业务按照其与现金流量的关系可以分为以下三种情况。

1) 现金各项目之间的增减变动

现金各项目主要是指库存现金、银行存款、其他货币资金及现金等价物四项。现金各项目之间的增减变动,在增加现金流入量的同时,也增加了现金流出量,不会影响现金净流量的增减变动。比如,从银行提取现金,用现金购买1个月到期的国债、将现金送存银行等,均属于现金各项目之间的增减变动,不会引起企业当期现金净流量的变化。

2) 非现金各项目之间的增减变动

非现金各项目是指除了库存现金、银行存款、其他货币资金及现金等价物的其他会计事项,如固定资产、无形资产等。非现金各项目之间的增减变动不涉及现金的收支,不会影响现金净流量的增减变动。比如,用固定资产清偿债务、用原材料对外投资、提取固定资产的折旧等会计事项,都属于非现金各项目的增减变动,不涉及现金收支,不会引起当期现金净流量的增减变动。

3) 现金各项目与非现金各项目之间的增减变动

现金各项目与非现金各项目之间的增减变动,只会引起现金流入量与现金流出量的单方面变化,从而引起现金净流量的增加或减少。比如,用现金购买原材料,非现金项目原材料增加,企业现金流出量增加,企业现金净流量减少。又如,收回长期股权投资,企业的非现金项目长期股权投资减少,而现金流入量增加,企业的现金净流量增加。凡是现金各项目与非现金项目之间的增减变动,都会引起现金净流量的增减变动。

凡是引起现金净流量发生变化的业务,均应列入现金流量表的编制范围;不影响现金净流量变化的经济业务,不应列入现金流量表。因此,现金各项目与非现金各项目之间的增减变动的交易或事项列入现金流量表的编制范围,现金各项目内部的增减变动及非现金项目之间的增减变动，因其不影响现金净流量，所以不反映在现金流量表中。但属于重要的投资活动和筹资活动，应在现金流量表补充资料中单独反映，如债务转为资本、融资租入固定资产等情况。

·小思考·

现金流量表中“现金及现金等价物”项目的期初数据和期末数据与资产负债表中哪个项目可能有关联？

二、认知现金流量表的编制方法

（一）直接法和间接法

编制现金流量表时，列报经营活动的现金流量的方法有直接法和间接法两种。直接法一般是以利润表中的营业收入为起算点，先调节与经营活动有关的项目的增减变动，然后计算出经营活动产生的现金流量。间接法是将净利润调节为经营活动现金流量，实际上就是将按权责发生制原则确定的净利润调整为现金净流入，并剔除投资活动和筹资活动对现金流量的影响。

采用直接法编报的现金流量表，便于分析企业经营活动产生的现金流量的来源和用途，预测企业现金流量的未来前景；采用间接法编报现金流量表，便于将净利润与经营活动产生的现金流量净额进行比较，了解净利润与经营活动产生的现金流量差异的原因，从现金流量的角度分析净利润的质量。所以，我国《企业会计准则》规定，企业应当采用直接法编报现金流量表，同时要求在附注中提供以净利润为基础调节到经营活动现金流量的信息。

采用直接法具体编制现金流量表时，我们可以采用工作底稿法或T形账户法，也可以根据有关科目记录分析填列。

（二）分析填列法

分析填列法是直接根据资产负债表、利润表和有关会计科目明细账的记录，分析计算现金流量表各项目的金额，并据以编制现金流量表的一种方法。

1. 经营活动产生的现金流量

1）“销售商品、提供劳务收到的现金”项目

该项目反映企业销售商品、提供劳务实际收到的现金（含销售收入和应向购买者收取的增值税额），包括本期销售商品、提供劳务收到的现金，以及前期销售商品、前期提供劳务本期收到的现金和本期预收的账款，减去本期销售本期退回的商品和前期销售本期退回的商品支付的现金。企业销售材料和代购代销业务收到的现金，也在该项目中反映。该项目可以根据“库存现金”“银行存款”“应收账款”“应收票据”“预收账款”“主营业务收入”“其他业务收入”等科目的记录分析填列，其计算公式为：

$$\text{销售商品、接受劳务收到的现金}=\text{本期销售商品、提供劳务收到的现金}+\text{本期收到前期的应收账款和应收票据}+\text{本期预收的账款}-\text{本期销售退回支付的现金}+\text{本期收回前期核销的坏账损失}$$

该项目在编制时还可以采用以下公式进行计算：

销售商品、提供劳务收到的现金＝销售商品、提供劳务产生的收入和增值税销项税额＋应收账款本期减少额(期初余额－期末余额)＋应收票据本期减少额(期初余额－期末余额)＋预收款项本期增加额(期末余额－期初余额)±特殊调整业务

【学中做3-1】 某企业20×8年度有关资料如下：

(1) 利润表中"营业收入"项目金额为300 000元。

(2)"应交税费——应交增值税(销项税额)"科目贷方发生额为51 000元。

(3) 资产负债表中"应收票据"项目的期初余额为45 000元,期末余额为52 000元。

(4) 资产负债表中"应收账款"项目的期初余额为86 000元,期末余额为30 000元。

(5) 资产负债表中"预收款项"项目的期初余额为40 000元,期末余额为80 000元。

(6) 企业当期收回的应收账款中,以商品抵偿债务的金额为10 000元。

要求:计算销售商品、接受劳务收到的现金。

销售商品、提供劳务收到的现金＝300 000＋51 000＋(45 000－52 000)＋(86 000－30 000)＋(80 000－40 000)－10 000
＝430 000(元)

2)"收到的税费返还"项目

该项目反映企业收到返还的各种税费,如收到的增值税、消费税、所得税、关税和教育费附加返还等。该项目可以根据"库存现金""银行存款""营业外收入""其他应收款"等科目的记录分析填列。

【学中做3-2】 某公司前期出口一批商品,已交纳的增值税按照规定应退回6 000元,前期未退还,本期收到存入银行;本期收到教育费附加返还款42 000元,存入银行。

要求:计算收到的税费返还。

收到的税费返还＝6 000＋42 000＝48 000(元)

3)"收到其他与经营活动有关的现金"项目

该项目反映企业除了上述各项目,收到的其他与经营活动有关的现金流入,如罚款收入、流动资产损失中由个人赔偿的现金收入、经营租赁固定资产收到的现金、投资性房地产收到的租金收入、除了税费返还的其他政府补助、收到的押金、收到退还的其他应收款等。其他现金流入如价值较大的,应单列项目反映。该项目可以根据"库存现金""银行存款""营业外收入"等科目的记录分析填列。

4)"购买商品、接受劳务支付的现金"项目

该项目反映企业购买材料、商品、接受劳务实际支付的现金,包括本期购入材料、商品、接受劳务支付的现金(包括增值税进项税额)以及本期支付前期购入商品、接受劳务的未付款项和本期预付款项。本期发生的购货退回收到的现金应从该项目内减去。企业代购代销业务支付的现金,也在该项目反映。该项目可以根据"库存现金""银行存款""应付账款""应付票据""预付账款""主营业务成本""其他业务成本"等科目的记录分析填列。其计算公式为:

购买商品、接受劳务支付的现金＝当期购买商品、接受劳务支付的现金
＋当期支付前期的应付账款和应付票据
＋当期预付的账款－当期因购货退回收到的现金

购买商品、接受劳务支付的现金也可以采用以下公式计算:

购买商品、接受劳务支付的现金＝购买商品、接受劳务产生的"销售成本和增值税进项税额"＋应付账款本期减少额(期初余额－期末余额)＋应付票据本期减少额(期初余额－期末余额)＋预付款项本期增加额(期末余额－期初余额)＋存货本期增加额(期末余额－期初余额)±特殊调整业务

【学中做3-3】 某企业本期发生的经济业务如下：

(1) 利润表中"营业成本"项目的金额为2 000 000元。

(2) "应交税费——应交增值税(进项税额)"科目借方发生额为170 000元。

(3) 资产负债表中,"存货"项目的期初余额为970 000元,期末余额为780 000元,均是与经营活动有关的存货。

(4) 资产负债表中,"应付票据"项目的期初余额为75 000元,期末余额为90 000元。

(5) 资产负债表中,"应付账款"项目的期初余额为70 000元,期末余额为50 000元。

(6) 制造费用中,本期计提折旧的金额为100 000元。

(7) 用固定资产偿还应付账款110 000元。

(8) 生产成本中,直接工资项目含有生产工人工资400 000元。

要求：计算购买商品、接受劳务支付的现金。

购买商品、接受劳务支付的现金＝2 000 000＋170 000＋(780 000－970 000)＋(75 000－90 000)
＋(70 000－50 000)－100 000－110 000－400 000
＝1 375 000(元)

5) "支付给职工以及为职工支付的现金"项目

该项目反映企业实际支付给职工以及为职工支付的现金,包括本期实际支付给职工的工资、奖金、各种津贴和补贴等,以及为职工支付的其他费用,包括代扣代缴的职工个人所得税,不包括支付的离退休人员的各项费用和支付给在建工程人员的工资等。企业支付给离退休人员的各项费用,包括支付的统筹退休金以及未参加统筹的退休人员的费用,在"支付其他与经营活动有关的现金"项目中反映;支付给在建工程人员的工资,在"购建固定资产、无形资产和其他长期资产支付的现金"项目中反映。该项目可以根据"应付职工薪酬""库存现金""银行存款"等科目的记录分析填列。

企业为职工支付的养老、失业等社会保险基金、补充养老保险、住房公积金、支付给职工的住房困难补助,以及企业支付给职工或为职工支付的其他福利费用等,应按职工的工作性质和服务对象,分别在该项目和在"购建固定资产、无形资产和其他长期资产支付的现金"项目中反映。

【学中做3-4】 某企业20×8年度有关职工薪酬资料如表3-3所示,本期用银行存款支付离退休人员工资400 000元。假定应付职工薪酬本期减少数均以银行存款支付,"应付职工薪酬"科目为贷方余额,不考虑其他事项。

表3-3 **职工薪酬表** 单位：元

项目		年初数	本期分配或计提数	期末数
应付职工薪酬	生产工人工资	100 000	1 000 000	80 000
	车间管理人员工资	60 000	500 000	30 000
	行政管理人员工资	60 000	800 000	45 000
	在建工程人员工资	40 000	320 000	18 000

要求：

(1) 计算支付给职工以及为职工支付的现金。

(2) 计算支付其他与经营活动有关的现金。

(3) 计算购建固定资产、无形资产和其他长期资产支付的现金。

(1) 支付给职工以及为职工支付的现金＝(100 000＋60 000＋60 000)＋(1 000 000＋500 000＋800 000)－(80 000＋30 000＋45 000)＝2 365 000(元)。

(2) 支付其他与经营活动有关的现金＝400 000(元)。

(3) 购建固定资产、无形资产和其他长期资产支付的现金＝40 000＋320 000－18 000＝342 000(元)。

6)“支付的各项税费”项目

该项目反映企业按规定支付的各种税费，包括本期发生并支付的税费，以及本期支付以前各期发生的税费和预交的税金，如支付的教育费附加、矿产资源补偿费、印花税、房产税、土地增值税、车船税、增值税、消费税、所得税等，不包括计入固定资产价值的实际支付的耕地占用税、契税等，也不包括本期退回的增值税、所得税，本期退回的增值税、所得税在“收到的税费返还”项目反映。该项目可以根据“应交税费”“库存现金”“银行存款”等科目的记录分析填列。

支付的各项税费可通过以下公式计算求得：

支付的各项税费＝(应交所得税期初余额＋当期所得税费用－应交所得税期末余额)
＋支付的税金及附加＋应交税费——应交增值税(已交税金)

【学中做 3－5】 某企业 20×8 年有关资料如下：

(1) 20×8 年利润表中的“所得税费用”项目金额为 1 000 000 元(均为当期应交所得税产生的所得税费用)。

(2)“应交税费——应交所得税”科目年初数为 40 000 元，年末数为 20 000 元。假定不考虑其他税费。

要求：计算支付的各项税费。

支付的各项税费＝40 000＋1 000 000－20 000＝1 020 000(元)

7)“支付其他与经营活动有关的现金”项目

该项目反映企业除了上述各项目所支付的其他与经营活动有关的现金流出，如经营租赁支付的租金和罚款支出、支付的差旅费、业务招待费现金支出、支付的保险费等，此外还包括支付的销售费用。其他现金流出如价值较大的，应单列项目反映。该项目可以根据“库存现金”“银行存款”“管理费用”“营业外支出”科目的记录分析填列。支付其他与经营活动有关的现金可通过以下公式计算求得：

支付其他与经营活动有关的现金＝剔除各相关因素后的费用＋罚款支出＋保险费等

8)“经营活动产生的现金流量净额”项目

经营活动的现金总流入量减去经营活动的现金总流出量，就是经营活动给企业带来的最终结果，即经营活动产生的现金流量净额。如果净额为正，表示企业生产经营比较正常，具有“自我造血”功能，且经营活动现金净流量占现金净流量的比率越大，说明企业的现金状况越稳定，支付能力越有保障；反之，如果净额为负，则意味着企业经营过程的现金流转存在问题，“入不敷出”，只有从外部取得资金才能化解财务危机。经营活动产生的现金流量净额可通过以下公式计算求得：

经营活动产生的现金流量净额 = 经营活动产生的现金流入量 − 经营活动产生的现金流出量

2. 投资活动产生的现金流量

1）“收回投资收到的现金”项目

该项目反映企业出售、转让或到期收回除了现金等价物的对其他企业的交易性金融资产、债权投资、其他债权投资、其他权益工具投资、长期股权投资（不包括处置子公司）等投资收到的现金。该项目可以根据“交易性金融资产”“债权投资”“其他债权投资”“长期股权投资”“其他权益工具投资”“库存现金”“银行存款”等科目的记录分析填列。债权性投资收回的利息、权益性投资收到的现金股利、处置子公司及其他营业单位收到的现金净额不包括在该项目内。收回投资收到的现金可以通过以下公式计算填列：

收回投资收到的现金 = 收回金融资产收到的现金 + 收回长期投资收到的现金

【学中做 3-6】 某企业本期投资资料如下：

(1) 出售一项债权投资，本金为 400 000 元，收回全部投资金额 480 000 元，其中 80 000 元为债券的利息，款项存入银行。

(2) 出售交易性金融资产，投资成本为 30 000 元，出售收入为 35 000 元，存入银行。

(3) 出售一项长期股权投资的股票，投资成本为 480 000 元，转让收入为 460 000 元，存入银行。

要求：计算该企业收回投资收到的现金。

收回投资收到的现金 = 400 000 + 35 000 + 460 000 = 895 000(元)

2）“取得投资收益收到的现金”项目

该项目反映企业交易性金融资产、债权投资、其他债权投资，其他权益工具投资等投资分得的现金股利，从子公司、联营企业或合营企业分回利润、现金股利而收到的现金（收到的现金股利），因债权性投资而取得的现金利息收入，包括在现金等价物范围内的债权性投资，其利息收入在该项目中反映，不包括股票股利。

【学中做 3-7】 某企业出售一项债权投资，本金为 400 000 元，收回全部投资金额为 480 000 元，其中 80 000 元为债券的利息，款项存入银行；交易性金融资产持有期间分的现金股利为 40 000 元，存入银行。

要求：计算该企业取得投资收益收到的现金。

取得投资收益收到的现金 = 80 000 + 40 000 = 120 000(元)

3）“处置固定资产、无形资产和其他长期资产收回的现金净额”项目

该项目反映企业出售固定资产、无形资产和其他长期资产（如投资性房地产）所取得的现金，减去为处置这些资产而支付的有关税费后的净额。自然灾害等原因造成的固定资产等长期资产报废、毁损而收到的保险赔偿收入，也在该项目中反映。如处置固定资产、无形

资产和其他长期资产所收回的现金净额为负数，应作为投资活动产生的现金流量，在“支付其他与投资活动有关的现金”项目中反映。该项目可以根据“固定资产清理”“库存现金”“银行存款”等科目的记录分析填列。处置固定资产、无形资产和其他长期资产收回的现金净额可通过以下公式计算求得：

处置固定资产、无形资产和其他长期资产收回的现金净额＝处置固定资产、无形资产和其他长期资产收到的现金－相关费用(包括灾害造成固定资产及长期资产损失收到的保险赔偿)

【学中做 3－8】 某企业出售一台设备，收到价款 240 000 元并存入银行，设备原价为 420 000 元，已提折旧 140 000 元；同时，报废一台设备，原价为 150 000 元，已提折旧135 000 元，以现金支付清理费用 3 000 元，取得清理收入 3 500 元。

要求：计算企业处置固定资产、无形资产和其他长期资产收回的现金净额。

处置固定资产、无形资产和其他长期资产收回的现金净额＝240 000＋(3 500－3 000)＝240 500(元)

4)“处置子公司及其他营业单位收到的现金净额”项目

该项目反映企业处置子公司及其他营业单位所取得的现金，减去相关处置费用以及子公司及其他营业单位持有的现金和现金等价物后的净额。该项目可以根据“长期股权投资”“银行存款”“库存现金”等科目的记录分析填列。企业处置子公司及其他营业单位是整体交易，子公司和其他营业单位可能持有现金和现金等价物。

(1) 企业整体处置非法人营业单位的情况下：

处置子公司或其他营业单位收到的现金净额＝处置价款中收到现金的部分－其他营业单位持有的现金和现金等价物－相关处置费用

该现金净额如为负数，应将该金额填列至“支付其他与投资活动有关的现金”项目中。

(2) 企业处置子公司的情况下：

处置子公司及其他营业单位收到的现金净额 ＝ 处置价款中收到现金的部分 － 相关处置费用

5)“收到其他与投资活动有关的现金”项目

该项目反映企业除了上述各项目，所收到的其他与投资活动有关的现金流入。比如，企业收回购买股票和债券时支付的已宣告但尚未领取的现金股利或已到付息期但尚未领取的债券利息。若其他与投资活动有关的现金流入金额较大，应单列项目反映。该项目可以根据“应收股利”“应收利息”“银行存款”“库存现金”等有关科目的记录分析填列。

6)“购建固定资产、无形资产和其他长期资产支付的现金”项目

该项目反映企业本期购买、建造固定资产、取得无形资产和其他长期资产(如投资性房地产)实际支付的现金，包括购买固定资产、无形资产等支付的价款和相关税费，以及用现金支付的应由在建工程和无形资产负担的职工薪酬，不包括为购建固定资产而发生的借款利息资本化的部分；企业支付的借款利息，在筹资活动产生的现金流量“分配股利、利润偿付利息支付的现金”中反映。企业分期付款购建固定资产、无形资产各期支付的现金，均在“支付其他与筹资活动有关的现金”中反映。该项目可根据“固定资产”“在建工程”“无形资产”“库存现金”“银行存款”等科目的记录分析填列。

7)“投资支付的现金”项目

该项目反映企业取得的除现金等价物以外的投资,交易性金融资产、债权投资、其他债权投资、其他权益工具投资、长期股权投资(不包括取得子公司支付的现金),以及支付的佣金、手续费等交易费用所支付的现金。

8)“取得子公司及其他营业单位支付的现金净额”项目

该项目反映企业购买子公司及其他营业单位购买出价中以现金支付的部分,减去子公司及其他营业单位持有的现金和现金等价物后的净额。该项目可以根据“长期股权投资”“库存现金”“银行存款”等科目的记录分析填列。

9)“支付其他与投资活动有关的现金”项目

该项目反映企业除了上述各项目,所支付的其他与投资活动有关的现金流出,如企业购买股票和债券时,支付的已宣告但尚未领取的现金股利或已到付息期但尚未领取的债券利息等,若某项其他与投资活动有关的现金流出金额较大,应单列项目反映。该项目可以根据“应收股利”“应收利息”“银行存款”“库存现金”等科目的记录分析填列。

【学中做 3-9】 某企业发生以下与投资有关的经济业务:

(1) 购入准备近期出售的股票 100 000 元,以银行存款支付。

(2) 企业购入准备长期持有的债券,债券面值为 200 000 元,票面利率为 7%,企业实际支付的金额为 240 000 元。

(3) 购入股票投资,实际支付的价款为 255 000 元,其中包括已宣告尚未领取的现金股利 5 000 元,另支付手续费 4 000 元,上述款项通过银行存款支付。

要求:计算投资活动的现金流出项目。

投资支付的现金 = 100 000 + 240 000 + (255 000 − 5 000 + 4 000) = 594 000(元)

支付其他与投资活动有关的现金=5 000(元)

10)“投资活动产生的现金流量净额”项目

投资活动的现金流入量减去投资活动的现金流出量,所得到的结果就是投资活动给企业增加的现金净流量,即投资活动产生的现金流量净额。如果净额大于零,可得到两种相反的结论:一种是企业投资收益显著,尤其是短期投资回报收现能力较强;另一种可能是企业因财务危机,同时又难以从外部筹资,而不得不处置一些长期资产,以补偿日常经营活动的现金需求。通过比较“投资支付的现金”和“取得投资收益收到的现金”,会计信息使用者就可以对企业资本运营的效果作出评价和判断。此外,通过比较“投资支付的现金”与利润表中的“投资收益”项目,会计信息使用者就可以对企业“投资收益”的含金量作出判断:如果“取得投资收益收到的现金”小于“投资收益”,则说明企业“投资收益”的变现能力较差。当然,其中也不排除利润操纵的可能性,应予以关注。

投资活动产生的现金流量净额可用以下公式计算求得:

投资活动产生的现金流量净额 = 投资活动产生的现金流入量 − 投资活动产生的现金流出量

3. 筹资活动产生的现金流量

1)“吸收投资收到的现金”项目

该项目反映企业以发行股票等方式筹集资金实际收到的款项净额(发行收入减去支付

的佣金、手续费、宣传费、咨询费、印刷费等发行费用后的净额)。该项目可以根据“实收资本(或股本)”“库存现金”“银行存款”等科目的记录分析填列。注意,该项目不再反映发行债券收到的款项。

2)“取得借款收到的现金”项目

该项目反映企业举借各种短期、长期借款而收到的现金,以及发行债券实际收到的款项净额(发行收入减去直接支付的佣金等发行费用后的净额)。该项目可以根据“短期借款”“长期借款”“交易性金融负债”“应付债券”“库存现金”“银行存款”等科目的记录分析填列。

3)“收到其他与筹资活动有关的现金”项目

该项目反映企业除了上述各项目,所收到的其他与筹资活动有关的现金流入,如接受现金捐赠、售后租回等。若某项其他与筹资活动有关流入金额较大,应单列项目反映。该项目可以根据“银行存款”“库存现金”科目的记录分析填列。

【学中做 3-10】 某企业发生以下与筹资活动现金流入有关的经济业务:

(1) 企业发行股票 1 000 万股,每股面值为 1 元,发行价格每股为 1.2 元,发行手续费为发行收入的 2%,发行费共计 240 000 元,企业将股票发行的净收入存入银行。

(2) 取得短期借款 170 000 元,存入银行。

(3) 接受现金捐赠 200 000 元,存入银行。

(4) 发行长期债券,债券面值为 2 000 000 元,发行价格为 2 200 000 元。证券公司代收手续费 66 000 元,代为支付印刷宣传费 8 000 元,费用均直接从发行收入中扣除。企业以银行存款支付审计费 5 000 元。

要求:计算筹资活动的现金流入项目。

吸收投资收到的现金 = 10 000 000 × 1.2 − 240 000 = 11 760 000(元)

借款收到的现金 = 170 000 + 2 200 000 − 66 000 − 8 000 = 2 296 000(元)

收到其他与筹资活动有关的现金 = 200 000(元)

提示:企业发行债券时支付的审计费 5 000 元属于“支付其他与筹资活动有关的现金”项目。

4)“偿还债务支付的现金”项目

该项目反映企业以现金偿还债务的本金,包括偿还金融企业的借款本金、偿还债券本金等。企业偿还的借款利息、债券利息,在“分配股利、利润或偿付利息支付的现金”项目中反映,不包括在该项目内。该项目可以根据“短期借款”“长期借款”“应付债券”“库存现金”“银行存款”等科目的记录分析填列。

5)“分配股利、利润或偿付利息支付的现金”项目

该项目反映企业实际支付的现金股利,支付给其他投资单位的利润以及用现金支付的借款利息、债券利息等。该项目可以根据“应付股利”“应付利息”“财务费用”“库存现金”“银行存款”等科目的记录分析填列。

6)“支付其他与筹资活动有关的现金”项目

该项目反映企业除了上述各项目所支付的其他与筹资活动有关的现金流出,如捐赠现

金支出、融资租入固定资产支付的租赁费等。若某项其他与筹资活动有关流出金额较大，应单列项目反映。该项目可以根据“银行存款”“营业外支出”“长期应付款”“库存现金”科目的记录分析填列。

·小思考·

发行股票、购买股票、分配现金股利、取得现金股利等活动分别归属于现金流量表的什么活动？

【学中做 3－11】 某企业本期发生以下与筹资活动有关的现金流出的经济业务：

(1) 以银行存款支付在建工程负担的借款资本化利息 200 000 元。

(2) 偿还短期借款本金 300 000 元，利息 15 000 元。

(3) 支付现金股利 90 000 元。

(4) 宣告发放股票股利 150 000 股，每股面值 1 元。

(5) 支付融资租入的固定资产的租赁费 70 000 元。

要求：计算企业与筹资活动有关的现金流出项目。

偿还债务支付的现金 ＝ 300 000(元)

分配股利、利润或偿付利息支付的现金 ＝ 200 000＋15 000＋90 000 ＝ 305 000(元)

支付其他与筹资活动有关的现金 ＝ 70 000(元)

4. 汇率变动对现金及现金等价物的影响

该项目反映企业外币现金流量及境外子公司的现金流量折算为人民币时，所采用的现金流量发生日的即期汇率或按照系统合理方法确定的、与现金流量发生日的即期汇率近似汇率折算的人民币金额与“现金及现金等价物净增加额”中外币现金净增加额按期末汇率折算的人民币金额之间的差额。

【学中做 3－12】 某企业当期出口商品一批，售价为 900 000 美元，收汇当日汇率为 1∶6.20，当期进口货物一批，价值 500 000 美元，当日结汇汇率为 1∶6.25，资产负债表日汇率为1∶6.30，假设企业当期没有其他外币业务发生。

要求：计算汇率变动对现金及现金等价物的影响。

汇率变动对现金及现金等价物的影响＝900 000×(6.30－6.20)－500 000×(6.30－6.25)

＝65 000(元)

5. 现金流量表补充资料项目

现金流量表采用直接法反映经营活动产生的现金流量，同时，还应采用间接法反映经营活动产生的现金流量。

采用间接法列报经营活动产生的现金流量时，将净利润调整为经营活动现金净额，需要对四大类项目进行调整。

1) 扣除非经营活动的损益

扣除非经营活动的损益即从净利润中扣除筹资和投资活动的损益，基本原则是由筹资和投资活动引起的损失应加回到净利润中，而由筹资和投资活动引起的收益应从净利润中减去。它主要包括处置固定资产、无形资产、其他长期资产的损失，固定资产报废损失，财务费用，投资损失(减收益)。即：

净利润－非经营活动损益＝经营活动净损益

2) 加上不支付经营资产的费用

不支付经营资产的费用已在计算利润时扣除，但没有在本期支付现金，所以计算经营活动现金流量时应将其加回。不支付经营资产的费用主要包括计提的减值准备、计提固定资产折旧、无形资产摊销、长期待摊费用摊销。

3) 加上非现金流动资产减少

存货和应收项目减少可以使企业收回在流动资产上占用的资金，导致现金增加；反之，导致现金减少。它主要包括存货减少(减增加)；经营性应收项目减少(减增加)，如应收票据减少、应收账款减少、预付账款减少、其他应收款减少。

4) 加上经营性应付项目增加

经营性应付项目增加的原因有两种：一种是由现金流入，但未增加利润，如收到押金；另一种是已减少利润，但未支付现金，如应付工资计入费用，减少了损益，但没有付现。它主要包括经营性应付项目增加(减去减少数)，如应付票据增加、应付账款增加、其他应付款增加、应付职工薪酬增加、应交税费增加。

间接法编制现金流量表补充资料的基本原理如下：

净利润(权责发生制)

调整：不影响现金流量的损益

净利润(收付实现制)

调整：投资和筹资活动产生的损益

经营活动的净利润

调整：不影响净利润但影响现金流量的经营性应收应付项目

经营活动现金流量

·知识链接·

现金流量表的其他简化编制方法

除了上述介绍的现金流量表编制方法，现金流量表还有一些简化编制方法。

1. 现金类日记账法

由于现金流量表是以现金及现金等价物为基础，反映企业的经营活动、投资活动和筹资活动的现金流入量和现金流出量，涉及的会计账簿主要有“库存现金”“银行存款”和“其他货币资金”，这几个账簿可以统称为现金类日记账。具体步骤如下：

(1) 设置“现金日记账”“银行存款日记账”和“其他货币资金日记账”。因为企业的日常核算就要设置这三个日记账，因此，一般只需增设“现金等价物明细账”即可。

(2) 在现金类日记账的“摘要”列旁增加“现金流量表行次”列(以下简称“行次”)，以备积累编制现金流量表的基本资料。“行次”列的数字以本书现金流量表(见表 3-9)中列示的行次为准，实际代表的是该行现金流量表的项目名称。

(3) 企业发生的影响现金流量的业务在登记现金类日记账借贷方的同时，确认该业务应记入现金流量表的项目，将该项目对应的行次的序号记入该账户的“行次”列。例如，企业从银行借入3年期借款500 000元，存入银行。企业在登记银行存款日记账借方500 000元的同时，在“行次”列内加注序号（筹资活动中“借款收到的现金”所在的行号），表明该项现金流入应列入筹资活动的“取得借款收到的现金”项目。

（4）在某项业务涉及现金及现金等价物，但不影响企业的现金净流量时，在登记现金类日记账的同时，在“行次”内打“×”号，表示该项业务不应记入现金流量表。例如，从银行提取现金600 000元，备发工资。该业务在银行存款日记账的贷方登记600 000元，同时在“行次”内打“×”号，现金日记账的登记方法相同。

（5）期末，汇总现金类日记中的“行次”列相同的项目所记录的数字，将其合计数列入现金流量表对应的项目，即可完成现金流量表的编制。

需要注意的是，如果一借一贷的会计分录，分别属于现金流量表的两个不同项目，要分别注明对应的科目名称、金额及所属的现金流量表行次。例如，支付工资190 000元，其中支付给在建工程人员工资50 000元，其他职工工资140 000元，企业在登记现金日记账时，“行次”列应分别填对应“购建固定资产、无形资产及其他长期资产支付的现金”和“支付给职工以及为职工支付的现金”项目所在行。现金类日记账格式如表3-4所示。

表3-4　　现金日记账

业务号	摘　　要	行次	对方科目	借方	贷方	余额
	期初余额					500
29	提现金	×	银行存款	190 000		
30	支付在建工程人员工资	17	应付职工薪酬		50 000	
	支付其他人员工资	6	应付职工薪酬		140 000	
	期末余额			190 000	190 000	500

2. **现金流量台账法**

由于现金流量表是按经营活动、投资活动、筹资活动三大类反映现金的流入和流出的数量，因此企业可以直接根据现金流量的这三大类设置台账，根据收款、付款凭证及与现金流量表有关的转账凭证，分别登记现金流量台账，作为编制现金流量表的基础。具体步骤如下：

（1）开设“经营活动现金流量”“投资活动现金流量”和“筹资活动现金流量”三大类台账，每类台账中按现金流入各项目、现金流出各项目、现金净流量设置分析栏。

（2）对于涉及现金及现金等价物收支、引起现金净流量发生变化的经济业务，企业不仅按照会计核算程序登记“现金日记账”“银行存款日记账”和“其他货币资金日记账”等日记账，同时，还应登记“经营活动现金流量”“投资活动现金流量”和“筹资活动现金流量”三大类台账，分别列入现金流量表的对应项目。

（3）每期终了，企业应计算台账中各项目的合计数，计算现金流入小计、现金流出小计、现金流量净额；编制年度现金流量表时，将各月份的数字加总即可。

以经营活动现金流量台账为例，现金流量台账如表3-5所示。

表 3－5　　经营活动现金流量台账

年		凭证号	摘要	现金流入量				现金流出量					现金净流量
月	日			流入合计	销售商品、提供劳务收到的现金	收到的税费返还	收到其他与经营活动有关的现金	购买商品、接受劳务支付的现金	支付给职工以及为职工支付的现金	支付的各项税费	支付其他与经营活动有关的现金	流出合计	
（略）	（略）	3	支付材料款					189 540					
		7	支付汇票款					160 000					
		9	收到销售款		185 000								
		11	支付宣传费								10 000		
			本月合计	（略）									

充足的现金流量对于企业的生产经营和发展非常重要。现金流量包含哪些内容？如何对其进行阅读分析？

三、阅读现金流量表项目

通过阅读现金流量表，会计信息使用者可以评估企业在未来会计期间产生现金净流量的能力，评估企业偿还债务及支付企业所有者投资报酬的能力，了解企业的利润与经营活动所产生的现金净流量发生差异的原因，从而评价收益质量，掌握会计年度内影响现金的投资和筹资活动。

（一）经营活动现金流量主要项目阅读

1. 销售商品、提供劳务收到的现金

“销售商品、提供劳务收到的现金”项目是企业现金流入的主要来源，通常具有数额大、所占比重大等特点，通过与利润表中的营业收入总额相对比，可以判断企业销售收现率的情况。一般来讲，较高的收现率表明企业产品定位正确，适销对路，并已形成卖方市场的良好经营环境。

2. 收到的税费返还

“收到的税费返还”项目体现了企业在税收方面销售政策优惠所获得的已交税金的回流金额。该项目数额不大，对经营活动现金流入量影响也不大。

3. 收到其他与经营活动有关的现金

“收到其他与经营活动有关的现金”项目具有不稳定性等特点，数额不应过多。如果该项目数额较大，还应观察剔除该项目后企业经营活动净现金流量的情况。

4. 购买商品、接受劳务支付的现金

“购买商品、接受劳务支付的现金”项目应是企业现金流出的主要方向，通常具有数额大、所占比重大等特点。将其与利润表中的营业成本相对比，会计信息使用者可以判断企业购买商品付现率的情况，借此可以了解企业资金的紧张程度或企业的商业信用情况，从而可以更加清楚地认识到企业目前所面临的财务状况。

5. 支付其他与经营活动有关的现金

“支付其他与经营活动有关的现金”项目具有不稳定性等特点，数额不应过多。

·知识链接·

经营活动现金流量的充裕性分析

经营活动的现金流量反映了企业资金的充裕程度，正数的金额越大，企业资金越充裕，就有更多的资金用于企业进一步扩大经营规模使用；反之，若企业经营活动的现金流量长期为负数，则企业将会入不敷出，难以支付企业的日常开支和到期偿还债务，严重的会导致企业破产。经营活动现金流量的充裕性分析可以从以下方面进行：

(1) 经营活动产生的现金流量小于零。在这种情况下，企业正常的经营活动产生的现金流入不足以支付企业经营活动引起的现金流出。如果企业处于初创期，由于要扩大生产经营活动、开拓市场，经营活动的现金流量会出现负值，这是企业成长过程中的正常现象。处于成长期的企业，虽然创造的现金不断增加，但由于还处在不断扩大再生产的过程中，一般不会有很充裕的现金流量；企业处于成熟期以后，经营活动的现金流量若仍为负数，则必须采取一定的手段筹集短期周转资金，否则会面临资金链断裂的情况，可能导致企业破产；在企业的衰退期，由于新产品的出现和市场占有率的下滑，在后期经营活动现金流量一般也是负数，这是企业发展过程中的正常现象。

(2) 经营活动产生的现金流量等于零。此时，企业经营活动产生的现金流入正好满足经营活动引起的现金流出，企业的经营现金流量处于平衡状态。在这种情况下，企业仅弥补了付现成本，非付现成本没有得到货币补偿。从短期看，企业无需向短期周转中注入资金，仍然可以维持周转；但从长期来看，一旦需要重新购置固定资产，企业就面临着资金危机，必须采用一定的手段融资，否则无法更换设备继续生产。即使筹集到了资金，企业如果一直处于无法使非付现成本得到货币补偿的状态，就仍然存在着很大的融资困难，最终可能导致破产。

(3) 经营活动产生的现金流量大于零，但是无法完全弥补非付现成本。在这种情况下，企业的经营活动现金流入足以使付现的经营成本得到货币补偿，但是无法完全弥补折旧、摊销等非付现成本。由于折旧、摊销费用不需要立即支付现金，企业日常开支并不困难，甚至有一部分结余。但是，由于积累资金不足以重新购置固定资产，长期而言企业仍然面临危机。

(4) 经营活动产生的现金流量大于零，并且正好可以弥补非付现成本。在这种情况下，企业摆脱了日常经营在现金流量方面的压力，企业经营活动产生的现金流量刚好能弥补企业付现成本和非付现成本，能够维持经营活动货币资金的简单再生产，但是无法为企业扩大再生产和进一步发展提供资金。

(5) 经营活动产生的现金流量大于零，并且在弥补非付现成本后仍有剩余。在这种情况下，企业经营现金流量完全弥补非付现成本后仍有剩余的资金可以用于投资和筹资活动等，有利于企业长期可持续发展，是企业运行的一种良好状态。企业富余的现金可以用于购置设备，从而扩大生产规模，使企业获得更大的未来发展潜力。

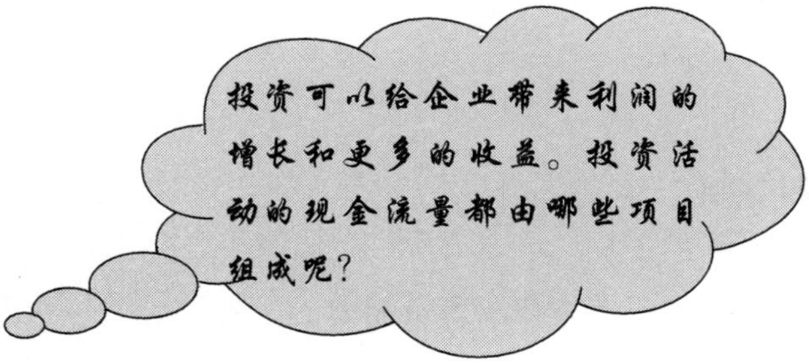

(二) 投资活动现金流量主要项目阅读

1. 收回投资收到的现金

“收回投资收到的现金”项目不能绝对地追求数额过大。投资扩张是企业未来创造利润的增长点，缩小投资可能意味着企业存在规避投资风险、投资战略改变或资金紧张等问题。

2. 取得投资收益收到的现金

“取得投资收益收到的现金”项目表明企业进入投资回收期，通过对其进行分析，会计信息使用者可以了解投资回报率的高低。

3. 处置固定资产、无形资产和其他长期资产收回的现金净额

“处置固定资产、无形资产和其他长期资产收回的现金净额”项目一般金额不大；如果数额较大，表明企业的产业、产品结构将有所调整，或者表明企业未来的生产能力将受到严重的影响，已经陷入深度的债务危机之中，靠出售设备来维持经营。

4. 处置子公司及其他营业单位收到的现金净额

“处置子公司及其他营业单位收到的现金净额”项目反映企业处置子公司及其他营业单位所取得的现金减去相关处置费用后的净额。

5. 购建固定资产、无形资产和其他长期资产支付的现金

“购建固定资产、无形资产和其他长期资产支付的现金”项目表明企业扩大再生产能力的强弱，可以了解企业未来的经营方向和获利能力，揭示企业未来经营方式和经营战略的发展变化。

6. 投资支付的现金

“投资支付的现金”项目表明企业参与资本市场运作、实施股权及债权投资能力的强弱，可以分析投资方向与企业的战略目标是否一致。

筹资活动可以补充企业经营及投资的现金不足。筹资活动会产生哪些现金流量项目呢?

(三) 筹资活动现金流量主要项目阅读

1. 吸收投资收到的现金

"吸收投资收到的现金"项目表明企业通过资本市场筹资能力的强弱。

2. 取得借款收到的现金

"取得借款收到的现金"项目数额的大小表明企业通过债务筹集资金能力的强弱,在一定程度上代表了企业商业信用的高低。

3. 偿还债务支付的现金

"偿还债务支付的现金"项目有助于分析企业资金周转是否已经进入良性循环状态。

4. 分配股利、利润和偿付利息支付的现金

"分配股利、利润和偿付利息支付的现金"项目反映企业实际支付的现金股利,支付给其他投资单位的利润或用现金支付的借款利息、债券利息。利润的分配情况可以反映企业现金的充裕程度。

5. 收到其他与筹资活动有关的现金、支付其他与筹资活动有关的现金

"收到其他与筹资活动有关的现金、支付其他与筹资活动有关的现金"项目数额一般较小;如果数额较大,应注意分析其合理性。

(四) 汇率变动对现金的影响阅读

汇率变动对现金的影响反映下列项目的差额:

(1) 企业外币现金流量及境外子公司的现金流量折算为记账本位币时,所采用的现金流量发生日的即期汇率或按照系统合理的方法确定的、与现金流量发生日即期汇率近似的汇率折算的金额。

(2) "现金及现金等价物净增加额"中外币现金净增加额按期末汇率折算的金额。如果现金及现金等价物净增加额数额较大,需要借助会计报表附注的相关内容分析其原因及其合理性。

工作实例

编制现金流量表

根据学习情境一的学习子情境一中的工作实例、VV 公司的资产负债表(见表 1-10)、VV 公司利润表(见表 2-2)的资料,编制 VV 公司 20×8 年度的现金流量表(上期金额来自

20×7 年现金流量表数据，作为已知资料）。

工作过程

工作步骤一：根据会计分录开设并登记现金类日记账，如表 3-6 至表 3-8 所示。

表 3-6　银行存款日记账

业务号	摘　　要	行次	对方科目	借方	贷方	余额
1	取得长期借款	24	长期借款	2 000 000.00		（略）
2	采购材料	5	材料采购等		227 090.00	
3	出售股票	11	交易性金融资产等	200 500.00		
4	购买设备	17	固定资产等		99 320.00	
5	购买材料	×	其他货币资金	4 188.00		
6	归还短期借款	27	短期借款		30 000.00	
7	购买工程物资	17	工程物资等		226 000.00	
10	支付利息	28	应付利息		116 000.00	
11	提现金	×	库存现金		500 000.00	
15	销售商品	1	主营业务收入等	1 356 000.00		
17	机床出售	13	固定资产清理等		500.00	
17	机床出售	13	固定资产清理等	904.00		
18	支付车间修理费	8	管理费用		20 000.00	
19	支付广告费、展览费	8	销售费用		29 680.00	
25	交纳税费	7	应交税费		137 828.26	
27	收回货款	1	应收账款	80 500.00		
27	偿还货款	5	应付账款		75 000.00	

表 3-7　现 金 日 记 账

业务号	摘　　要	行次	对方科目	借方	贷方	余额
11	提现金	×	银行存款	500 000		（略）
12	支付工资	6	应付职工薪酬		300 000	
12	支付在建工程人员工资	17	应付职工薪酬		200 000	

表 3-8　其他货币资金日记账

业务号	摘要	行次	对方科目	借方	贷方	余额
5	购买材料	5	材料采购等		112 742	（略）
5	购买材料	×	银行存款		4 188	

工作步骤二：根据现金类日记账对应的现金流量表行次汇总，编制20×8年度现金流量表，如表3-9所示。

表3-9 **现金流量表**

单位：VV公司 20×8年度 单位：元

项　　目	行次	本期金额	上期金额
一、经营活动产生的现金流量：			
销售商品、提供劳务收到的现金	1	1 436 500.00	1 000 000.00
收到的税费返还	2		
收到其他与经营活动有关的现金	3		
经营活动现金流入小计	4	1 436 500.00	1 000 000.00
购买商品、接受劳务支付的现金	5	414 832.00	267 000.00
支付给职工以及为职工支付的现金	6	300 000.00	280 000.00
支付的各项税费	7	137 828.26	127 000.00
支付的其他与经营活动有关的现金	8	49 680.00	27 000.00
经营活动现金流出小计	9	902 340.26	701 000.00
经营活动产生的现金流量净额	10	534 159.74	299 000.00
二、投资活动产生的现金流量：			
收回投资收到的现金	11	200 500.00	
取得投资收益收到的现金	12		2 000.00
处置固定资产、无形资产和其他长期资产收回的现金净额	13	404.00	
处置子公司及其他营业单位收到的现金净额	14		
收到其他与投资活动有关的现金	15		
投资活动现金流入小计	16	200 904.00	2 000.00
购建固定资产、无形资产和其他长期资产支付的现金	17	525 320.00	193 000.00
投资所支付的现金	18		
取得子公司及其他营业单位支付的现金净额	19		
支付的其他与投资活动有关的现金	20		
投资活动现金流出小计	21	525 320.00	193 000.00
投资活动产生的现金流量净额	22	−324 416.00	−191 000.00
三、筹资活动产生的现金流量：			
吸收投资收到的现金	23		
取得借款收到的现金	24	2 000 000.00	200 000.00
收到其他与筹资活动有关的现金	25		
筹资活动现金流入小计	26	2 000 000.00	200 000.00
偿还债务支付的现金	27	30 000.00	80 000.00
分配股利、利润或偿付利息支付的现金	28	116 000.00	89 000.00
支付其他与筹资活动有关的现金	29		

（续表）

项　　目	行次	本期金额	上期金额
筹资活动现金流出小计	30	146 000.00	169 000.00
筹资活动产生的现金流量净额	31	1 854 000.00	31 000.00
四、汇率变动对现金及现金等价物的影响			
五、现金及现金等价物净增加额	32	2 063 743.74	139 000.00
加：期初现金及现金等价物余额	33	4 619 400.00	4 480 400.00
六、期末现金及现金等价物余额	34	6 683 143.74	4 619 400.00

·知识链接·

现金流量表分析法编制口诀

现金流量表是会计考试中十分令人头疼的内容，丢三落四是学生在现金流量表编制中最容易出现的错误。下面的口诀基本上概括了现金流量表的全部编制过程。口诀的具体内容如何理解将在口诀后详细阐述。

看到收入找应收，未收税金分开走。

看到成本找应付，存货变动莫疏忽。

有关费用先全调，差异留在后面找。

财务费用有例外，注意分出类别来。

所得税你直接转，营业外找固定资产。

坏账工资折旧摊销，哪来哪去反向抵销。

为职工支付有多少，单独处理分类思考。

解释：第一句“看到收入找应收，未收税金分开走”针对的是销售商品、提供劳务收到的现金，因为直接法是以利润表中营业收入为起算点，所以，我们看到营业收入，就要找应收项目（如应收账款、应收票据等）。未收的税金再单独做账（收到钱的增值税才作为现金流量），也就是说，应收账款中包括的应收取的税金部分，若实际未收取现金则贷记“应交税费”科目，另外，有关贴现的处理，将应收票据因贴现产生的贴现息（已计入财务费用）作反调。例如，应收票据发生额为 10 万元（假如 3 月发生），后 5 月份贴现，贴现息为 1 万元。从期初、期末的报表看，应收票据未发生变动，但不能不作现金流量的调整，因为实际现金净流量为 9 万元。

第二句“看到成本找应付，存货变动莫疏忽”告诉你在进行“购买商品支付的现金”的处理时，找应付科目，同时考虑存货的期初、期末变动值，看是否与此项目有关，有关的应调整。

第三句“有关费用先全调，差异留在后面找”是指先把“管理费用”“销售费用”科目的数额全部调整到“支付其他与经营活动有关的现金”项目，后面再把 6 项内容（包括坏账准备、长期待摊费用摊销、累计折旧、无形资产摊销、应付管理人员工资、应付管理人员的福利费）调回来。

第四句“财务费用有例外，注意分出类别来”指的就是上面说的贴现息。

第五句“所得税你直接转，营业外找固定资产”是指所得税直接结转，营业外收入、营业外支出多数是从固定资产盘盈、盘亏那里来的，自然就要找固定资产了。

第六句“坏账工资折旧摊销，哪来哪去反向抵销”是指这几个项目不影响现金流量，那么就反向抵回来就可以了。

第七句“为职工支付有多少，单独处理分类思考”是指支付给职工和为职工支付的现金项目较特殊，需单独核算。

总的来说，有3项需要注意的：①在进行“销售商品收到的现金”核算时，需调整2项内容：财务费用中贴现息和应交税费中收到的现金。②在进行“购买商品支付的现金”核算时，需调整4项内容：累计折旧、应付职工薪酬、长期摊销费用摊销、应交税费（进项税额）。③在进行“支付其他与经营活动有关的现金”核算时，需要调整5项内容：坏账准备、长期待摊费用摊销、累计折旧、应付职工薪酬、无形资产摊销。

大家可以参考一下间接法核算规律：

(1) 与损益有关的项目调整净利润。其中，固定资产（4项）：减值准备、折旧、处置损失、报废损失；无形资产（1项）：无形资产摊销；财务费用（1项）：反映本期应属投资筹资的财务费用，不包括贴现息（前已述及，贴现息是一项特殊的财务费用，实际做题时一定要留意）；还有投资损失、长期待摊费用摊销（2项）。

(2) 与损益无关的项目（存货、递延税款、经营性应收及经营性应付）调整净利润。这几项的调整可以应用平衡式“资产＝负债＋所有者权益”。当所有者权益增加时，调减净利润；当所有者权益减少时，调增净利润，从而实现了将权责发生制下的净利润调节为经营活动现金流量，去除不影响现金流量变化的项目。例如，若固定资产折旧增加，则说明“资产”方减少、负债不变的情况下“所有者权益”减少，因为折旧不影响现金流量，所以要把这部分往净利润中增加，其他各项都仿照进行处理。

学习子情境二　比较分析现金流量表

职业判断

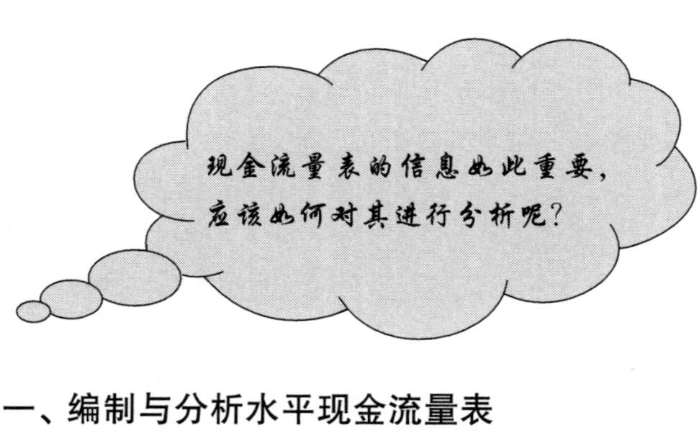

一、编制与分析水平现金流量表

水平现金流量表的分析方法与水平资产负债表及水平利润表的分析相同，通过水平分析，计算现金流量表各项目的变动额及变动率，分析主要项目变动幅度及变动原因，对企业现金流量情况的合理性进行评价。

【学中做 3-13】 根据 VV 公司现金流量表(见表 3-9)资料编制 20×8 年度水平现金流量表(见表 3-10)。

表 3-10　　现金流量表水平分析表

编制单位:VV 公司　　20×8 年度

项　目	本期金额	上期金额	增减额	增减率
一、经营活动产生的现金流量:				
销售商品、提供劳务收到的现金	1 436 500.00	1 000 000.00	436 500.00	43.65%
收到的税费返还				
收到其他与经营活动有关的现金				
经营活动现金流入小计	1 436 500.00	1 000 000.00	436 500.00	43.65%
购买商品、接受劳务支付的现金	414 832.00	267 000.00	147 832.00	55.37%
支付给职工以及为职工支付的现金	300 000.00	280 000.00	20 000.00	7.14%
支付的各项税费	137 828.26	127 000.00	10 828.26	8.53%
支付其他与经营活动有关的现金	49 680.00	27 000.00	22 680.00	84.00%
经营活动现金流出小计	902 340.26	701 000.00	201 340.26	28.72%
经营活动产生的现金流量净额	534 159.74	299 000.00	235 159.74	78.65%
二、投资活动产生的现金流量:				
收回投资收到的现金	200 500.00		200 500.00	—
取得投资收益收到的现金		2 000.00	−2 000.00	−100.00%
处置固定资产、无形资产和其他长期资产收回的现金净额	404.00		404.00	—
处置子公司及其他营业单位收到的现金净额				
收到其他与投资活动有关的现金				
投资活动现金流入小计	200 904.00	2 000.00	198 904.00	9 945.20%
购建固定资产、无形资产和其他长期资产支付的现金	525 320.00	193 000.00	332 320.00	172.19%
投资所支付的现金				
取得子公司及其他营业单位支付的现金净额				
支付其他与投资活动有关的现金				
投资活动现金流出小计	525 320.00	193 000.00	332 320.00	172.19%
投资活动产生的现金流量净额	−324 416.00	−191 000.00	−133 416.00	69.85%
三、筹资活动产生的现金流量:				
吸收投资收到的现金				
取得借款收到的现金	2 000 000.00	200 000.00	1 800 000.00	900.00%
收到其他与筹资活动有关的现金				
筹资活动现金流入小计	2 000 000.00	200 000.00	1 800 000.00	900.00%
偿还债务支付的现金	30 000.00	80 000.00	−50 000.00	−62.50%
分配股利、利润或偿付利息支付的现金	116 000.00	89 000.00	27 000.00	30.34%
支付其他与筹资活动有关的现金				
筹资活动现金流出小计	146 000.00	169 000.00	−23 000.00	−13.61%
筹资活动产生的现金流量净额	1 854 000.00	31 000.00	1 823 000.00	5 880.65%
四、汇率变动对现金及现金等价物的影响				
五、现金及现金等价物净增加额	2 063 743.74	139 000.00	1 924 743.74	1 384.71%
加:期初现金及现金等价物余额	4 619 400.00	4 480 400.00	139 000.00	3.10%
六、期末现金及现金等价物余额	6 683 143.74	4 619 400.00	2 063 743.74	44.68%

【分析要点】

从表 3-10 可以看出,VV 公司 20×8 年现金及现金等价物的净增加额比 20×7 年增加 1 924 743.74元,说明公司获取现金的能力增强。经营活动、投资活动和筹资活动产生的净现金流量变动额分别为 235 159.74 元、-133 416 元和 1 823 000 元。

经营活动净现金流量比 20×7 年增长 235 159.74 元,增长率为 78.65%。经营活动现金流入量增长 436 500 元,增长率为 43.65%;经营活动现金流出量比 20×7 年增长 201 340.26 元,增长率为 28.72%。经营活动现金流入量的增加主要是因为销售商品、提供劳务收到的现金。经营活动现金流出量的增加主要是因为购买商品接受劳务支付的现金、支付其他与经营活动有关的现金和支付给职工以及为职工支付的现金。

投资活动的现金流入量比 20×7 年增长 198 904 元,增长率为 9 945.20%,主要来自收回投资收到的现金;投资活动净现金流出量比 20×7 年增长 332 320 元,增长率为 172.19%。主要原因是购建固定资产、无形资产和其他长期资产支付的现金大幅增加。

筹资活动现金流入量为 2 000 000 元,增加了 1 800 000 元,增长率为 900.00%,主要是企业借款筹资导致的;筹资活动的现金流出量降低了 23 000 元,降低率为 13.61%;筹资活动流入量与流出量的影响,导致筹资活动净现金流量比 20×7 年增加了 1 823 000 元,增长率为5 880.65%,主要原因是取得借款收到的现金比 20×7 年大幅增加,即借款大于还款。

二、编制与分析垂直现金流量表

垂直现金流量分析是指对各种现金流入量、各种现金流出量及净现金流量在企业总的现金流入量、总的现金流出量及全部净现金流量的比例关系进行的分析。现金流量表结构分析的目的在于揭示现金流入量和现金流出量的结构情况,从而抓住企业现金流量管理的重点,具体可以从以下几个方面进行。

(一) 现金流入结构分析

现金流入结构包括两部分:一部分是反映企业经营活动的现金流入量、投资活动的现金流入量和筹资活动的现金流入量分别占现金总流入量的比重;另一部分是反映经营活动、投资活动和筹资活动等各项业务活动现金流入中具体项目的构成比重。现金流入结构分析可以明确企业的现金究竟来自何方,企业应该从哪些方面采取措施增加现金流入量。

(二) 现金流出结构分析

现金流出结构包括两部分:一部分是反映企业经营活动的现金流出量、投资活动的现金流出量和筹资活动的现金流出量分别占现金总流出量的比重;另一部分是反映经营活动、投资活动和筹资活动等各项业务活动现金流出中具体项目的构成比重。现金流出结构分析可以表明企业的现金究竟流向何方,可以查找能够节约开支的项目。

(三) 净现金流量结构分析

净现金流量结构反映公司经营活动、投资活动及筹资活动的现金净流量占公司全部净现金流量的比例,也就是企业本年度创造的现金及现金等价物净增加额中,以上三类活动的贡献程度。通过净现金流量分析,可以明确反映出本期的现金净流量主要为哪类活动所产生,以此说明现金净流量形成的原因是否合理。

现金流量垂直分析方法主要采用比率分析法，通过判断比例的合理性程度来反映企业现金流量的水平。

【学中做 3-14】 以 VV 公司的现金流量表(见表 3-9)资料为基础，可得出现金流入流出结构情况，编制 VV 公司 20×8 年度垂直现金流量表见表 3-11。

表 3-11　　现金流入流出结构分析表

编制单位：VV 公司　　20×8 年度　　金额单位：元

项　目	现金流入量	现金流入结构	现金流出量	现金流出结构	净现金流量	净现金流量结构
一、经营活动的现金流入总量	1 436 500.00	39.49%				
其中：						
销售商品、提供劳务收到的现金	1 436 500.00	39.49%				
收到的税费返还						
收到其他与经营活动有关的现金						
二、经营活动的现金流出总量			902 340.26	57.34%		
其中：						
购买商品、接受劳务支付的现金			414 832.00	26.36%		
支付给职工以及为职工支付的现金			300 000.00	19.06%		
支付的各项税费			137 828.26	8.76%		
支付其他与经营活动有关的现金			49 680.00	3.16%		
三、经营活动的净现金流量					534 159.74	25.88%
四、投资活动的现金流入总量	200 904.00	5.52%				
其中：						
收回投资收到的现金	200 500.00	5.51%				
处理固定资产收到的现金净额	404.00	0.01%				
五、投资活动的现金流出总量			525 320.00	33.38%		
其中：						
购建固定资产支付的现金			525 320.00	33.38%		
权益性投资支付的现金						
六、投资活动的净现金流量					−324 416.00	−15.72%
七、筹资活动的现金流入总量	2 000 000.00	54.98%				
其中：						
吸收权益性投资收到的现金						
借款收到的现金	2 000 000.00	54.98%				
八、筹资活动的现金流出总量			146 000.00	9.28%		
其中：						
偿还债务支付的现金			30 000.00	1.91%		
分配股利或利润支付的现金			116 000.00	7.37%		
支付其他与筹资活动有关的现金						
九、筹资活动的净现金流量					1 854 000.00	89.84%
十、现金流量总额	3 637 404.00	100.00%	1 573 660.26	100.00%	2 063 743.74	100.00%

【分析要点】

通过表 3-11 的计算分析结果可以看出：

(1) 20×8 年公司现金流入总量为 3 637 404 元，现金流出总量为 1 573 660.26 元，现金净流入量为 2 063 743.74 元，表明公司在 20×8 年较 20×7 年实现了现金资产的净增加。但是，这些数据没有表明何种业务活动导致了现金的净增加，因此，我们还必须从动态角度按照现金净增加额的形成过程展开分析，以判断对公司的影响是好还是坏。

(2) 从现金流入结构看，经营活动现金流入量占全部现金流入量的 39.49%，全部为销售商品、提供劳务收到的现金。投资活动现金流入量占全部现金流入量的 5.52%，而其中收回投资收到的现金占 5.51%，这表明公司投资带来的现金流入基本上全部是收回投资而非获利，说明公司应调整对外投资的方向。筹资活动现金流入量占全部现金流入量的 54.98%，全部为借款收到的现金，表明公司主要依靠负债筹资来满足资金的需求。

(3) 从现金流出结构看，经营活动现金流出量占全部现金流出量的 57.34%，其中购买商品、接受劳务支付的现金占 26.36%，支付给职工以及为职工支付的现金占 19.06%，支付的各项税费占 8.76%。投资活动现金流出量占全部现金流出量的 33.38%，表明公司投资在扩张。筹资活动现金流出量占现金总流出量的 9.28%，而其中分配股利或利润支付的现金占7.37%，占较大比重。

(4) 根据净现金流量结构，公司经营活动净现金流量占 25.88%，投资活动净现金流量占−15.72%，筹资活动净现金流量占 89.84%。

一般而言，对于一个健康的、正在成长的公司来说，经营活动的现金流量应该是正数，投资活动的现金流量应该为负数，筹资活动的现金流量应该是正负相间的。

工作实例

对现金流量表进行结构分析

Q公司 20×8 年度现金流量表有关资料如表 3-12 所示，20×4—20×8 年现金流入与流出量资料如表 3-13 所示，分析 Q 公司 20×8 年度现金流量表的现金流入结构、现金流出结构，分析 Q 公司 20×4—20×8 年度现金流入流出比。

表 3-12　　现金流量表

编制单位：Q公司　　20×8 年度　　单位：万元

项　　目	行次	本期金额	上期金额
一、经营活动产生的现金流量：			
销售商品、提供劳务收到的现金	1	4 910	3 720
收到的税费返还	2		
收到其他与经营活动有关的现金	3		
经营活动现金流入小计	4	4 910	3 720
购买商品、接受劳务支付的现金	5	2 325	1 835

（续表）

项　　目	行次	本期金额	上期金额
支付给职工以及为职工支付的现金	6	356	335
支付的各项税费	7	380	296
支付其他与经营活动有关的现金	8		
经营活动现金流出小计	9	3 061	2 466
经营活动产生的现金流量净额	10	1 849	1 254
二、投资活动产生的现金流量：			
收回投资收到的现金	11	880	750
取得投资收益收到的现金	12	140	120
处置固定资产、无形资产和其他长期资产收回的现金净额	13		
处置子公司及其他营业单位收到的现金净额	14		
收到其他与投资活动有关的现金	15		
投资活动现金流入小计	16	1 020	870
购建固定资产、无形资产和其他长期资产支付的现金	17		120
投资支付的现金	18	600	700
取得子公司及其他营业单位支付的现金净额	19		
支付其他与投资活动有关的现金	20		
投资活动现金流出小计	21	600	820
投资活动产生的现金流量净额	22	420	50
三、筹资活动产生的现金流量：			
吸收投资收到的现金	23		
取得借款收到的现金	24	600	1 000
收到其他与筹资活动有关的现金	25		
筹资活动现金流入小计	26	600	1 000
偿还债务支付的现金	27	800	620
分配股利、利润或偿付利息支付的现金	28	100	80
支付其他与筹资活动有关的现金	29		
筹资活动现金流出小计	30	900	700
筹资活动产生的现金流量净额	31	－300	300
四、汇率变动对现金及现金等价物的影响			
五、现金及现金等价物净增加额	32	1 969	1 604
加：期初现金及现金等价物余额	33	2 702	468
六、期末现金及现金等价物余额	34	4 671	2 072

表 3-13　　现金流入与流出资料(20×4—20×8 年度)　　单位:万元

项　目		20×4 年	20×5 年	20×6 年	20×7 年	20×8 年
经营活动现金	流入	2 512	3 025	3 568	3 720	4 910
	流出	2 015	2 718	3 012	2 466	3 061
投资活动现金	流入	390	685	763	870	1 020
	流出	1 320	1 026	825	820	600
筹资活动现金	流入	1 160	1 210	900	1 000	600
	流出	400	692	850	700	900

工作过程

工作步骤一:根据现金流量表表 3-12 分析 Q 公司 20×8 年现金流入结构。

第一,现金总流入结构比率分析。

Q 公司 20×8 年度各项现金流入量之和＝4 910＋1 020＋600＝6 530(万元)

$$经营活动现金流入量占现金总流入之比=\frac{4\,910}{6\,530}\times 100\%=75.19\%$$

$$投资活动现金流入量占现金总流入之比=\frac{1\,020}{6\,530}\times 100\%=15.62\%$$

$$筹资活动现金流入量占现金总流入之比=\frac{600}{6\,530}\times 100\%=9.19\%$$

【分析要点】

该公司在 20×8 年度经营活动、投资活动和筹资活动的现金流入结构分布分别为 75.19%、15.62%、9.19%,可以看出公司的现金来源不均衡,公司的现金来源主要来自经营活动获取的现金。

第二,现金单项流入内部结构比率分析(以经营活动现金流量为例)。

$$销售商品提供劳务收到的现金占经营现金总流入之比=\frac{4\,910}{4\,910}\times 100\%=100\%$$

【分析要点】

该公司经营活动的现金流入全部来自销售商品、提供劳务收到的现金,属于正常的经营活动现金流入。

工作步骤二:根据现金流量表表 3-12 分析 Q 公司 20×8 年现金流出结构。

第一,现金总流出结构比率分析。

Q 公司 20×8 年度各项现金流出量之和＝3 061＋600＋900＝4 561(万元)

$$经营活动现金流出量占现金总流出之比=\frac{3\,061}{4\,561}\times 100\%=67.11\%$$

$$投资活动现金流出量占现金总流出之比=\frac{600}{4\,561}\times 100\%=13.16\%$$

$$筹资活动现金流出量占现金总流出之比=\frac{900}{4\,561}\times 100\%=19.73\%$$

【分析要点】

该公司经营活动现金流出占现金总流出的比率为67.11%，与经营活动现金流入占总流入的比率75.19%对比，可以看出公司经营活动对现金流量的贡献处于一个较好的水平；投资活动的现金流出占13.16%，主要是公司对外投资的结果；筹资活动的现金流出比率为19.73%，结合现金流量表分析主要是公司偿还了800万元的债务，说明公司的债务负担较重。

第二，现金单项流出结构比率分析(以经营活动现金流量为例)。

$$购买商品、接受劳务支付的现金占经营活动现金流出之比=\frac{2\ 325}{3\ 061}\times100\%=75.96\%$$

$$支付给职工以及为职工支付的现金占经营活动现金流出之比=\frac{356}{3\ 061}\times100\%=11.63\%$$

$$支付的各项税费占经营活动现金流出之比=\frac{380}{3\ 061}\times100\%=12.41\%$$

【分析要点】

公司经营活动各单项现金流出比率基本合理；购买商品接受劳务支付的现金流出占75.96%，该比重相对于销售商品提供劳务收到的现金占经营活动现金流入比重较小；支付给职工以及为职工支付的现金占经营现金流出的比重为11.63%，比重适中；支付的各项税费占经营现金流出的比重为12.41%；本期没有发生支付其他与经营活动有关的现金流出。

工作步骤三：根据现金流入流出资料表3-13，分析Q公司20×4—20×8年度年现金流入流出比。

根据表3-13资料，计算可得现金流入流出比，如表3-14所示。

表3-14　现金流入流出比表

项　　目	20×4年	20×5年	20×6年	20×7年	20×8年
经营活动现金流入流出比	1.25	1.11	1.18	1.51	1.60
投资活动现金流入流出比	0.30	0.67	0.92	1.06	1.70
筹资活动现金流入流出比	2.90	1.75	1.06	1.43	0.67

【分析要点】

表3-14计算的结果表明，该公司经营活动现金流入流出比在20×4—20×6年均保持在1.11～1.25，说明公司经营活动创造现金的能力基本均衡；20×7—20×8年经营活动现金流入流出比为1.51～1.60，说明公司经营活动创造现金的能力有小幅度提高。该公司投资活动现金流入流出比变化较大，从20×4年的0.30至20×7年的1.06，说明公司20×4—20×7年正处在发展扩张时期；20×8年提高到1.70，说明公司已由发展扩张期转变为维持正常生产经营的时期。该公司筹资活动现金流入流出比20×4—20×7年数据均超过1，说明公司在这段时间内吸收了大量投资和取得了贷款，到20×8年该指标值为0.67，说明公司在此时期主要将现金用于还款、支付投资人的股利等。

【学习情境小结】

本学习情境主要介绍了现金流量表的结构、现金流量表的编制方法以及现金流量表的比较分析和主要项目的阅读。

现金流量表是反映企业在一定会计期间现金及现金等价物流入流出情况的报表。现金流量表反映了现金的变化过程。现金流量表中的“现金”包括现金和现金等价物两部分;现金流量表比较分析是通过对水平现金流量表和垂直现金流量表分别分析来完成的,在分析时要结合各项目的内涵和质量,从内因揭示企业现金及现金等价物的变动情况。

本学习情境的重点是根据资料完成现金流量表的编制,并运用比较分析法来结合企业实际情况对现金流量表进行分析。

学习情境三框架结构如图 3-2 所示。

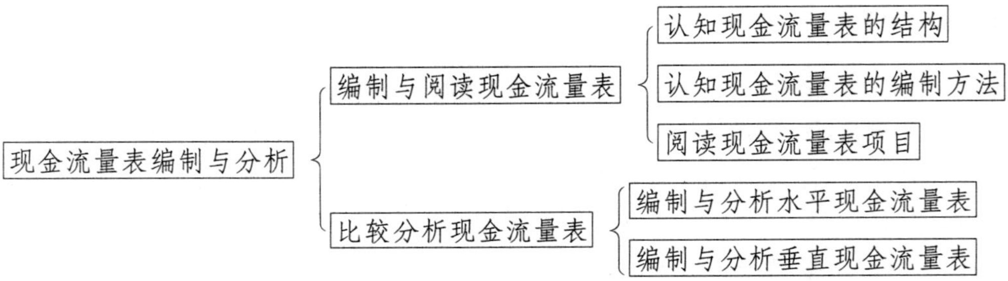

图 3-2　学习情境三框架结构

【做中学——技能·职业资格·职称考试训练】

一、单项选择题

1. 下列项目中,不属于现金流量表“筹资活动产生的现金流量”项目的是(　　)。
   A. 取得借款收到的现金
   B. 吸收投资收到的现金
   C. 处置固定资产收回的现金净额
   D. 分配股利、利润或偿付利息支付的现金
2. 某企业 20×8 年度发生以下业务:以银行存款购买将于 2 个月后到期的国债 500 万元,偿还应付账款 200 万元,支付生产人员工资 150 万元,购买固定资产 300 万元。假定不考虑其他因素,该企业 20×8 年度现金流量表中“购买商品、接受劳务支付的现金”项目的金额为(　　)万元。
   A. 200　　B. 350　　C. 650　　D. 1 150
3. 支付的在建工程人员的工资属于(　　)产生的现金流量。
   A. 筹资活动　　B. 经营活动
   C. 汇率变动　　D. 投资活动

4. 下列现金流出中，属于企业现金流量表中经营活动产生的现金流量的是(　　)。
   A. 偿还应付账款　　B. 偿还短期借款
   C. 发放现金股利　　D. 支付借款利息
5. 下列报表中，采用收付实现制编制的是(　　)。
   A. 资产负债表　　B. 利润表
   C. 所有者权益变动表　　D. 现金流量表

二、多项选择题

1. 下列交易或事项中，会引起现金流量表“投资活动产生的现金流量净额”项目发生变化的有(　　)。
   A. 购买股票支付的现金　　B. 向投资者派发的现金股利
   C. 购建固定资产支付的现金　　D. 收到被投资单位分配的现金股利
2. 下列项目中，属于现金流量表中所指的“现金等价物”的有(　　)。
   A. 库存现金　　B. 银行本票
   C. 银行承兑汇票　　D. 持有2个月内到期的国债
3. 下列项目中，属于现金流量表“经营活动产生的现金流量”项目的有(　　)。
   A. 收到的税费返还
   B. 偿还债务支付的现金
   C. 销售商品、提供劳务收到的现金
   D. 支付给职工以及为职工支付的现金
4. 下列关于现金流量表的说法中，正确的有(　　)。
   A. 在具体编制时，可以采用工作底稿法或T形账户法
   B. 在具体编制时，可以根据有关科目的记录分析填列
   C. 采用多步式
   D. 采用报告式
5. 下列事项中，不会引起现金流量净额变动的有(　　)。
   A. 将现金存入银行
   B. 用银行存款购买1个月到期的债券
   C. 用固定资产抵偿债务
   D. 用银行存款清偿20万元的债务

三、判断题

1. 支付给职工的工资均属于经营活动的现金流量。(　　)
2. 用银行存款偿还应付账款、应付票据等商业应付款属于经营活动，不属于筹资活动。(　　)
3. 购买商品、接受劳务支付的现金反映企业购买材料、商品、接受劳务实际支付的现金，包括本期购入材料、商品、接受劳务支付的现金(包括增值税进项税额)，但是不包括本期支付前期购入商品、接受劳务的未付款项和本期预付款项。(　　)
4. 直接法以净利润作为出发点，将所有非现金事项进行调整；间接法按照现金流入和现金支付的主要类型来编制。(　　)

5. 企业在高速成长的时期，投资活动的现金流入量往往会小于现金流出量。 （ ）

6. 存货增加导致经营活动现金流量增加。 （ ）

四、业务题

1. 某公司20×8年有关资料如下：

(1) 本年销售商品本年收到现金3 000万元，以前年度销售商品本年收到现金600万元，本年预收款项300万元，本年销售本年退回商品支付现金240万元，以前年度销售本年退回商品支付现金180万元。

(2) 本年购买商品支付现金2 100万元，本年支付以前年度购买商品的未付款项240万元和本年预付款210万元，本年发生的购货退回收到现金120万元。

(3) 本年分配的生产经营人员的职工薪酬为400万元，"应付职工薪酬"科目的年初余额和年末余额分别为40万元和20万元，假定应付职工薪酬本期减少数均为本年支付的现金。

(4) 20×8年利润表中的所得税费用为150万元(均为当期应交所得税产生的所得税费用)，"应交税费——应交所得税"科目年初数为12万元，年末数为6万元，假定不考虑其他税费。

要求：

(1) 根据上述资料，计算销售商品、提供劳务收到的现金。

(2) 根据上述资料，计算购买商品、提供劳务收到的现金。

(3) 根据上述资料，计算支付给职工以及为职工支付的现金。

(4) 根据上述资料，计算支付的各项税费。

2. A公司现金流量表相关资料如表3-15所示，对现金流量表进行水平分析，完成表3-15至表3-17中数据的计算，并形成分析结论。

表3-15　　现金流量表水平分析表(简表)

编制单位：A公司　　20×8年度　　金额单位：万元

项　目	20×8年	20×7年	差　异	
			金额	百分比
经营活动：现金流入	1 332	1 129		
现金流出	1 297	1 278		
现金净流量	35	−149		
投资活动：现金流入	242	290		
现金流出	259	375		
现金净流量	−17	−85		
筹资活动：现金流入	315	440		
现金流出	202	350		
现金净流量	113	90		
汇率变动对现金影响额	0	0		
现金及现金等价物增加额	131	−144		

表 3 - 16　　　　**现金流入结构分析表**　　　　单位：万元

项　　目	20×7 年结构		20×8 年结构	
经营活动产生的现金流入 投资活动产生的现金流入 筹资活动产生的现金流入				
现金流入小计				

表 3 - 17　　　　**现金流出结构分析表**　　　　单位：万元

项　　目	20×7 年结构		20×8 年结构	
经营活动产生的现金流出 投资活动产生的现金流出 筹资活动产生的现金流出				
现金流出小计				

学习情境四　所有者权益变动表编制与分析

【引例】

课程思政

如何解读所有者权益变动表

某公司年终利润分配前的有关资料如下:上年未分配利润 1 000 万元,本年度税后利润 2 000 万元,股本(500 万股,每股面值为 1 元)500 万元,资本公积 100 万元,盈余公积 400 万元,所有者权益 4 000 万元,每股市价为 40 元。

该公司决定:本年按规定比例 15%提取盈余公积,发放股票股利 10%(即股东每持 10 股可得 1 股),并且按发放股票股利后的股数派发现金股利每股 0.1 元。

假设股票每股市价与每股账面价值成正比例关系,我们如何计算利润分配后的未分配利润、盈余公积、资本公积、流通股数和预计每股市价。

点评:2007 年以前,公司所有者权益变动情况是以资产负债表附表形式予以体现的。新颁布的《企业会计准则》要求上市公司于 2007 年正式对外呈报所有者权益变动表,所有者权益变动表成为与资产负债表、利润表和现金流量表并列披露的第四张会计报表。在所有者权益变动表中,企业单独列示反映所有者权益变动的详细信息。通过本学习情境的学习,我们来深入了解所有者权益变动表。

【职业能力目标】

根据会计主管岗位的要求,通过本学习情境的学习,学生应明确所有者权益变动表的结构,理解所有者权益变动表编制方法,掌握比较所有者权益变动表编制与分析方法。

【典型工作任务】

本学习情境的典型工作任务主要有阅读所有者权益变动表,编制所有者权益变动表,根据所有者权益变动表编制比较所有者权益变动表,并对其进行分析。

学习子情境一　编制与阅读所有者权益变动表

职业判断

所有者权益变动表继其他三张报表后成为第四张企业对外报送的报表，反映了企业的财务实力，分析者应予以重视。

一、认知所有者权益变动表的结构

所有者权益变动表主要从两方面反映构成所有者权益的各组成部分当期的增减变动情况：一方面列示导致所有者权益变动的交易或事项，从所有者权益变动的来源对一定时期所有者权益变动情况进行全面反映；另一方面按照所有者权益各组成部分（包括实收资本、其他权益工具、资本公积、其他综合收益、专项储备、盈余公积和未分配利润）及其总额列示交易或事项对所有者权益的影响。此外，企业还需要提供比较所有者权益变动表，分为“本年金额”和“上年金额”两栏，分别反映当年和上年所有者权益增减变动以及年初、年末情况。其格式如表 4-1 所示。

·知识链接·

所有者权益变动表的相关知识

1. 所有者权益变动表的概念

所有者权益变动表又称股东权益变动表，是反映构成所有者权益的各组成部分当期增减变动情况的会计报表。所有者权益变动表不仅反映各项交易或事项导致的所有者权益增减变动的信息，还反映所有者权益各组成部分增减变动的结构性信息。

所有者权益又称净资产，是指企业资产扣除负债后由所有者享有的“剩余权益”。公司的所有者权益又称为股东权益。所有者权益主要分为实收资本、资本公积、其他综合收益、盈余公积和未分配利润。其中，实收资本和资本公积属于投资者投入资本；盈余公积和未分配利润属于生产经营过程中形成的留存收益。

在所有者权益变动表中，当期损益、直接计入所有者权益的利得和损失，以及所有者的资本交易导致的所有者权益的变动，应当分别列示。

2. 所有者权益变动表分析的作用

对所有者权益变动表进行分析，其作用如下：

表 4－1

所有者权益变动表

会企 04 表

编制单位：　　　　　　　　________年度　　　　　　　　单位：元

项目	本年金额										上年金额									
	实收资本（或股本）	其他权益工具			资本公积	减：库存股	其他综合收益	专项储备	盈余公积	未分配利润	所有者权益合计	实收资本（或股本）	其他权益工具			资本公积	减：库存股	其他综合收益	专项储备	盈余公积	未分配利润	所有者权益合计
		优先股	永续债	其他									优先股	永续债	其他							
一、上年年末余额																				
加：会计政策变更																				
前期差错更正																				
其他																				
二、本年年初余额																				
三、本年增减变动金额(减少以“—”号填列)																				
（一）综合收益总额																				
（二）所有者投入和减少资本																				
1. 所有者投入的普通股																				
2. 其他权益工具持有者投入资本																				
3. 股份支付计入所有者权益的金额																				
4. 其他																				
（三）利润分配																				
1. 提取盈余公积																				
2. 对所有者(或股东)的分配																				
3. 其他																				
（四）所有者权益内部结转																				
1. 资本公积转增资本(或股本)																				
2. 盈余公积转增资本(或股本)																				
3. 盈余公积弥补亏损																				
4. 设定受益计划变动额结转留存收益																				
5. 其他综合收益结转留存收益																				
6. 其他																				
四、本年年末余额																				

第一，通过对所有者权益变动表的分析，可以清晰地体现会计期间构成所有者权益各个组成项目的结构比例和变动趋势，揭示所有者权益变动的原因及过程，反映公司自有资本的质量，提供资本保值增值的重要信息。

第二，通过对所有者权益变动表的分析，可以进一步报告全面、有用的财务业绩信息，以满足报表使用者投资、信贷及其他经济决策的需要。

第三，通过对所有者权益变动表的分析，可以反映会计政策变更的合理性以及前期差错更正的幅度，具体报告会计政策变更和前期差错更正对所有者权益的影响金额。

第四，通过对所有者权益变动表的分析，可以反映股利分配政策、股权分置等财务政策对所有者权益的影响。

3. 所有者权益变动表反映的内容

所有者权益变动表主要反映以下内容：

(1) 综合收益总额。

(2) 所有者投入和减少资本。

(3) 利润分配。

(4) 所有者权益内部结转。

(5) 会计政策变更和前期差错更正的累计影响金额。

(6) 实收资本(或股本)、其他权益工具、资本公积、其他综合收益、盈余公积、未分配利润等的本年、上年余额及其调节情况。

二、认知所有者权益变动表的编制方法

所有者权益变动表中涉及的是所有者权益类的各个科目，反映企业所有者权益各项目的增减变化。各项目应根据"实收资本(股本)""资本公积""盈余公积""库存股""利润分配"科目所属的各明细科目的本年年初余额、借方发生额、贷方发生额、年末余额分析填列，增加金额用正号填列，减少金额用负号填列。

(一) 所有者权益变动表各项目的填列

1. 上年年末余额

"上年年末余额"项目反映企业上年资产负债表中实收资本(或股本)、其他权益工具、资本公积、库存股、其他综合收益、专项储备、盈余公积、未分配利润的年末余额。

2. 会计政策变更和前期差错更正

"会计政策变更"项目和"前期差错更正"项目分别反映企业采用追溯调整法处理的会计政策变更的累积影响金额和采用追溯重述法处理的会计差错更正的累积影响金额。其影响的项目主要涉及"盈余公积""未分配利润"栏，要根据"盈余公积""利润分配"科目的发生额填列。

·知识链接·

会 计 政 策

会计政策是指企业在会计核算过程中所采用的原则、基础和会计处理方法。会计政策变更是指企业对相同的交易或事项由原来采用的会计政策改为另一种会计政策的行为。也

就是说，在不同的会计期间企业执行了不同的会计政策。一般情况下，企业在不同的会计期间应采用相同的会计政策，不应也不能随意变更会计政策；否则，将削弱会计信息的可比性，使会计信息使用者在比较经营成果时发生困难。

·小思考·

会计政策在什么条件下可以变更？

> 利润是企业进行分配和偿债的源泉。会计信息使用者认真分析所有者权益本期增减变动，可以看出企业利润的分配过程。

3. 本年增减变动金额

“本年增减变动金额”项目分别反映如下内容。

(1)“综合收益总额”项目，反映净利润和其他综合收益扣除所得税影响后的净额相加后的合计金额。

·小思考·

收入与利得有什么区别？损失与费用有什么区别？

(2)“所有者投入和减少资本”项目，反映企业当年所有者投入的资本和减少的资本。其中：

“所有者投入的普通股”项目，反映企业接受投资者投入形成的实收资本(或股本)和资本溢价或股本溢价，并对应列在“实收资本”栏和“资本公积”栏。

“其他权益工具持有者投入资本”项目，反映企业发行的除普通股以外分类为权益工具的金融工具的持有者投入资本的金额。该项目应根据金融工具类科目的相关明细科目的发生额分析填列。

“股份支付计入所有者权益的金额”项目，反映企业处于等待期中的权益结算的股份支付当年计入资本公积的金额，并对应列在“资本公积”栏。

(3)“利润分配”项目下的各项目，反映当年对所有者(或股东)分配的利润(或股利)金额和按照规定提取的盈余公积金额，并对应列在“未分配利润”栏和“盈余公积”栏。

未分配利润是指企业留待以后年度分配的结存利润，也是企业所有者权益的组成部分。从数量上来说，它是期初未分配利润，加上本期实现的净利润，减去提取的盈余公积和分出利润后的余额。

未分配利润通常用于以后年度向投资者进行分配。因此，这部分利润越多，说明企业当年和以后年度的积累能力、股利分配能力以及应付风险的能力就越强；未分配利润相对于盈余公积而言，属于未确定用途的留存收益，所以企业在使用上有较大的自主权，受国家法律、法规的限制较少。

(4) “所有者权益内部结转”项目下的各项目，反映不影响当年所有者权益总额的所有者权益各组成部分之间当年的增减变动，包括资本公积转增资本(或股本)、盈余公积转增资本(或股本)、盈余公积弥补亏损等项金额。

(二) 上年金额和本年金额栏的填列说明

所有者权益变动表“上年金额”栏内各项数字，应根据上年度所有者权益变动表“本年金额”栏内所列数字填列。如果上年度所有者权益变动表规定的各个项目的名称和内容同本年度不相一致，应对上年度所有者权益变动表各项目的名称和数字按本年度的规定进行调整，填入所有者权益变动表“上年金额”栏内。

所有者权益变动表“本年金额”栏内各项数字一般应根据“实收资本(或股本)”“资本公积”“其他综合收益”“盈余公积”“利润分配”“库存股”“以前年度损益调整”科目的发生额分析填列。

工作实例

编制所有者权益变动表

根据学习情境一的学习子情境一中的工作实例，编制 VV 公司 20×8 年度所有者权益变动表，如表 4-2 所示。

工作过程

所有者权益变动表的编制主要依据资产负债表、利润表及有关业务资料。

工作步骤一：可以先根据资产负债表中的期初数据将所有者权益项目填入所有者权益变动表中“本年年初余额”。

工作步骤二：分析经济业务，按照所有者权益变动表的各个项目，查找企业经济业务中与所有者权益相关的，将数据填入表中。比如，“直接计入所有者权益的利得和损失”中的“权益法下被投资单位其他所有者权益变动的影响”根据业务资料(22)填入“资本公积”90 000 元。

工作步骤三：将所有者权益各项目从“本年年初余额”调整“本年增减变动金额”得到所有者权益项目的“本年年末余额”，完成所有者权益变动表的编制。

学习子情境二　比较分析所有者权益变动表

职业判断

一、分析所有者权益变动表项目

所有者权益变动表涉及所有者权益的各个科目，反映企业所有者权益各项目的增减变

表 4-2　　　　**所有者权益变动表**　　　　会企 04 表

编制单位:VV 公司　　　　20×8 年度　　　　单位:元

项目	本年金额											上年金额										
	实收资本(或股本)	其他权益工具			资本公积	减:库存股	其他综合收益	专项储备	盈余公积	未分配利润	所有者权益合计	实收资本(或股本)	其他权益工具			资本公积	减:库存股	其他综合收益	专项储备	盈余公积	未分配利润	所有者权益合计
		优先股	永续债	其他									优先股	永续债	其他							
一、上年年末余额	10 000 000.00				235 700.00				185 430.00	231 800.00	10 652 930.00	10 000 000.00				235 700.00				171 930.00	173 300.00	10 580 930.00
加：会计政策变更																						
前期差错更正																						
其他																						
二、本年年初余额	10 000 000.00				235 700.00				185 430.00	231 800.00	10 652 930.00	10 000 000.00				235 700.00				171 930.00	173 300.00	10 580 930.00
三、本年增减变动金额(减少以“—”号填列)	95 000.00				55 000.00				—40 026.33	86 552.57	196 526.24									13 500.00	58 500.00	72 000.00
(一) 综合收益总额					90 000.00					133 157.80	223 157.80										84 000.00	84 000.00
(二) 所有者投入和减少资本																						
1. 所有者投入的普通股																						
2. 其他权益工具持有者投入资本																						
3. 股份支付计入所有者权益的金额																						
4. 其他																						
(三) 利润分配																						
1. 提取盈余公积									19 973.67	—19 973.67										13 500.00	—13 500.00	
2. 对所有者(或股东)的分配										—26 631.56	—26 631.56										—12 000.00	—12 000.00
3. 其他																						
(四) 所有者权益内部结转																						
1. 资本公积转增资本(或股本)	35 000.00				—35 000.00																	
2. 盈余公积转增资本(或股本)	60 000.00								—60 000.00													
3. 盈余公积弥补亏损																						
4. 设定受益计划变动额结转留存收益																						
5. 其他综合收益结转留存收益																						
6. 其他																						
四、本年年末余额	10 095 000.00				290 700.00				145 403.67	318 352.57	10 849 456.24	10 000 000.00				235 700.00				185 430.00	231 800.00	10 652 930.00

动。所有者权益变动表分析主要是对所有者权益的来源及其变动情况的分析，了解会计期间内影响所有者权益变动的具体原因，判断构成所有者权益各个项目变动的合理性与合法性，为会计信息使用者提供所有者权益总额及其变动的信息。

实收资本与资本公积都可能是所有者投资形成的，但两者也有不同。

（一）实收资本

1. 实收资本增加的分析

实收资本（或股本）增加的途径主要有资本公积转入、盈余公积转入、投资者投入资本（包括发行新股）等。其中，前两种途径增加的实收资本是所有者权益项目的内部结转所带来的；而投资者投入资本（包括发行新股），不仅能够增加实收资本，而且还可以增加企业的资产，表明投资者对企业的发展充满信心。

实收资本的增加既能为企业发展积累物质基础，也可能带来一些新的问题。因此，会计信息使用者对实收资本变动的分析要综合进行。对资本公积转入、盈余公积转入所增加的实收资本，主要应关注其转增的合理性。对投资者投入资本（或发行新股），应着重分析企业的业务范围、资金的使用效率及其盈利能力，是否形成新的利润增长点，为企业的持续发展和利润的稳定增长奠定基础。

·知识链接·

实收资本分析的要点

会计信息使用者分析实收资本时，首先，应将企业账簿和会计报表中记载的实收资本与注册资本的最低限额比较，了解企业真实的资本状况，避免仅仅通过企业的注册资本数额作出判断。如果企业接受的投资是非货币资产，会计信息使用者应分析该资产的公允价值与投资双方达成的合同金额是否相符，是否存在高估资产而导致企业资本亏蚀的情况。其次，会计信息使用者还应观察实收资本的结构，并根据资本产权多元化的状况建立合理的代表各方利益的资本结构。再次，会计信息使用者还可以将资本结构与净收益分配结构相比较，观察资本的平均权利在企业的实现程度。最后，会计信息使用者还可以将实收资本与负债比较，观察企业财务结构的稳定性和风险。

【学中做 4-1】 根据 VV 公司 20×8 年所有者权益变动表（见表 4-2），分析该公司的实收资本。

如表 4-2 所示，VV 公司 20×8 年年末实收资本为 10 095 000 元，20×7 年年末实收资本为 10 000 000 元，该公司实收资本增加了 95 000 元（10 095 000－10 000 000）。实收资本增加的原因是：资本公积转增资本 35 000 元，盈余公积转增资本 60 000 元。

2. 分析实收资本结构的合理性

我们可以通过分析实收资本占所有者权益的比重来分析其结构的合理性。

【学中做 4-2】 根据 VV 公司 20×8 年度所有者权益变动表(见表 4-2)，分析该公司实收资本的比重。

如表 4-2 所示，VV 公司 20×8 年年末实收资本为 10 095 000 元，所有者权益合计为 10 849 456.24元，实收资本占所有者权益总额为 93.05%(10 095 000÷10 849 456.24×100%)，显然，该比例很高。

3. 分析实收资本的变动趋势

从实收资本的趋势变动，分析其所有者权益资本的增长速度和变化趋势。

【学中做 4-3】 根据 VV 公司 20×8 年度所有者权益变动表(见表 4-2)，分析该公司实收资本的变动趋势。

如表 4-2 所示，VV 公司 20×7 年年末实收资本占所有者权益总额的比重为 93.87%(10 000 000÷10 652 930×100%)，20×8 年年末实收资本占所有者权益总额的比重为 93.05%(10 095 000÷10 849 456.24×100%)。显然，20×8 年实收资本比重相对于 20×7 年下降 0.82%，说明公司的实收资本结构比较稳定。

(二) 资本公积

根据资本公积的性质和内容，会计信息使用者在分析时应注意了解资本公积的形成过程，关注其使用流向，进而分析公司权益资本的质量。资本公积增加的原因包括资本溢价(股本溢价)和其他资本公积。

资本公积减少的原因主要是转增资本(或股本)。资本公积转增资本是公司内部权益资本结构的调整。它既不是投入资本的实质性增加，也不属于利润分配。会计信息使用者分析时应注意转增资本额度的确定、转增股本后的股数和新的股权比例情况以及转增资本以后对未来收益的影响等，具体可通过转增股本前后的股本收益率、每股净资产等指标进一步加以分析。

·知识链接·

资本公积的形成及本质

从形成来源看，资本公积不是企业实现的利润转化而来的。从本质上看，它应属于投入资本的范畴。资本公积与留存收益有着根本的区别，留存收益是由企业实现的利润转化而来的，这是分析资本公积时应注意的一点。同时，资本公积虽然属于投入资本范畴，但它与实收资本有所不同。实收资本一般是投资人投入的原始资本，在来源或金额上，都有比较严格的限制；资本公积在金额上则没有严格的限制，而且来源也相对较多，既可以来源于投资者额外的投入，也可以来源于除投资者以外的其他企业或个人。

【学中做 4-4】 根据 VV 公司 20×8 年度所有者权益变动表(见表 4-2)，分析该公司的资本公积增减情况。

从表 4-2 中可知，VV 公司资本公积增加 55 000 元(290 700—235 700)，增加的原因也很明确。权益法下被投资单位其他所有者权益变动导致资本公积增加 90 000 元，资本公积转增资本导致资本公积减少 35 000 元。

（三）库存股

库存股的分析因回购的目的不同而有所不同，具体可以根据我国《公司法》第一百四十三条所规定的公司可以回购本公司股份的几种情形来展开。

1. 减少注册资本

为减少公司注册资本目的回购的，公司应当自收购之日起 10 日内注销所回购股份。分析时应关注公司的回购日与注销日之间的时间间隔，尤其是公司回购的股份是否已按《公司法》规定注销。也就是说，为了减少公司注册资本而回购的股份不应形成库存股。

2. 股权激励计划

基于公司股权激励计划回购的本公司股份，不得超过本公司已发行股份总额的 5%；用于收购的资金应当从公司的税后利润中支出；所收购的股份应当在 1 年内转让给职工。也就是说，对回购股份的比例、所用资金以及转让给职工的时间都有明确的规定。

3. 与其他持股公司合并

因为与持有本公司股份的其他公司合并，或者股东因对股东大会作出的公司合并、分立决议持异议，要求公司收购其股份的，公司应当在 6 个月内转让或者注销该股份。

分析时应特别注意的是，公司在进行股票回购时有无操纵市场的嫌疑；公司的董事有无利用股份购回及再出售机制来操控公司股价；当公司出于正当目的进行重大库存股运作前，公司董事个人或其他内幕人员有无通过事先采取行动而从中获利；公司是否通过缩小股本规模而提高每股收益或其他业绩比率，营造其业绩较好的表象，使会计信息使用者以为其股份有价值等。

·知识链接·

库存股的含义及账务处理

库存股是指公司收回已发行的且尚未注销的股票。它同时具备四个特点：①库存股是本公司的股票。②库存股是已发行的股票。③库存股是收回后尚未注销的股票。④库存股是可以再次出售的股票。

库存股对企业的所有者权益有着以下影响：

(1) 库存股不是公司的资产，而是公司所有者权益的减项。

(2) 库存股变动不影响损益，只影响权益。

(3) 库存股的权利受到限制。由于库存股没有具体股东，库存股不具有股利分派权、表决权、优先认购权和分配剩余财产权。

从实质上看，股票回购可以被认为是将股利一次性支付给股东，属于间接股利分配，但股票回购比高股利政策更具有财务影响：①合理增加库存股能够进一步提高股价，吸引投资者。公司通过增加库存股可以减少发行在外的流通股，从而达到提高每股净收益和每股股利的目的。②合理地增加库存股可以减少股东人数，化解外部控制或减少施加重要影响的公司或企业。③公司通过库存股的合理运用，可以调整自身资本结构，保证股东和债权人的利益。

股份公司减资时采取收购并注销本公司股票的方式，按注销股票面值总额减少股本，借记“股本”科目，按照注销库存股的账面余额，贷记“库存股”科目，按其差额，借记“资本公积——股本溢价”科目。溢价不足冲减的，应依次冲减“盈余公积”“利润分配——未分配利润”等科目。

如果购回股票支付的价款低于面值总额的，应按股票面值总额，借记“股本”科目，按所注销的库存股账面余额，贷记“库存股”科目，按其差额，贷记“资本公积——股本溢价”科目。

（四）其他综合收益

其他综合收益是指企业根据《企业会计准则》规定未在当期损益中确认的各项利得和损失。它包括以后会计期间不能重分类进损益的其他综合收益和以后会计期间满足规定条件时将重分类进损益的其他综合收益两类。具体的项目主要有按照权益法核算因被投资单位重新计量设定收益计划净负债和净资产变动导致的权益变动、投资企业按持股比例计算确认的该部分其他综合收益项目、其他债权投资和其他权益工具投资公允价值的变动、金融资产的重分类、存货或自用房地产转换为投资性房地产等。

盈余公积是企业重要的积累金。会计信息使用者在分析时应关注其形成及使用。

（五）盈余公积

盈余公积的提取实际上是企业当期实现的净利润向投资者分配利润的一种限制。提取盈余公积并不是单独将这部分资金从企业资金周转过程中抽出。企业提取的盈余公积，无论是用于弥补亏损，还是用于转增资本，只不过是在企业所有者权益内部结构的转换。至于企业盈余公积的结存数，实际只表现企业所有者权益的组成部分，表明企业生产经营资金的一个来源而已，其形成的资金可能表现为一定的货币资金，也可能表现为一定的实物资产。

对于“盈余公积”项目的分析，会计信息使用者应从以下方面进行。

1. 分析盈余公积形成是否合法

因为盈余公积是从企业税后利润中提取的积累资金，会计信息使用者要注意分析公司是否按照有关规定提取盈余公积（包括法定盈余公积、任意盈余公积），注意提取的基数是否准确，比例如何确定，任意盈余公积的提取是否依据股东大会的决议等。

2. 分析盈余公积使用是否符合规定

盈余公积属于企业留存收益中指定专门用途的积累资金。所谓专门用途，是指这部分净利润不能再直接分配给投资者，而是要用于法律、公司章程或股东会议指定的方面。各种不同形式的盈余公积，在其使用上有着各自不同的规定。

（1）分析用盈余公积弥补亏损时，应注意是否由董事会提议，并经股东大会批准。

(2) 分析盈余公积转增资本(股本)时,应注意转增资本是否经股东大会作出决议,是否办理了增资手续。用法定盈余公积派送新股时,按股票面值和派送新股总数计算的金额如有差额,是否记入"资本公积——股本溢价"科目。

(3) 公司用盈余公积分派股利的分析,应注意是否经股份有限公司股东大会作出决议;用法定盈余公积分派股票股利增加的股本是否办理了增资手续;分派股票股利的每股面值与派送价格之差是否记入"资本公积——股本溢价"科目。

【学中做 4-5】 根据 VV 公司 20×8 年所有者权益变动表(见表 4-2),分析该公司的盈余公积变动情况。

根据 VV 公司报表资料,该公司 20×8 年按照 15%的比例提取盈余公积,说明该公司为了积累发展所需资金,正常地提取盈余公积,符合公司实际。再来看一下盈余公积的结存数:20×8 年年末为 145 403.67 元,占所有者权益总额的比例为 1.34%,说明 VV 公司盈余公积结存额较小,公司的资金积累不充足。

(六) 未分配利润

未分配利润的多少可以用来衡量公司的储备和获利能力,它在所有者权益中的比例越高,说明企业获利能力越强。未分配利润是公司留存收益的一部分。留存收益的增减变化及变动金额的多少,不仅取决于公司的盈亏状况,还取决于公司的利润分配政策。如果企业留多分少,保持较高的留存收益比率,则未分配利润增加数就较多;反之,如果是留少分多,留存收益比率较低,则未分配利润增加的数额就少。未分配利润是公司利润分配的最终结果,既可以用于生产经营,又可以用于公司开展新的业务领域,还可以留待以后年度进行股利分配。

对未分配利润的分析主要应注意了解未分配利润的增减变动总额、变动原因和变动趋势,尤其是分析由于净利润的变动对未分配利润的影响,同时应分析公司的利润分配政策对未分配利润的影响。

二、分析所有者权益变动表的结构

所有者权益变动表结构分析是指对所有者权益的各子项目金额占所有者权益总额的比重的计算,并进行分析评价,揭示了企业当期所有者权益各子项目的比重及其变动情况,解释公司净资产构成的变动原因,从而进行相关决策的过程。此外,由于所有者权益中的盈余公积和未分配利润属留存收益,是企业税后利润分配的结果。因此,所有者权益结构分析也能反映出企业的内部积累能力,间接反映企业的经营状况。

(一) 影响所有者权益变动表结构的因素

1. 影响所有者权益变动表结构的内部因素

1) 所有者权益规模

所有者权益的变化往往会由于其规模或总量的变动而相应地变动。比如,在其他条件相对稳定时,投资者追加投资或法定收回投资或者盈余公积转增资本、送配股等,都会引起所有者权益总量或其中某个项目总量的变动,进而引起所有者权益结构的变动。

2) 利润分配政策

企业所有者权益的内部结构受制于企业的利润分配政策。若企业某期采取高利分配政策，而盈余公积又按照法定比例提取，则未分配利润减少必然引起留存收益的比重降低；反之，采取低利润分配或暂缓分配政策，留存收益的比重必然会因此提高。

公司的利润分配是由刚性分配与弹性分配相结合的分配。公司法定盈余公积是按法定比例提取的，属于刚性分配；优先股股利是按优先股票筹资合同规定支付的，一般也属于刚性分配。企业可自主确定分配比例的只有任意盈余公积、普通股股利和未分配利润，它们属于弹性分配。利润分配政策变化分析，就是对这部分弹性分配内容变化情况的分析。

这类分析主要揭示公司对待积累或内部筹资态度的变化，该态度变化又是对公司未来实际盈利能力信心的体现。如果公司对待未来盈利能力的信心较强，会多支付普通股股利，多提取盈余公积，未分配利润减少，利润分配政策趋于激进；反之，若公司提取任意盈余公积下降，支付普通股股利下降，未分配利润上升，说明公司的利润分配政策转向保守，公司对未来盈利能力的信心不足。

·知识链接·

股票分割对公司所有者权益的影响

股票分割是在保持原有股本总额的前提下，将每股股份分割为若干股，使股票面值降低而增加股票股数的行为。

股票分割对于中小投资者购买股票更具有吸引力，具体原因包括以下方面：

(1) 股票分割可降低公司股票市场的价格，从而易于在市场上流通，有利于吸引投资者买卖公司股票。

(2) 股票分割实质上是向投资者传递公司发展前景良好的信息。因为股票分割意味着公司想以较低的发行价吸引投资者购买公司的新股票，公司的股票价格有上升趋势。

(3) 如果股票分割后的每股现金股利比股票分割前高，股东可获较多的利益，从而对公司的发展充满信心，并且不会随便出售手中持有的股票。这相当于是稳定公司的股票价格。

当然，如果公司认为流通中的股票价格过低，可通过反分割的方法将每股价格提高。在国际上，股票分割和反分割都会受到法律的限制。

3) 企业控制权

企业的控制权掌握在控股股东或持有一定股份的大股东手中，如果企业决定接受其他投资者的投资，就会稀释股权，分散企业的控制权。若企业现有的投资者(股东)愿意接受这种筹资方式，其结果必然引起所有者权益结构的变化。如果所有者不愿分散对企业的控制权，就会采取负债筹资的方式，这样不会影响所有者权益结构。

4) 权益资本成本

企业的权益资本成本往往要高于负债资本成本，因为所有者承担的风险要大于债权人承担的风险，所以其要求的回报也要高一些。在所有者权益的内部，投入资本的资本成本往往要高于留存收益的资本成本。因此，要降低筹资成本，应尽量利用留存收益，加大其比重，这样，综合资本成本率则会相对降低。

2. 影响所有者权益变动表结构的外部因素

企业在选择筹资渠道时，往往不因企业的意志而定，还受到经济环境、金融政策、资本市场状况等因素的制约，这些因素影响企业的筹资方式，也必然影响所有者权益结构。

所有者权益是企业重要的资金来源，通过对其分析，会计信息使用者可以深入了解企业的资本结构及合理性。

(二) 所有者权益变动表结构分析实务

引起所有者权益增减变动的主要原因有增加或减少注册资本、资本公积发生增减变化、留存收益的增加减少等。通过对所有者权益构成及增减变动分析，会计信息使用者可以进一步了解企业对负债偿还的保证程度和企业自身积累资金的能力与潜力。

【学中做 4-6】 从某公司 20×8 年度的所有者权益变动表中摘录所有者权益各项目如表4-3所示，编制垂直分析表，对其所有者权益结构及增减变动情况进行分析如表 4-4 所示。

表 4-3 **所有者权益资料表** 单位：元

项目	20×8 年	20×7 年
实收资本	1 627 500 000.00	1 627 500 000.00
资本公积	2 418 870 848.91	2 419 524 045.25
盈余公积	465 300 196.93	398 723 313.15
未分配利润	927 322 535.43	661 015 000.28
所有者权益合计	5 438 993 581.27	5 106 762 358.68

表 4-4 **所有者权益结构及增减变动分析表** 金额单位：元

项目	20×8 年		20×7 年		差异	
	金额	比重	金额	比重	金额	比重
实收资本	1 627 500 000.00	29.92%	1 627 500 000.00	31.87%	—	−1.95%
资本公积	2 418 870 848.91	44.47%	2 419 524 045.25	47.38%	−653 196.34	−2.90%
盈余公积	465 300 196.93	8.55%	398 723 313.15	7.81%	66 576 883.78	0.74%
未分配利润	927 322 535.43	17.06%*	661 015 000.28	12.94%	266 307 535.15	4.11%
所有者权益合计	5 438 993 581.27	100.00%	5 106 762 358.68	100.00%	332 231 222.59	—

* 尾差调整。

从计算结果可以看出，公司 20×8 年度所有者权益总额比 20×7 年度有所增长，增长了 332 231 222.59 元；从各项目构成来看，实收资本金额未发生变化，但由于所有者权益总额的增加，导致其比重由 20×7 年度的 31.87%下降到 20×8 年度的 29.92%；资本公积的金额及比重变化均不大；盈余公积 20×8 年度的比重上升到 8.55%，比 20×7 年增加了 0.74%；未分配利润20×8 年度的比重上升到 17.05%，比 20×7 年增加了 4.11%。这说明公司加强了内部积累,经营情况比较稳定。通过所有者权益结构变动的比较可以看出,公司的所有者权益结构较为稳定。

工作实例

分析所有者权益变动表结构

根据VV公司所有者权益变动表(见表4-2)资料,对该公司的所有者权益进行结构分析,编制所有者权益结构及增减变动分析表。

工作过程

从表4-2中摘录VV公司所有者权益项目资料,编制所有者权益结构及增减变动分析表如表4-5所示,并对其进行分析评价。

表4-5　　所有者权益结构及增减变动分析表　　单位:元

项　目	20×8年		20×7年		差　异	
	金　额	比重	金　额	比重	金　额	比重
实收资本(或股本)	10 095 000.00	93.05%	10 000 000.00	93.87%	95 000.00	−0.82%
其他权益工具						
其中:优先股						
永续债						
资本公积	290 700.00	2.68%	235 700.00	2.21%	55 000.00	0.47%
减:库存股						
其他综合收益						
专项储备						
盈余公积	145 403.67	1.34%	185 430.00	1.74%	−40 026.33	−0.40%
未分配利润	318 352.57	2.93%	231 800.00	2.18%	86 552.57	0.75%*
所有者权益(或股东权益)合计	10 849 456.24	100.00%	10 652 930.00	100.00%	196 526.24	0

*尾差调整。

【分析要点】

从表4-5中可以看到,VV公司所有者权益20×8年比20×7年增加了196 526.24元,其中实收资本增加了95 000元,资本公积增加了55 000元,盈余公积减少了40 026.33元,未分配利润增加了86 552.57元。这说明VV公司除了盈余公积项目减少,其他所有者权益项目都有所增加,首先,是实收资本增长额度最多;其次,是未分配利润;最后,是资本公积。

·小思考·

企业的所有者权益变动表可以进行水平分析吗?

【学习情境小结】

所有者权益变动表是反映公司本期(年度或中期)内截至期末所有者权益增减变动情况的报表。它全面反映了企业所有者权益在年度内的变化情况,直接反映了主体在一定期间内的总收益与总费用,从全面收益角度反映了主体权益的综合变动。

所有者权益变动表分析主要是对所有者权益的来源及其变动情况的分析,了解会计期间内影响所有者权益变动的具体原因,判断构成所有者权益各个项目变动的合理性与合法性,为报表使用者提供所有者权益总额及其变动的信息。

所有者权益变动表结构分析是指对所有者权益的各子项目金额占所有者权益总额的比重的计算,并进行分析评价,揭示了企业当期所有者权益各子项目的比重及其变动情况,解释公司净资产构成的变动原因,从而进行相关决策的过程。

本学习情境的重点是把握好所有者权益变动表的编制方法,能够对所有者权益项目进行阅读分析,对所有者权益变动表进行结构分析。

学习情境框架结构图如图 4-1 所示。

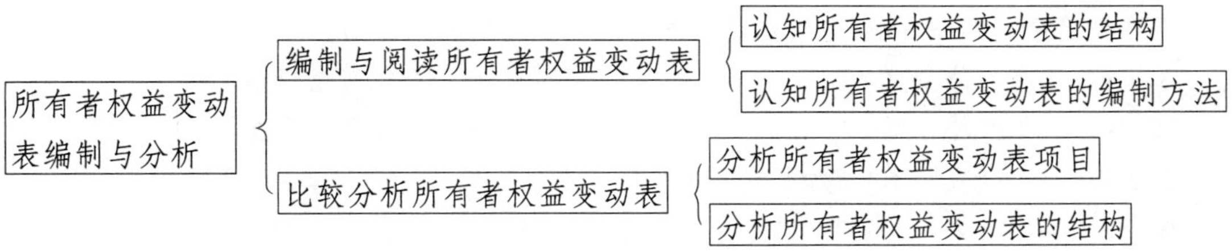

图 4-1　学习情境四框架结构

【做中学——技能·职业资格·职称考试训练】

一、单项选择题

1. 某公司 20×8 年年初所有者权益总额为 1 360 万元,当年实现净利润 450 万元,提取盈余公积 45 万元,向投资者分配现金股利 200 万元,年内以资本公积转增资本 50 万元,投资者追加现金投资 30 万元。该公司年末所有者权益总额为(　　)万元。

   A. 1 565　　B. 1 595　　C. 1 640　　D. 1 795

2. 某企业收到用于补偿以后期间发生费用的政府补助,应在取得时计入(　　)。

   A. 递延收益　　B. 营业外收入
   C. 其他收益　　D. 其他业务收入

3. 所有者权益变动表中的“综合收益总额”项目反映企业当年实现的净利润(或净亏损)和其他综合收益扣除所得税影响后相加的金额,编制时应对应填列在(　　)栏。

A. “实收资本”　　B. “资本公积”
C. “盈余公积”　　D. “未分配利润”

4. 所有者权益变动表结构是指所有者权益各项目金额占(　　)的比重，它反映了企业所有者权益各项目的分布情况。
A. 所有者权益总额　　B. 资产总额
C. 负债总额　　D. 负债总额

5. 某企业 20×8 年年初未分配利润为借方余额 12 000 元(该亏损为超过 5 年的未弥补亏损)，当年净利润为 210 000 元，按 10%的比例提取盈余公积。不考虑其他事项，该企业 20×8 年年末未分配利润为(　　)元。
A. 178 200　　B. 198 000　　C. 209 100　　D. 201 000

二、多项选择题

1. 下列事项中，可以引起所有者权益减少的有(　　)。
A. 以低于成本价销售产品
B. 用盈余公积弥补亏损
C. 宣告分配利润
D. 宣告发放股票股利

2. 下列项目中，能引起负债和所有者权益同时发生变动的有(　　)。
A. 摊销无形资产价值　　B. 计提短期应付债券利息
C. 发放股票股利　　D. 计提长期债券投资利息

3. 下列项目中，不会引起留存收益总额发生增减变动的有(　　)。
A. 资本公积转增资本　　B. 盈余公积转增资本
C. 盈余公积弥补亏损　　D. 税后利润弥补亏损

4. 企业实收资本(或股本)增加的途径有(　　)。
A. 资本公积转入　　B. 盈余公积转入
C. 接受捐赠投入　　D. 发行新股

5. 下列各项中，不会引起所有者权益总额发生增减变动的有(　　)。
A. 宣告发放股票股利　　B. 资本公积转增资本
C. 盈余公积转增资本　　D. 接受投资者追加投资

6. 下列项目中，能同时引起负债和所有者权益同时发生变动的有(　　)。
A. 企业发放股票股利
B. 企业宣告分配利润
C. 以盈余公积派发现金股利
D. 转销无法支付的应付账款

三、判断题

1. 企业在一定期间发生亏损，则企业在这一会计期间的所有者权益一定会减少。(　　)
2. 所有者权益变动表能够反映所有者权益各组成部分当期增减变动情况，有助于报表使用者理解所有者权益增减变动的原因。(　　)
3. 企业的资本公积、盈余公积和未分配利润属于企业的留存收益。(　　)

4. 股东大会宣告分配现金股利不会影响所有者权益总额。 (　　)

5. 以资本公积转增资本不影响留存收益总额。 (　　)

四、计算分析题

长江股份有限公司 20×8 年实现净利润 5 000 万元，该公司最终确定利润分配及其他所有者权益变动方案如下：

(1) 提取法定盈余公积 500 万元，提取任意盈余公积 500 万元。

(2) 分配现金股利 2 000 万元，分配股票股利 2 000 万元(2 000 万股，每股面值为 1 元)。

(3) 以总股本 10 000 万股为基数，使用资本公积中的股票发行溢价转增股本，每 10 股转增 3 股，计 3 000 万股。

假设股东大会通过的上述利润分配方案及资本公积转增股本方案已经实施。

要求：作出相关的账务处理。

学习情境五　财务效率分析

【引例】

课程思政

“郑百文”事件

“郑百文”上市之初，其资产负债率达到68.90%。上市之后，公司没有及时调整资产结构，反而走上了大规模扩张之路。1997年，公司资产规模以60.12%的增速高速发展，但股东权益只增长了24.94%，资产负债率已达87.97%，在当时上市公司中资产负债率排名第四。同期公司的销售利润率只有0.69%，远低于当时商业上市公司的平均水平3.77%。这样低的利润率远不能弥补其高负债率所带来的潜在的经营风险，为公司今后的亏损埋下了导火线。

1998年配股后，如将资金用以偿债或补充自身的流动资金，公司经营情况或许有所缓和。但“郑百文”反而在全国9个城市和地区建立12家配售中心，支出达12亿元，更加重了其债务负担。至1999年中期，公司资产负债率达到134.18%，这种杠杆效应加大了公司的亏损，导致公司最终走上不归之路。

点评：从“郑百文”的失败原因可以看出，公司的资本结构是否合理，财务指标是否正常，能够反映出公司的风险及发展前景。负债资金的成本虽然低于权益资金的成本，但是负债的本息对于公司而言是刚性的支出，一旦经营出现问题，就可能导致公司出现严重的财务危机。因此，我们在分析公司的财务报表时，应结合公司的财务指标对其财务能力进行评价，本学习情境的学习，将让我们在报表比较分析的基础上，进一步评价公司的偿债能力、盈利能力、营运能力和发展能力等信息。

【职业能力目标】

根据会计核算总账报表岗位的要求，通过本学习情境的学习，学生应明确企业财务效率分析的内容与评价方法，掌握主要的偿债能力、盈利能力、营运能力及发展能力指标的计算与分析。

【典型工作任务】

本学习情境的典型工作任务主要有企业偿债能力分析、企业盈利能力分析、企业营运能力分析和企业发展能力分析。

学习子情境一　企业偿债能力分析

职业判断

一、分析企业短期偿债能力

偿债能力是指企业偿还各种债务的能力。偿债能力是企业经营者、投资人、债权人都十分关心的重要问题。偿债能力分析包括短期偿债能力分析和长期偿债能力分析两个方面的内容。

·知识链接·

短期偿债能力基础知识

短期偿债能力一般被称为企业的支付能力，主要是通过流动资产的变现来偿还到期的短期债务。短期偿债能力的高低对企业的生产经营活动和财务状况有重要影响，一个企业即使拥有良好的营运能力和盈利能力，但一旦短期偿债能力不强，就会因为资金周转困难影响正常的生产经营，降低企业的盈利能力，严重时会出现债务危机导致企业破产。

从短期偿债能力对企业的影响可以看出，企业必须十分重视短期偿债能力的分析和研究。影响企业短期偿债能力的因素总体来说包括内部因素和外部因素。内部因素主要包括企业自身经营业绩、资金结构、资产结构、融资能力等方面；外部因素是指与企业所处经济环境相关的因素，如经济形势、证券市场的发育情况、银行的信贷政策等因素。

1. 影响短期偿债能力的内部因素

1）企业的资产结构，特别是流动资产的结构

在企业的资产结构中，如果流动资产所占的比重大，则企业的短期偿债能力相对大些，因为流动负债一般要通过流动资产变现来偿还。如果流动资产所占的比重较高，但其内部结构不合理，企业的实际偿债能力也会受到影响。比如，企业的流动资产中存货比重较大，由于存货的变现速度一般低于其他流动资产，其偿债能力也会减弱。

2）流动负债的结构

企业的流动负债有些是必须用现金来偿付的，如短期借款、应付账款等；有些则可以用产品或劳务来偿还，如预收账款等。需要用现金偿还的流动负债对流动资产流动性的要求更高，企业只有拥有足够的现金才能保证其清偿能力。此外，流动负债中各种负债的偿还期限是否集中，也会对偿债能力产生影响。

3）企业融资能力

有时候仅仅通过偿债能力指标，还不足以判断企业的实际偿债能力。有些企业各种偿债能力指标都很好，但却不能按期偿付到期债务；而另一些企业，因为有较强的融资能力，随时能够从银行等金融机构筹集到大量资金，即使偿债能力指标不高，却能按期偿付其债务本息。因此，融资能力也是影响偿债能力的重要因素。

4）企业经营现金流量水平

企业的短期债务多数是用现金来偿付的，因此，现金流量是决定企业短期偿债能力的重要

因素。企业现金流量状况主要受企业的经营状况和融资能力两方面影响，如果没有充足的现金流量，即使是盈利企业也可能因无法及时偿还到期债务而产生信用危机，甚至是破产。

2. 影响短期偿债能力的外部因素

1）宏观经济形势

当国家经济持续稳定增长时，社会的有效需求也会随之稳定增长，产品畅销。由于市场条件良好，企业的产品和存货可以较容易地通过销售转化为货币资金，从而提高企业短期偿债能力；反之，国民经济处于迟滞阶段，消费者购买力不足，就会使企业产品积压，企业资金周转不灵，企业间相互拖欠形成“三角债”，企业的偿债能力也会受到影响。

2）证券市场的完善程度

企业的流动资产会包括一些有价证券，会计信息使用者在分析企业短期偿债能力时，是把有价证券视同等量现金的。实际上，这样计算的偿债能力与企业实际偿债能力是有区别的。因为如果证券市场发达，企业就随时可以将手中的短期证券出售转换为现金；而如果证券市场不发达，企业转让有价证券就很困难，或不得已将短期证券以较低的价格出售。这就会对企业的短期偿债能力产生影响。

3）银行信贷政策

国家为保证国民经济的正常运转，就会利用金融、税收等宏观经济政策调整产业结构与经济发展速度。一个企业的产品是国民经济急需的，发展方向是属于国家政策鼓励的，就会较为容易地从银行取得借款，其偿债能力也会提高。

偿债能力是企业会计信息使用者非常关注的指标。它具体包括哪些内容呢？

（一）短期偿债能力静态指标计算与分析

短期偿债能力的静态分析主要是根据资产负债表的资料，分析流动资产类项目对流动负债项目偿还的保障程度。

1. 营运资本分析

营运资本是流动资产总额减去流动负债总额的差额。营运资本表示的是偿还流动负债之后还剩下的部分，营运资本越多，证明企业越有能力偿还短期债务。其计算公式为：

$$营运资本=流动资产-流动负债$$

如果流动资产高于流动负债，即营运资本大于零，表示企业有一定的短期偿付能力。该指标越高，表示企业可用于偿还流动负债的资金越充足，企业的短期偿付能力越强，企业面临的短期流动性风险越小，债权人安全程度较高。但不能说越大越好，因为营运资本过大，说明企业闲置资金过多，既未用于投资，也未用于偿还债务。因此，我们可以将营运资本作为评价企业短期偿债能力的绝对数指标。对营运成本进行分析，我们可以从静态上评价企业当期的偿债能力状况，也可以结合企业规模等因素，评价企业不同时期的偿债能力的变动情况。

2. 流动比率分析

流动比率是流动资产与流动负债的比率。它表明每 1 元流动债务有多少流动资产作为偿还的保证,反映企业有多少流动资产可以在短期内转化为现金对到期的流动负债进行偿还的能力。其计算公式为:

$$流动比率=\frac{流动资产}{流动负债}$$

通常认为,流动比率越高,企业的短期偿还能力就越好。因为这个时候,企业有更多的营运资金,可以用来抵偿到期债务,这样债权人到期收不到账款的可能性就会大大缩小。一般人认为,流动比率为 2∶1 比较合适,在这种情况下,每 1 元短期债务都能有 2 元的流动资产与之相对应,不仅能够满足企业日常的经营所需,还能够比较轻松地偿还到期的债务。如果这个比率过低,分析者普遍认为企业就没有足够的能力来偿还到期债务;比率过高,分析者又会认为企业的流动资金占用过多,企业资金使用效率低下,盈利能力受到影响。

流动比率过高的原因主要有以下三个:①对资金未能有效运用,即流动资产过多。②赊销过多,即流动资产中有大量的应收账款,自有资金被别人占用,相当于自己家的牛在别人家的牛棚里产奶。③销售不力,存货积压。即流动资产中存货过多。

·知识链接·

分析流动比率应注意的问题

(1) 流动比率并不必然反映企业短期偿债能力的强弱,还需要考虑流动资产的组成。比如,流动资产中存货、应收账款等资产不能立即用来偿还短期债务,流动比率本身并不反映企业的资产结构。

(2) 从短期债权人角度,希望流动比率越高越好。但从企业经营者角度,过高的流动比率意味着企业闲置现金持有过多,必然导致企业机会成本的增加和获利能力的下降。这主要是协调流动性与盈利性矛盾的过程,企业应尽可能将流动比率维持在不使货币资金闲置的水平。

(3) 流动比率的经验数据不能推而广之。不同行业、不同企业、不同时期、不同规模的评价标准应进行调整。不能用统一的标准来评价流动比率合适与否。

3. 速动比率分析

由于流动比率有时并不能很好地衡量企业的偿债能力,比如,并不是所有的流动资产都具有很好的变现能力,能够在短时间内转换成现金,偿还到期债务,这时候人们通常使用另一个衡量企业偿还能力的指标,即速动比率。

速动比率是指企业速动资产与流动负债的比率。速动资产是指流动资产扣除存货、1 年内到期的非流动资产和其他流动资产等后的差额,包括货币资金、交易性金融资产和各种应收款项等。之所以要扣除存货等非速动资产,是因为:①存货必须经过出售和款项回收才能回收资金,其变现能力相对较差,部分存货可能因为销售困难等原因损失报废未作处理,不能用于偿债。②1 年内到期的非流动资产和其他非流动资产具有偶然性,不能代表企业正常的变现能力。速动比率的计算公式为:

$$速动比率=\frac{速动资产}{流动负债}$$

速动资产主要指可偿债资产,用速动比率衡量企业的短期偿债能力更加准确。一般认为,速动比率控制在1∶1会比较合适,它表明企业每1元的负债都有1元能够迅速变现的资产与之相对应,偿还能力较好,又不会过多地占用资金,影响企业的获利能力。但是,这仅是一般的看法,没有统一的标准,行业不同,速动比率会有很大的差别。例如,采用大量现金销售的商店,几乎没有应收账款,小于1的速动比率则是比较合理的;相反,一些应收账款较多的公司,速动比率可能要大于1才会被认为是合理的。

对企业短期偿债能力的分析,应将速动比率与流动比率结合起来评价。当速动比率较高、流动比率较低时,企业的短期偿债能力仍然较强;反之,当速动比率较低、而流动比率较高时,关键要看存货的变现能力,如果存货的变现能力较强,其短期的偿债能力也不弱;只有两个比率都较低,且大大低于标准时,才表现出企业短期偿债能力弱。

·知识链接·

流动比率分析应警惕的陷阱

假设在销售毛利率不为0的情况下,对ABC公司进行短期偿债能力分析。相关数据为:

流动比率=0.76

销售毛利率=47%

存货÷流动资产×100%=55%

是否可以根据ABC公司流动比率低于1断定该公司的短期偿债能力有问题呢?

在正常情况下,流动负债是用企业的现金来偿还的,而不是用流动资产。但是由于存货的存在,1元的流动资产变现后会得到超过1元的现金。财务分析中通常使用的流动比率分析公式,分子是流动资产,使用流动资产变现更接近于现实,毕竟企业不是直接用流动资产偿付流动负债的,而是用流动资产变现。考虑到这个影响因素,流动比率公式的分子就应该由原来的流动资产变为非存货流动资产变现与存货变现之和。ABC公司的流动比率=0.76×(1−55%)+0.76×55%×1.89①=1.132 02。计算结果表明,公司1元的流动资产,经过变现,可以偿还1.132 02元的流动负债,公司短期偿债能力和流动性并没有问题,这样计算流动比率更加真实、可靠。

在流动资产中,存货占据了相当一部分比例,因此流动比率的高低必然受存货数量多少的影响。当流动负债为一定量时,在其他流动资产变化较小的情况下,存货数量越多,流动比率越高,而流动比率高并不能绝对说明公司偿还短期债务能力越强。这是因为在计算流动比率时,所运用的流动资产指标包含了全部存货,由于存货受市场供求影响最大,市场中一些不确定因素很难把握,必然会形成一些采购、生产的商品长期积压,这些商品变现的希望非常小,大都只能降价出售,或是以非常低的价格与其他企业进行资产置换,即便不考虑通货膨胀因素,这些存货变现后的价值也根本无力再重新购置同样的存货。还有一些存货根本不具备变现能力,这些商品只能作为废品处理。会计信息使用者在分析流动比率时,可以按照

① 1.89表示存货变现率,其计算公式为:$\frac{收入}{成本}=\frac{1}{\frac{成本}{收入}}=\frac{1}{1-毛利率}$。

存货变现时间的长短将存货划分为短期存货、中期存货及长期存货。变现时间在1年以下的为短期存货，变现时间在1年以上3年以下的为中期存货，长期存货应属于公司不良资产。在计算流动比率时要将不良资产从流动资产中剔除。要用具备一定增值能力并能够为公司发展作出贡献的经营资产作为流动资产，这样计算出的流动比率具有一定的说服力。

4. 现金比率分析

现金比率是指企业现金类资产与流动负债的比率。其中，现金类资产是指速动资产中，流动性最强、可直接用于偿债的资产，包括企业所有的货币资金和现金等价物，如易于变现的有价证券。虽然流动比率、速动比率能够反映资产的流动性或偿债能力，但这种反映具有一定的局限性，因为真正能用于偿还短期债务的是现金，有利润的年份不一定有足够的现金来偿还债务，所以利用现金和流动债务之比可以更好地反映偿债能力的强弱。现金比率的计算公式为：

$$现金比率=\frac{现金}{流动负债}=\frac{货币资金+交易性金融资产}{流动负债}$$

利用该指标评价企业偿债能力将更为谨慎，衡量了企业直接偿付流动负债的能力，是最严格、最稳健的偿债指标，反映了企业在最坏情况下的偿债能力。经研究表明，0.2的现金比率就可以接受。一般该比率越大，说明公司现金流动性越好，短期偿债能力越强。而从公司资金的合理使用角度看，比率过高意味着公司拥有闲置资金过多，资金使用效率差。因此，公司应根据行业实际情况确定最佳比率。债权人也不应过分看重该比率，因为企业不可能一直保持足够还债的现金资产，如果是这样，企业就没有短期借款的必要。

·小思考·

流动比率、速动比率和现金比率之间有什么关系？

(二) 短期偿债能力动态指标计算与分析

短期偿债能力动态指标主要是指运用现金流量表和其他有关资料进行动态分析。

1. 现金流量比率分析

现金流量比率是指企业经营活动现金流量净额与流动负债的比率。它用来衡量企业流动负债用经营活动所产生现金来支付的程度，是流动比率、速动比率的延伸。其计算公式为：

$$现金流量比率=\frac{经营活动现金流量净额}{流动负债}$$

经营活动现金流量净额的大小反映出企业某一会计期间生产经营活动产生现金的能力，是企业偿还到期债务的基本资金来源。当该指标等于或大于1时，表示企业有足够的能力以生产经营活动产生的现金来偿还短期债务，表明企业偿债的时效性强；当该指标小于1时，表示企业生产经营活动产生的现金不足以偿还到期债务，必须采取对外筹资或出售资产才能偿还债务。

2. 速动资产够用天数分析

在财务报告分析中，除了以流动负债作为基础，还可以以经营开支水平说明企业的短期偿债能力，通常用“速动资产够用天数”来表示企业速动资产维持企业正常经营开支水平的程度，该指标可以作为速动比率的补充指标。其计算公式为：

$$速动资产够用天数=\frac{速动资产}{预计每天营业所需现金支出}$$

从该指标的计算公式可以看出，如果速动资产较多，而每天营业所需现金开支较少，速动资产够用天数就多；反之，速动资产够用天数就少。企业速动资产够用天数少表明企业偿债能力较低。

3. 流动负债偿还期分析

流动负债偿还期是以流动负债除以经营活动现金流量净额的比率。这一指标表明如果用经营活动产生的现金流量净额来偿还企业流动负债需要几年的时间。其计算公式为：

$$流动负债偿还期=\frac{流动负债}{经营活动现金流量净额}$$

流动负债偿还期是一个逆指标，偿还期越短，说明企业的财务风险越小，偿债能力越强；反之，则说明企业的财务风险越大，偿债能力越弱。企业的债务主要是以经营活动产生的现金流量来偿还，以筹资活动产生的现金流量偿还只是应急之策，不是根本之道。

·知识链接·

影响短期偿债能力的表外因素

(1) 能提高公司短期偿债能力的因素主要有：①公司可动用的银行贷款指标。银行已同意、但公司尚未办理贷款手续的银行贷款限款，可以随时增加公司的现金，提高公司的支付能力。②公司准备很快变现的长期资产。由于某种原因，公司可能将一些长期资产很快出售变成现金，以增加公司的短期偿债能力。③公司偿债的信誉。如果公司的长期偿债能力一贯很好，即公司信用良好，当公司短期偿债方面出现困难时，公司可以很快地通过发行债券和股票等方法来解决短期资金短缺，提高短期偿债能力。这种提高公司偿债能力的因素，取决于公司自身的信用状况和资本市场的筹资环境。以上三方面的因素，都能使公司流动资产的实际偿债能力高于公司财务报表中所反映的偿债能力。

(2) 能降低公司短期偿债能力的因素主要有：①与担保有关的或有负债。如果它数额较大并且有可能发生就应该引起关注，因为它并不在报表中反映。②经营租赁合同中承诺的付款很可能是需要偿还的义务。③建造合同、长期资产购置合同中的分阶段付款也是一种承诺，应视同需要偿还的债务。

【学中做 5-1】 VV 公司资产负债表和利润表有关资料如表 5-1 所示，根据这些资料计算 VV 公司营运资本、流动比率、速动比率、现金比率和现金流量比率，将计算结果填入表 5-2，并进行简要评价。

表 5-1 **VV 公司资料表** 单位：元

项　目	20×8 年金额	20×7 年金额
货币资金	6 683 143.74	4 619 400.00
交易性金融资产	30 000.00	210 000.00

（续表）

项　　目	20×8 年金额	20×7 年金额
应收票据	368 580.00	368 580.00
应收账款	434 000.00	119 000.00
预付款项	108 200.00	108 200.00
其他应收款	2 500.00	2 500.00
存货	5 099 200.00	5 508 400.00
流动资产合计	12 725 623.74	10 936 080.00
流动负债合计	1 627 867.50	1 661 850.00
经营活动现金流量净额	534 159.74	299 000.00

表 5-2　　VV 公司短期偿债能力指标计算表

短期偿债能力指标	20×8 年金额	20×7 年金额
营运资本(元)	11 097 756.24	9 274 230.00
流动比率	7.82	6.58
速动比率	4.62	3.20
现金比率	4.12	2.91
现金流量比率	0.33	0.18

VV 公司 20×8 年营运资本为 11 097 756.24 元，20×7 年营运资本为 9 274 230 元，均大于 0，说明公司用于偿还流动负债的资金较充足，且本期营运资本的偿债能力比上期有所增强；20×8年流动比率为 7.82，20×7 年流动比率为 6.58，均远远超过了经验值 2，说明公司的流动资产对流动负债的偿还保障很高，且 20×8 年偿债能力比 20×7 年有所提高；20×7 年的速动比率为 3.20，20×8 年的速动比率为 4.62，均超过经验值 1，应警惕公司是否有速动资产存量过多，影响获利能力的现象；20×7 年的现金比率为 2.91，20×8 年达到了 4.12，主要是现金资产的增长速度超过了流动负债的增长速度导致的。上述指标说明了公司流动资产偿还流动负债的能力很强，偿债压力不大。

VV 公司 20×7 年现金流量比率为 0.18，20×8 年现金流量比率为 0.33，表明公司 20×8年经营活动现金偿债能力有所增强。但公司 20×7 年和 20×8 年现金流量比率均未达到 1，说明公司依靠生产经营活动产生的现金满足不了偿债的需要，公司必须依靠其他方式取得现金才能保证债务的及时偿还。

长期偿债能力受到哪些因素影响？
主要评价指标有什么？

二、分析企业长期偿债能力

长期偿债能力是指企业对债务的承担能力和对偿还债务的保障能力。

·知识链接·

长期偿债能力的影响因素

长期偿债能力主要受到以下因素的影响。

1）企业的盈利能力

企业的短期偿债能力主要受到流动资产结构、流动负债结构、企业的变现能力以及流动资产与流动负债的对比关系影响，可以从资产变现的角度来进行分析。长期偿债能力则不同，由于衡量的时间较长，对未来较长时间的现金流量很难作出可靠预测，而且所包含的因素比较复杂，难以通过资产变现情况作出判断。

企业的偿债义务包括按期偿付本金和按期支付利息两个方面。企业的非流动负债大多用于非流动资产投资，形成企业的长期资产，在正常生产经营条件下，企业不能靠出售资产作为偿债的资金来源，而只能依靠生产经营所得。从举债的目的看，企业使用资本较低的负债资金是为了获取财务杠杆利益，增加企业的收益，其利息支出自然要从所融通资金所创造的收益中予以偿付。所以说企业的长期偿债能力与盈利能力密切相关。就一般情况而言，企业的盈利能力越强，企业的长期偿债能力越强。如果企业长期亏损，则必须通过变卖资产才能清偿债务；否则，企业的生产经营活动就不能正常进行，最终要影响投资人和债权人的利益。

2）权益资金的增长和稳定程度

尽管企业的盈利能力是影响长期偿债能力的最主要因素，但如果企业将绝大多数利润都分配给投资者，权益资金很少增长，就会降低偿还债务的可靠性。对于债权人而言，将大多数利润留在企业，会使权益资金增长，减少利润外流，这对投资人没有什么实质影响，但会增加偿还债务的可靠性，从而提高企业的长期偿债能力。

3）投资效果

企业所举借的长期债务，主要用于长期资产（如固定资产等）的投资，投资的收益就决定了企业是否有能力偿还长期债务。特别是当某项具体投资的资金全部依靠非流动负债来筹措时，情况更是如此。当然，企业必须具有一定比例的权益资金作为偿债的保障。但如果企业的每一项投资都不能达到预期的目标，即使有相当比例的权益资金，其偿债能力也会受到影响。

4）企业经营现金流量

企业的债务主要还是要用现金来清偿，虽然说企业的盈利能力是偿还债务的根本保证，但是盈利能力毕竟不等于现金。企业只有同时具备较强的变现能力，有充裕的现金才能保证具有真正的偿债能力。

从资产盈利能力、现金流量的内容、特点和作用可以看出，这些因素是从不同角度反映企业的偿债能力的。资产是清偿债务的最终物质保障，盈利能力是清偿债务的经营收益保障，现金流量是清偿债务的支付保障。只有将这些因素加以综合分析，才能真正揭示企业的偿债能力。因此，长期偿债能力分析包括三个方面，分别是资产规模对长期偿债能力影响指标的计算与分析、盈利能力对长期偿债能力影响指标的计算与分析、现金流量对长期偿债能力影响指标的计算与分析。

（一）资产规模对长期偿债能力影响指标的计算与分析

负债表明企业的债务负担，资产是偿还负债的物质基础，单凭负债和资产不能说明一个企业的偿债能力，负债少并不意味着企业的偿债能力强，同样，资产规模大也不能说明企业的偿债能力强。企业的偿债能力体现在资产和负债的对比关系上，由于这种对比关系反映出来的企业长期偿债能力指标主要有资产负债率、产权比率、所有者权益比率和有形净值债务率。

1. 资产负债率分析

资产负债率是从总体上反映公司的债务状况、负债能力和债权保障程度的一个综合指标，它是负债总额与资产总额的比率。其计算公式为：

$$资产负债率=\frac{负债总额}{资产总额}\times 100\%$$

对于该指标，应注意从不同角度进行分析。若站在债权人的立场，资产负债率应以低为好。对投资人来说，他们主要关心的是投资收益率的高低，如果负债的利息率低于总资产收益率，他们希望提高资产负债率。从公司经营者的角度看，必须将资产负债率控制在一个合理的水平。资产负债率低，财务风险较小，但过低的资产负债率使公司无法充分获取借入资金利息率小于总资产收益率时所带来的财务杠杆利益，影响公司盈利能力的提高，从而削弱公司的长期偿债能力；反之，资产负债率越高，公司扩大生产经营的能力及增加盈利的可能性就越大，但财务风险也随之增大，一旦发生经营不利的情况，将难以承受沉重的债务负担，甚至可能因出现资不抵债而导致公司破产。

·小思考·

为什么当负债的利息率低于总资产收益率时，投资人希望通过负债筹资来提高负债率？

资产负债率的合理水平一般应在50%左右。如果公司经营前景较乐观，可以适当提高资产负债率，以增加盈利的机会；倘若前景不佳，则应减少负债经营，降低资产负债率，以减轻债务负担。总之，对公司资产负债率的评价，应结合公司的盈利能力进行综合考察。有些企业为了谋求更多的经济利益会过度举债，资产负债率过高，资金链过于紧绷，一旦债务到期无力偿还，又由于高的负债率难以再次借款，很容易导致企业资金链断裂、企业破产或倒闭。债权人也承担了很高的收不回贷款的风险。

【学中做5-2】 某企业全部资本为100万元，其中借入资本40万元，利率为7%，假定投资收益率分别为16%和5%，试分别计算股东收益率，并根据资料进行计算评价，何时企业负债经营是有利的。

(1) 当投资收益率为16%时：

全部资本收益＝100×16%＝16(万元)

企业的利息费用＝40×7%＝2.8(万元)

股东收益＝16－2.8＝13.2(万元)

股东收益率＝13.2÷60×100%＝22%

（2）当投资收益率为5%时：

全部资本收益＝100×5%＝5(万元)

企业的利息费用＝40×7%＝2.8(万元)

股东收益＝5－2.8＝2.2(万元)

股东收益率＝2.2÷60×100%＝3.67%

从上述数据可以看出，公司的投资收益率高于负债利息率，负债经营对于股东而言是有利的。当投资收益率低于负债利息率时，负债经营对于股东而言是不利的。

2. 产权比率分析

产权比率也是衡量公司长期偿债能力的指标之一，它是负债总额与股东权益总额之比，这一比率可用于衡量主权资本对借入资本的保障程度。其计算公式为：

$$产权比率=\frac{负债总额}{股东权益}\times 100\%$$

该项指标反映由债权人提供的资本与股东提供的资本的相对关系，反映企业基本财务结构是否合理。一般认为，该指标应小于100%。产权比率高，是高风险、高报酬的财务结构；产权比率低，是低风险、低报酬的财务结构。企业应对收益与风险进行权衡，力求保持合理、适度的财务结构，以便既能提高获利能力，又能保障债权人的利益。

从债权人角度来看，该指标反映企业财务结构的风险性大小，以及所有者权益对偿债风险承受能力大小；产权比率越大，表明企业的长期偿债能力越弱，债权人承担的风险越大。

从投资者角度来看，在通货膨胀加剧时期，企业多借债可以把损失和风险转嫁给债权人；在经济萎缩时期，少借债可以减少利息负担和财务风险；在经济繁荣时期，多借债可以获得额外的利润。

资产负债率和产权比率具有共同的经济意义，两个指标可以相互补充。其中，资产负债率侧重分析债务偿付安全性的物质保障程度，产权比率侧重分析自有资金对偿债风险的承受能力。

3. 所有者权益比率分析

所有者权益比率是所有者权益总额与资产总额的比率。该比率反映了企业资产中有多少是所有者投入的。其计算公式为：

$$所有者权益比率=\frac{所有者权益总额}{资产总额}\times 100\%$$

所有者权益比率与资产负债率之和应等于1，这两个比率从不同的侧面反映企业长期财务状况。所有者权益比率越大，资产负债率就越小，企业财务风险就越小，企业偿还长期债务的能力就越强。

4. 有形净值债务率分析

有形净值债务率是将无形资产等从所有者权益中予以扣除，从而计算企业负债总额与有形净值的百分比。该指标反映了企业在清算时债权人投入的资本受到股东权益的保护程度。其计算公式为：

$$有形净值债务率=\frac{负债总额}{有形净值总额}\times 100\%$$

其中，有形净值是指净资产扣除无形资产、开发支出、商誉等价值不稳定的资产后的资产。

有形净值债务率是通过企业负债总额与有形净值进行对比来反映企业在陷入财务困境或破产时对债权人投入资本受到股东权益的保护程度。它主要用于衡量企业的风险程度和对债务的偿还能力。该指标越大，表明企业对债权人的保障程度越低，企业风险越大，长期偿债能力越弱；反之，该指标越小，表明企业长期偿债能力越强，企业财务风险就越小。

运用有形净值债务率指标分析时，我们应注意以下问题：

(1) 有形净值债务率指标实质上是产权比率指标的延伸，是更为谨慎、保守地反映在企业清算时债权人投入的资产受到股东权益的保障程度。从长期偿债能力来讲，该比率越低越好。

(2) 有形净值债务率指标最大的特点是在可用于偿还债务的净资产中扣除了无形资产，包括商标、专利权以及非专利技术等。这主要是因为无形资产的计量缺乏可靠的基础，不可能作为偿还债务的资源，为谨慎起见，一律视为不能还债，将其从分母中扣除。

·小思考·

有形净值债务率的数值应维持在多少比较合适？

(二) 盈利能力对长期偿债能力影响指标的计算与分析

资产固然可以作为偿债的保障，但企业取得资产并不是为了偿债，而是利用资产进行经营以获取收益，所以债务清偿要依赖资产变现，资产变现更主要的是通过产品销售来实现的。因此，获利能力对评价偿债能力也很重要。从获利能力角度分析，评价企业长期偿债能力的指标主要有利息保障倍数、债务本息保证倍数和销售利息比率。

1. 利息保障倍数分析

利息保障倍数(已获利息倍数)是息税前利润与利息费用的比率。它反映企业经营业务所获得的收益支付债务利息的能力。其计算公式为：

$$利息保障倍数=\frac{息税前利润}{利息费用}$$

式中，息税前利润是指利润中未扣除利息费用和所得税之前的利润，它可以用利润总额加利息费用来测算，也可以用净利润加所得税加利息费用来测算。公式分母中的利息费用是指本期发生的全部应付利息，不仅包括利润表中记入“财务费用”项目的利息费用，还包括计入固定资产成本的资本化利息。分子中的利息支出仅包括计入财务费用的利息费用。

一般而言，利息保障倍数至少应大于1，说明企业偿付当期利息的能力较强，具有长期负债的偿还能力。利息保障倍数越大，说明企业用经营活动中所获得的收益偿还利息的能力越强；反之，则越弱。一般公认的利息保障倍数界限为3，适当的利息保障倍数表明企业不能偿付其利息的风险小。保持良好偿付利息记录的企业，可以筹集到较高比例的债务。

从稳健角度出发，利息保障倍数分析企业偿付其利息能力，应选择若干年(如3～5年)中最低的指标值作为最基本的偿付利息能力指标。因为在借入资金等额的前提下，每年的利息支出额相等。以最低年份的数据为依据，会计信息使用者可以了解企业最低的偿付利息的能力。

由于利息保障倍数不是一个定数，只能根据企业实际情况并结合行业平均水平进行确定。同时，此项指标无法反映企业能否偿还债务本金。因此，会计信息使用者应结合债务本息保障倍数进行分析。

2. 债务本息保证倍数分析

根据企业经营状况来反映偿债能力的保证程度，债务本息保证倍数比利息保障倍数更精确。对于债权人而言，如果连本金都不能收回，就更不敢奢求利息了。债权人借款给企业，目的虽然是取得利息收入，但基本前提是按期收回本金。而企业的偿债义务是按期支付利息和到期归还本金，所以其偿债能力的高低不能仅看偿付利息的能力，更重要的还是看其偿还本金的能力。企业在正常经营条件下，本金的偿还必须以企业经营所得赚取的利润来支付。

债务本息保证倍数是指企业一定时期的税前利润与还本付息金额的比率。它反映现金流入量对财务需要（现金流出）的保证程度，通常用倍数来表示。其计算公式为：

$$\text{债务本息保证倍数}=\frac{\text{息税前利润}}{\text{利息费用}+\dfrac{\text{年度还本额}}{1-\text{所得税税率}}}$$

企业偿还本金与利息支出是有区别的，利息是所得税税前开支项目，支付1元的利息，只需要1元的营业收入，或者说是减少1元的利润额，偿还本金则需要动用企业的净收入，即企业偿还1元的本金将需要更多的税前利润，所以要将偿还的本金数还原到所得税税前水平。

3. 销售利息比率分析

销售利息比率是反映企业一定时期的利息费用与营业收入的比率。其计算公式为：

$$\text{销售利息比率}=\frac{\text{利息费用}}{\text{营业收入}}\times 100\%$$

这一指标可以对企业销售状况对偿付债务的保障程度进行衡量。企业的负债最终要通过经营所得去偿还，如果经营不佳，其经营期间偿付债务就会缺少根本保障，而企业权益资金的多少对于偿债的保证只有在企业处于破产清算状态时才能真正发挥作用。在企业负债规模基本稳定的情况下，销售状况越好，偿还到期债务给企业造成的冲击越小。该指标越小，说明企业通过销售所获得的收入用于偿还负债利息的比例越小，企业的偿债压力越小。

（三）现金流量对长期偿债能力影响指标的计算与分析

运用现金流量指标可以比较真实地反映出企业的偿债能力。将现金流量与负债进行比较，可以用来评价企业长期偿债能力，主要指标有到期债务本息偿付比率、强制性现金支付比率、现金债务总额比率、利息现金保证倍数和现金再投资比率。

1. 到期债务本息偿付比率分析

到期债务本息偿付比率用来衡量企业到期债务本金及利息可由经营活动创造的现金来支付的程度。其计算公式为：

$$\text{到期债务本息偿付比率}=\frac{\text{经营现金流量净额}}{\text{到期债务本息}}\times 100\%$$

经营活动现金流量净额是企业最稳定的经常性现金来源，是清偿债务的基本保证。如果到期债务本息比率小于1，说明企业经营活动产生的现金不足以偿付到期的债务和利息支出，企业必须通过其他渠道筹资或出售资产才能清偿债务。这一指标越大，说明企业长期偿债能力越强。

2. 强制性现金支付比率分析

企业经营中，有些现金流出是带有强制性的，必须支付的，如生产经营中必须支付的现金，偿还本金、支付利息等必须支付的现金等。企业现金流入必须满足这种需要，才能保证生产经营的正常进行，保证企业保持良好的信誉。强制性现金支付比率就是反映企业是否有足够的现金履行其偿还债务、支付经营费用等责任指标。其计算公式为：

$$强制性现金支付比率=\frac{现金流入总量}{经营现金流出量+偿还到期本息付现额}$$

该指标应至少等于1，即现金流入总量能满足强制性项目支付的需要。这一指标越大，表明企业偿债能力越强，其超过100%的部分，可以用来满足企业其他方面的现金需求。

3. 现金债务总额比率分析

现金债务总额比率是指经营活动现金流量净额与期初、期末负债平均余额的比率。它用来衡量企业负债总额用经营活动所产生的现金来支付的程度。其计算公式为：

$$现金债务总额比率=\frac{经营活动现金流量净额}{负债平均余额}$$

企业真正能用于偿债的现金流量，通过和债务的比较可以更好地反映企业偿债能力。现金债务总额比率能够反映企业生产经营活动产生现金流量净额偿还各种债务的能力。该比率越高，企业偿债能力越强。

4. 利息现金保证倍数分析

利息现金保证倍数是以年度经营活动产生的现金净流量与付现所得税之和同本期支付的利息相比，表明企业的利息支付能力指标。其计算公式为：

$$利息现金保证倍数=\frac{经营活动现金净流量+本期支付的所得税}{本期支付的利息}$$

一般而言，利息现金保证倍数比率越大，说明企业偿付到期债务的能力越强。如果该比率小于1，说明企业支付利息的能力堪忧。

5. 现金再投资比率分析

现金再投资比率用于衡量企业来自经营活动上的现金已被保留的部分，使其同各项资产相比较，从而测定其重新再投资于各项营业资产的百分比关系。这个比例反映企业有多少现金留下来，并能用于资产的更新和企业的发展。其计算公式为：

$$现金再投资比率=\frac{来自经营活动的现金净流量-现金股利}{固定资产总额+对外投资+其他资产+营运资金}$$

该公式中，分母各组成部分是某时点上的存量，反映了企业用于维持和扩大经营所需的全部再投资。其中，固定资产总额是指未扣除累计折旧的固定资产总额；对外投资是指介于流动资产和股东资产之间的长期投资；其他资产是指资产负债表中最下方的其他资产总计；营运资金是指流动资产减去流动负债后的余额。计算公式分子的现金股利为普通股和优先股现金股利之和，分子反映了企业实际可以支配的现金。

该比率的行业比较有重要意义。现金再投资比率通常应在7%～10%，但各行业有区别，同一企业的不同年份也有区别。一般来讲，在企业高速扩张的年份现金再投资比率低一些，稳定发展的年份高一些。

【学中做5-3】 根据VV公司资产负债表、利润表和有关资料(见表5-3)，计算VV公司资产负债率、产权比率、有形净值债务比率和利息保障倍数，并将计算结果填入表5-4。

表5-3　　VV公司资料表　　单位：元

项　　目	20×8年金额	20×7年金额
资产总额	15 331 923.74	13 169 380.00
负债总额	4 482 467.50	2 516 450.00
所有者权益总额	10 849 456.24	10 652 930.00
无形资产	245 600.00	305 600.00
财务费用	16 000.00	10 000.00
利润总额	177 543.74	112 000.00

其他资料：VV公司20×8年发生资本化利息支出100 000元。

表5-4　　VV公司指标计算表　　单位：元

长期偿债能力指标	20×8年	20×7年
资产负债率	29.24%	19.11%
产权比率	41.32%	23.62%
有形净值债务比率	42.27%	24.32%
利息保障倍数(倍)	1.67	12.2

VV公司20×7年资产负债率为19.11%，20×8年上升到29.24%，应该说公司近2年的资产负债率都不高，可以看出该公司有足够的资产用于偿还债务，但也反映出该公司没有很好地利用负债经营，扩大生产经营规模，以获得更多的利润。

VV公司20×7年产权比率为23.62%，20×8年为41.32%，产权比率上升主要是公司的长期负债比重大幅度上升所致；但公司20×8年的负债筹集资金不到自有资金的一半，说明公司有充足的自有资金用于偿债。

VV公司20×7年有形净值债务比率为24.32%，20×8年有形净值债务比率为42.27%，有形净值债务比率的上升主要原因是公司的负债大幅度上升，20×8年负债总额比20×7年增长了78.13%。公司20×8年的有形净值偿债能力比20×7年有所下降，但总体而言，负债不到有形净值比重的一半，公司的偿债能力仍是较强的。

VV公司20×7年利息保障倍数为12.2倍，说明公司利息偿付能力很强。20×8年利息保障倍数为1.67倍，主要原因是本期资本化利息100 000元导致利息支出增加，利息保障倍数下降。但公司20×8年的息税前利润仍然足够支付所有的利息。

工作实例

分析公司偿债能力

B股份有限公司(以下简称B公司)是20×0年3月10日经某省人民政府批准由A公司独家发行,于20×2年1月1日在上海证券交易所上网定价,发行人民币普通股8 000万股,采取募集方式设立的一家上市股份有限公司。公司主要从事食品制造业,以生产和销售冷冻食品为主营业务。该公司20×8年度有关财务报表及有关资料如表5-5至表5-9所示。

表5-5　　资产负债表

编制单位:B股份有限公司　　20×8年 12 月 31 日　　单位:万元

资　产	期末余额	上年年末余额	负债和所有者权益(或股东权益)	期末余额	上年年末余额
流动资产:			流动负债:		
货币资金	100 508.49	133 572.59	短期借款	400.00	500.00
交易性金融资产	143.10	592.78	交易性金融负债		
衍生金融资产			衍生金融负债		
应收票据			应付票据	205.76	100.47
应收账款	2 552.21	292.70	应付账款	120 844.53	64 929.10
应收款项融资			预收款项	206 340.76	176 500.43
预付款项			合同负债		
其他应收款			应付职工薪酬	280.00	280.00
存货	109 252.27	95 870.93	应交税费	696.64	627.71
合同资产			其他应付款		
持有待售资产			持有待售负债		
一年内到期的非流动资产			一年内到期的非流动负债		
其他流动资产			其他流动负债		
流动资产合计	212 456.07	230 329.00	流动负债合计	328 767.69	242 937.71
非流动资产:			非流动负债:		
债权投资			长期借款	2 250.00	2 250.00
其他债权投资			应付债券		
长期应收款			其中:优先股		
长期股权投资	342.66	365.66	永续债		
其他权益工具投资			租赁负债		
其他非流动金融资产			长期应付款		
投资性房地产			预计负债		
固定资产	489 682.88	360 247.32	递延收益		
在建工程			递延所得税负债		
生产性生物资产			其他非流动负债		
油气资产			非流动负债合计	2 250.00	2 250.00
使用权资产			负债合计	331 017.69	245 187.71

（续表）

资　产	期末余额	上年年末余额	负债和所有者权益(或股东权益)	期末余额	上年年末余额
无形资产			所有者权益(或股东权益)：		
开发支出			实收资本(或股本)	100 000.00	100 000.00
商誉			其他权益工具		
长期待摊费用			其中:优先股		
递延所得税资产			永续债		
其他非流动资产			资本公积		
非流动资产合计	490 025.54	360 612.98	减:库存股		
			其他综合收益		
			专项储备		
			盈余公积	22 434.39	45 029.43
			未分配利润	249 029.53	200 724.84
			所有者权益(或股东权益)合计	371 463.92	345 754.27
资产总计	702 481.61	590 941.98	负债和所有者权益(或股东权益)总计	702 481.61	590 941.98

表 5-6　　利　润　表

编制单位:B股份有限公司　　20×8年度　　单位:万元

项　　目	本期金额	上期金额
一、营业收入	633 309.06	570 651.74
减:营业成本	348 551.29	320 054.41
税金及附加	340.65	287.34
销售费用	69 313.30	49 055.79
管理费用	41 515.17	40 100.40
研发费用		
财务费用	−2 835.87	−2 669.38
加:其他收益		
投资收益	−55.44	17.89
净敞口套期收益(损失以“－”号填制)		
公允价值变动收益(损失以“－”号填列)		
信用减值损失(损失以“－”号填列)		
资产减值损失(损失以“－”号填列)	−66 924.02	−76 508.93
资产处置收益(损失以“－”号填列)		
二、营业利润(亏损以“－”号填列)	109 445.06	87 332.14
加:营业外收入	1 000.00	890.00
减:营业外支出	1 721.00	1 315.10
三、利润总额(亏损总额以“－”号填列)	108 724.06	86 907.04
减:所得税费用	38 426.62	25 583.58
四、净利润(净亏损以“－”号填列)	70 297.44	61 323.46
(一) 持续经营净利润(净亏损以“－”号填列)	70 297.44	61 323.46
(二) 终止经营净利润(净亏损以“－”号填列)		
五、其他综合收益的税后净额		

（续表）

项　　目	本期金额	上期金额
（一）以后不能重分类进损益的其他综合收益		
（二）以后将重分类进损益的其他综合收益		
六、综合收益总额	70 297.44	61 323.46
七、每股收益		
（一）基本每股收益		
（二）稀释每股收益		

表 5-7　　　　**现 金 流 量 表**

编制单位:B股份有限公司　　　20×8 年度　　　单位:万元

项　　目	本期金额	上期金额
一、经营活动产生的现金流量:		（略）
销售商品、提供劳务收到的现金	768 552.42	
收到的税费返还		
收到其他与经营活动有关的现金	2 845.87	
经营活动现金流入小计	771 398.29	
购买商品、接受劳务支付的现金	367 440.46	
支付给职工以及为职工支付的现金	280.00	
支付的各项税费	84 832.33	
支付其他与经营活动有关的现金	72 548.47	
经营活动现金流出小计	525 101.26	
经营活动产生的现金流量净额	246 297.03	
二、投资活动产生的现金流量:		
收回投资收到的现金	494.24	
取得投资收益收到的现金		
处置固定资产、无形资产和其他长期资产收回的现金净额		
处置子公司及其他营业单位收到的现金净额		
收到其他与投资活动有关的现金		
投资活动现金流入小计	494.24	
购建固定资产、无形资产和其他长期资产支付的现金	225 336.58	
投资支付的现金	100.00	
取得子公司及其他营业单位支付的现金净额		
支付其他与投资活动有关的现金		
投资活动现金流出小计	225 436.58	
投资活动产生的现金流量净额	−224 942.34	
三、筹资活动产生的现金流量:		
吸收投资收到的现金		
取得借款收到的现金	45.00	
收到其他与筹资活动有关的现金	1 000.00	

（续表）

项　　目	本期金额	上期金额
筹资活动现金流入小计	1 045.00	（略）
偿还债务支付的现金	135.00	
分配股利、利润或偿付利息支付的现金	53 607.79	
支付其他与筹资活动有关的现金	1 721.00	
筹资活动现金流出小计	55 463.79	
筹资活动产生的现金流量净额	−54 418.79	
四、汇率变动对现金及现金等价物的影响		
五、现金及现金等价物净增加额	−33 064.10	
加：期初现金及现金等价物余额	133 572.59	
六、期末现金及现金等价物余额	100 508.49	

B公司20×6年度和20×7年度部分财务比率指标如表5-8所示。

表5-8　　财务比率指标表

财务比率指标	20×6年度	20×7年度
资产负债率	29.69%	41.49%
流动比率	1.59	0.95
速动比率	0.93	0.42
现金流量比率	0.90	0.41
销售（营业）收入增长率	19.94%	10.98%
流动资产周转率	1.58	2.05
总资产周转率	0.93	0.92
总资产增长率	−6.90%	60.52%
营业利润率	20.60%	15.30%
营业净利率	17.11%	10.75%
总资产收益率	15.75%	18.17%

B公司20×8年度同行业部分财务比率指标如表5-9所示。

表5-9　　20×8年度同行业部分财务比率指标表

财务比率指标	同行业平均
资产负债率	49.85%
流动比率	1.85
速动比率	1.43
现金流量比率	0.90
销售（营业）收入增长率	29.93%
流动资产周转率	1.70
总资产周转率	0.81
总资产增长率	11.75%

（续表）

财务比率指标	同行业平均
营业利润率	11.08%
营业净利率	10.23%
总资产收益率	8.57%

注:借款利息为53 607.79万元。

根据B公司会计报表计算该公司的营运资本、流动比率、速动比率、现金比率、经营现金流比率、资产负债率、有形净值债务比率、产权比率、所有者权益比率、利息保障倍数;并结合指标计算的结果对公司的偿债能力进行综合分析评价。

工作过程

工作步骤一:根据B公司资料,计算公司的偿债能力指标,如表5-10所示。

表5-10　B公司偿债能力指标计算表

偿债能力指标	20×8年	指标计算公式
营运资本(元)	212 456.07－328 767.69＝ －116 311.62	流动资产－流动负债
流动比率	212 456.07÷328 767.69＝0.65	流动资产÷流动负债
速动比率	(212 456.07－109 252.27)÷328 767.69＝0.31	速动资产÷流动负债
现金流量比率	246 297.03÷328 767.69＝0.75	经营现金净流量÷流动负债
资产负债率	331 017.69÷702 481.61×100%＝47.12%	负债总额÷资产总额×100%
有形净值债务率	331 017.69÷371 463.92×100%＝89.11%	负债总额÷有形净值总额×100%
产权比率	331 017.69÷371 463.92×100%＝89.11%	负债总额÷股东权益总额×100%
所有者权益比率	371 463.92÷702 481.61×100%＝52.88%	股东权益总额÷资产总额×100%
利息保障倍数(倍)	162 331.85÷53 607.79＝3.03	息税前利润÷利息

工作步骤二:根据B公司的偿债能力指标计算结果,进行偿债能力综合分析评价。

【分析要点】

(1) 从公司短期偿债能力指标进行评价。该公司20×8年营运资本为负数,流动比率为0.65,较20×6年1.59和20×7年0.95继续下降,流动比率呈逐年下降趋势,和同行业1.85的指标相比低近100%,说明公司没有足够的流动资产用于偿还短期债务。速动比率为0.31,较20×6年0.93和20×7年0.42继续下降,和同行业1.43的指标相比也低近100%;现金流量比率为0.75,较20×7年有所上升,和同行业的0.90指标相比低近17%,说明公司生产经营活动产生的现金不足以偿还到期债务。

综合评定该公司短期偿债能力较弱,偿还到期债务有风险,该公司投资于固定资产所占份额较大,流动资产份额较小,资产的流动性较差,如果公司在短期内债权人催交账款,容易出现无法偿还到期债务的风险,需要通过其他筹资渠道筹措资金,以满足正常经营所需资金。

(2) 从公司长期偿债能力指标进行评价。该公司 20×8 年资产负债率为 47.12%，20×6 年和 20×7 年分别为 29.69%和 41.49%，资产负债率比前 2 年上升，比同行业 49.85%指标略低，说明该公司长期偿债能力较前 2 年有所变弱，但和同行业相比较强，经营比较稳健。20×8 年产权比率 89.11%，所有者权益比率为 52.88%，说明公司所有者权益对企业债务的保障程度较大，长期偿债风险较低。

总体而言，该公司的短期偿债能力较弱，短期偿债压力较大；但长期偿债能力较强，财务风险较小，主要原因在于该公司资产中固定资产所占份额较大，20×8 年长期资产投资数额较大，正处在设备更新改造升级阶段，公司扩大投资力度，改善经营模式提高综合竞争力，资金的流动性较弱，短期偿债能力偏弱，如果没有集中大规模的客户同时催讨货款，该公司具有一定的偿债能力。

学习子情境二　企业盈利能力分析

职业判断

获利能力是会计信息使用者非常关心的指标。获利能力分析包括哪些内容？

一、分析企业经营盈利能力

(一) 认知影响公司盈利能力的因素

盈利能力就是企业赚钱的能力。企业进入战略经营管理时代，盈利能力的分析也变得越来越重要。影响企业盈利能力的因素包括以下几个。

1. 国家政策

国家政策与企业息息相关。其中，税收政策是国家政策中为了实现一定历史时期的任务，选择确立的税收分配活动的方针和原则，它是国家进行宏观调控的主要手段。税收政策的制定与实施有利于调节社会资源的有效配置，为企业提供公平的纳税环境，能有效调整产业结构。税收政策对于企业的发展有很重要的影响，符合国家税收政策的企业能够享受税收优惠，增强企业的盈利能力；不符合国家税收政策的企业，则被要求交纳高额的税收，从而不利于企业盈利能力的提高。国家税收政策与企业的盈利能力之间存在一定的关系，评价分析企业的盈利能力，离不开对其面临的税收政策环境的评价。

2. 经营模式

企业的经营模式就是企业赚取利润的途径和方式，是指企业将内外部资源要素通过巧妙而有机的整合，为企业创造价值的模式。独特的经营模式往往是企业获得超额利润的源泉，也会成为企业的核心竞争力。一个企业即使是拥有先进的技术和人才，但若没有一个较好的经营模式，企业也很难生存。因此，要想发现企业盈利的源泉，财务人员就必须关注该企业的经营模式，要分析企业获得盈利的深层机制，而不是简单地从企业行业特征上进行判断和分析。

3. 利润的构成

企业的利润主要有毛利、营业利润、利润总额、净利润和息税前利润。一般来说，利润总额中营业利润所占的比例较大。会计信息使用者要考虑到引起不同利润的因素对它的影响，包括营业收入，营业成本，营业费用引起毛利、营业利润、利润总额、净利润、息税前利润的影响。

4. 资本结构

资本结构是影响企业盈利能力的另一个重要因素。企业负债经营程度的高低对企业的盈利能力有直接的影响。当企业的资产报酬率高于企业的借款利息率时，企业负债经营可以提高企业的盈利能力；否则，企业负债经营会降低企业的盈利能力。有些企业只注重增加资本投入、扩大企业投资规模，而忽视了资本结构是否合理，有可能会妨碍企业利润的增长。

（二）收入利润率指标的计算与分析

企业的营业收入是企业盈利的主要来源，因此，我们可以设置若干以营业收入为基础的评价指标进行盈利能力分析，主要指标有营业毛利率、营业利润率和营业净利率等指标。

1. 营业毛利率

营业毛利率是指企业营业毛利润与营业收入的比率。营业毛利率是生产经营业务带来的毛利润，因此，该指标反映了企业主营业务经营成果状况，能够反映企业主要盈利能力。其计算公式为：

$$营业毛利率=\frac{毛利}{营业收入}\times 100\%$$

其中：

$$毛利=营业收入-营业成本$$

营业毛利率指标反映了企业主营业务的基本盈利能力，只有较高的营业毛利率，才能保证企业获得较高的净利润，因此，该指标越高，说明企业盈利能力越强；反之，盈利能力越弱。同时，将营业毛利指标与营业毛利率结合分析，能够分别从相对数和绝对数两个角度分析企业的盈利能力，分析更加全面。

同行业的营业毛利率通常是比较接近的，出现差别说明企业在价格制定和变动成本控制方面的情况不同，企业可以与同行业平均值或先进水平进行营业毛利率的比较，发现差异，并根据差异产生的原因进行改进，提高盈利能力。

·知识链接·

营业成本利润率

与营业收入相关的指标还有营业成本率。营业成本率是指企业营业成本与营业收入的比率，营业成本是变动成本，将随着产品销售数量的增加而按比例增加。该指标反映了企业营业成本占营业收入的比重，从而反映企业的主要盈利能力。其计算公式为：

$$营业成本率=\frac{营业成本}{营业收入}\times100\%$$

营业成本率反映了企业控制营业成本的情况，该比率越低，说明企业成本控制得越好，盈利能力越强；反之，盈利能力则较弱。

同行业的营业成本率也是比较接近的，如果与其他企业有所差别，应该分析其原因，看是成本控制不当，还是价格制定不当，从而采取相应的改进措施。只有营业成本率控制得当，企业才有能力承受期间费用等其他支出，保证有较高的净利润。

2. 营业利润率

营业利润率是指企业的营业利润与营业收入的比率。该指标是指扣除了变动成本和主要固定成本并加上投资收益后的利润占营业收入的比率，也是评价企业盈利能力的重要指标。其计算公式为：

$$营业利润率=\frac{营业利润}{营业收入}\times100\%$$

与营业毛利率相比，在评价企业的盈利能力方面营业利润率更进了一步，不仅考虑了变动成本（即营业成本）和主要固定成本（即期间费用），同时也考虑了投资收益。同样，该比率越高，反映企业经营状况越好，盈利能力越强；反之，说明企业盈利能力较弱。

3. 营业净利率

营业净利率是企业税后净利润与总收入的比率。该比率反映了企业最终获得的利润占总收入的比率，代表了企业最终的盈利能力。其计算公式为：

$$营业净利率=\frac{净利润}{营业收入}\times100\%$$

营业净利率越高，说明企业最终盈利能力越强；反之，则说明企业最终的盈利能力越弱。该比率的分子净利润是企业最终的利润，能够用于评价企业最终获取利润的水平。该指标与税前利润率比较，可以反映出企业所得税的情况，对于不同国家、不同地区、不同行业的企业，其企业所得税的计算方法和税率也可能不同，因此，即使税前利润率相同的企业，也会由于所得税的不同而使最终的盈利能力不同。

·小思考·

营业毛利率和营业成本率在数量上有什么关系？

（三）成本费用利润率指标的计算与分析

反映成本费用利润率的指标有许多形式，主要有营业成本利润率、营业费用利润率、全部成本费用利润率等。

这类指标反映了企业投入产出水平，即所得与所费的比率，体现了增加利润是以降低成本及费用为基础的。这些指标的数值越高，表明生产和销售产品的每 1 元成本及费用取得的利润越多，劳动耗费的效益越高；反之，则说明每耗费 1 元成本及费用实现的利润越少，劳动耗费的效益越低。

1. 营业成本利润率

营业成本利润率是指企业营业利润与营业成本之间的比率。其计算公式为：

$$营业成本利润率=\frac{营业利润}{营业成本}\times 100\%$$

营业成本利润率为正指标，即指标值越高越好。分析评价时，会计信息使用者可将各指标实际值与标准值进行对比。标准值可根据分析的目的与管理要求确定。营业成本利润率是综合反映企业成本效益的重要指标。

2. 营业费用利润率

营业费用利润率是指企业营业利润与营业费用总额之间的比率。营业费用总额包括营业成本、营业税费、期间费用和资产减值损失。其计算公式为：

$$营业费用利润率=\frac{营业利润}{营业费用}\times 100\%$$

营业费用利润率中分母的营业费用包括了企业为了获取营业利润所付出的所有成本费用，反映了企业利用成本费用资源创造基本利润的能力。该指标为正指标，越高越好。

【学中做 5-4】 根据金星商贸有限公司利润表有关资料(见表 5-11)，计算金星商贸有限公司营业毛利率、营业成本率、营业利润率、营业净利率、营业成本利润率和营业费用利润率，如表 5-12 所示。

表 5-11　　金星商贸有限公司利润表(简表)　　单位：元

项　　目	20×8 年金额	20×7 年金额
营业收入	30 000 000	13 169 380
营业成本	24 000 000	10 516 450
营业费用	25 402 938	11 469 880
营业利润	4 597 062	1 699 500
营业外收入	160 000	100 000
营业外支出	40 000	400 000
利润总额	4 717 062	1 399 500
净利润	3 537 796.50	1 049 625

表 5-12　　金星商贸有限公司经营盈利能力指标计算表

盈利能力指标	20×8 年	20×7 年
营业毛利率	6 000 000÷30 000 000×100%=20%	2 652 930÷13 169 380×100%=20.14%
营业成本率	24 000 000÷30 000 000×100%=80%	10 516 450÷13 169 380×100%=79.86%
营业利润率	4 597 062÷30 000 000×100%=15.32%	1 699 500÷13 169 380×100%=12.90%
营业净利率	3 537 796.50÷30 000 000×100%=11.79%	1 049 625÷13 169 380×100%=7.97%
营业成本利润率	4 597 062÷24 000 000×100%=19.15%	1 699 500÷10 516 450×100%=16.16%
营业费用利润率	4 597 062÷25 402 938×100%=18.10%	1 699 500÷11 469 880×100%=14.82%

金星商贸有限公司20×7年营业毛利率为20.14%，20×8年营业毛利率为20%，该指标20×8年比20×7年下降0.14%；20×7年营业成本率为79.86%，20×8年营业成本率为80%，该指标20×8年比20×7年上升0.14%，主要由于销售额大幅提高的同时营业成本也因原材料成本的提高而上涨，导致毛利率略有下降；应该说公司近2年营业毛利率维持在一个较为均衡的水平。

金星商贸有限公司20×7年营业利润率为12.90%，20×8年营业利润率为15.32%，该指标20×8年比20×7年上升了2.42%；20×7年营业净利率为7.97%，20×8年营业净利率为11.79%，该指标20×8年比20×7年上升了3.82%。20×7年销售大幅提高的同时营业费用相对节约，使得公司营业利润率和营业净利率均有所上升，盈利能力较强。

金星商贸有限公司20×7年营业成本利润率为16.16%，20×8年营业成本利润率为19.15%，该指标20×8年比20×7年上升了2.99%；20×7年营业费用利润率为14.82%，20×8年营业费用利润率为18.10%，该指标20×8年比20×7年上升了3.28%，盈利能力较强。

3. 全部成本费用利润率

该指标可以分为全部成本费用总利润率和全部成本费用净利润率两种形式：

(1) 全部成本费用总利润率的计算公式为：

$$全部成本费用总利润率=\frac{利润总额}{营业费用+营业外支出}\times 100\%$$

(2) 全部成本费用净利润率的计算公式为：

$$全部成本费用净利润率=\frac{净利润}{营业费用+营业外支出}\times 100\%$$

全部成本费用利润率反映了企业全部投入与全部产出的水平，即所得与所费的比率。也都是正指标。对于投资者而言，当然是全部成本费用利润率越大越好。全部成本费用利润率越大，说明同样的成本费用能取得更多的利润，或者说企业取得同样的利润只需要花费更少的成本费用支出。这样，企业的盈利能力越强；反之，盈利能力较弱。

【学中做5-5】 根据红旗商贸有限公司利润表有关资料(见表5-13)，计算红旗商贸有限公司全部成本费用总利润率、全部成本净利润率，如表5-14所示。

表5-13　　红旗商贸有限公司利润表(简表)　　单位：元

项　　目	20×8年金额	20×7年金额
营业成本	7 500 000	6 500 000
税金及附加	20 000	19 000
销售费用	200 000	150 000
管理费用	971 000	690 000
财务费用	300 000	235 000
资产减值损失	309 000	280 000
营业费用	9 300 000	7 874 000
营业外支出	100 000	80 000
利润总额	3 494 600	3 020 000
净利润	2 620 950	2 265 000

表 5-14　　红旗商贸有限公司全部成本费用利润率指标计算表

盈利能力指标	20×8 年	20×7 年
全部成本费用总利润率	3 494 600÷9 400 000×100%=37.18%	3 020 000÷7 954 000×100%=37.97%
全部成本费用净利润率	2 620 950÷9 400 000×100%=27.88%	2 265 000÷7 954 000×100%=28.48%

表 5-14 计算结果表明，该公司全部成本费用总利润率和全部成本费用净利润率指标，20×8 年均比 20×7 年有所下降，公司应当深入检查导致成本费用上升的原因，改进有关工作，以便扭转效益指标下降的状况。

二、分析企业资产与资本经营盈利能力

·知识链接·

企业资产与资本经营盈利能力的基础知识

企业的经营盈利能力分析主要是针对企业收入利润率及成本费用利润率的比较分析。通俗地说，就是对企业买卖结果的分析。投资人仅仅了解企业目前买卖赚钱没有还不够，还需要确认相同的资本投资，在哪一家企业获得的利润更多些。这就需要对企业与投资相关的盈利能力指标进行分析。这些指标主要有净资产收益率、资本金收益率和总资产报酬率、总资产收益率等。

(一) 资本经营盈利能力分析

资本经营盈利能力是指企业所有者通过投入资本经营取得利润的能力。反映资本经营盈利能力的指标主要有净资产收益率和资本金收益率。

1. 净资产收益率

净资产收益率又称股东权益报酬率、股东权益收益率或所有者权益收益率，即企业一定时期内净利润与平均净资产的比率。其计算公式为：

$$净资产收益率=\frac{净利润}{平均净资产}\times 100\%$$

净资产是指企业资产减去负债后的余额，包括实收资本、资本公积、盈余公积和未分配利润，也就是资产负债表中的所有者权益部分。

平均净资产一般为年初净资产与年末净资产的平均数，但是，如果要通过该指标观察分配能力，则取年度末的净资产更为恰当。

2. 资本金收益率

净资产收益率体现的是所有者权益资本的盈利能力，而所有者权益并不都是投资者初始投资形成的，有一部分是企业历年经营留存的，还有一部分是企业通过接受捐赠等方式得到的。投资者在确认自己“拥有的资产”的盈利能力的基础上，也需要知道，自己投入的那些钱的盈利能力如何，这就需要用到资本金收益率指标。

资本金收益率是一定期间内企业的净利润与资本金的比率。所谓资本金，就是投资者初始投入的资本，在资产负债表上体现为“股本”或“实收资本”，这一指标用来衡量企业所有者投入资本赚取利润的能力。其计算公式为：

$$资本金收益率=\frac{净利润}{平均实收资本}\times 100\%$$

其中：

$$平均实收资本=(期初实收资本+期末实收资本)\div 2$$

【学中做 5-6】 根据红旗商贸有限公司有关资料(见表 5-15)，计算红旗商贸有限公司净资产收益率、资本金收益率，如表 5-16 所示。

表 5-15　　红旗商贸有限公司有关资料　　单位：元

项　　目	20×8 年金额	20×7 年金额	20×6 年金额
净利润	2 620 950	2 265 000	
净资产	54 120 950	51 500 000	49 476 600
实收资本	10 000 000	8 000 000	8 000 000
平均净资产	52 810 475	50 488 300	
平均实收资本	9 000 000	8 000 000	

表 5-16　　红旗商贸有限公司资本经营盈利能力指标计算表

盈利能力指标	20×8 年	20×7 年
净资产收益率	2 620 950÷52 810 475×100%=4.96%	2 265 000÷50 488 300×100%=4.49%
资本金收益率	2 620 950÷9 000 000×100%=29.12%	2 265 000÷8 000 000×100%=28.31%

表 5-16 计算结果表明，该公司 20×8 年净资产收益率比 20×7 年净资产收益率升高 0.47%，这是由于该公司净利润的增长高于净资产的增长所引起的，根据该公司的资料计算出，净利润增长率为 15.72%[(2 620 950－2 265 000)÷2 265 000×100%]，而净资产增长率为 4.60%[(52 810 475－50 488 300)÷50 488 300×100%]。20×8 年资本金收益率比20×7 年资本金收益率升高 0.81%，这是由于该公司净利润的增长高于资本金的增长所引起的，根据该公司的资料计算出净利润增长率为 15.72%[(2 620 950－2 265 000)÷2 265 000×100%]，而资本金增长率为 12.5%[(9 000 000－8 000 000)÷8 000 000×100%]。这说明该公司资本金和所有者权益对盈利能力的保障程度较强。

(二) 资产经营盈利能力分析

资产经营盈利能力分析是指企业运营资产产生利润的能力，反映企业资产经营盈利能力的指标主要有总资产报酬率和总资产收益率。

1. 总资产报酬率

在分析企业总体资产的盈利能力时，会计信息使用者还常常会用到总资产报酬率这个指标。有观点认为："企业所有资金提供人都是公平的。"不管是企业股东还是债权人，他们都向企业投入了资金，企业在关注他们的感受时，应该用平等的眼光，不能仅考虑股东。

基于这种观点，会计信息使用者就不能用净利润来分析总资产的盈利能力了。因为，企业在计算净利润的时候，扣除了分配给债权人的收益——利息费用，这就使得收益不完整了。同样道理，所得税虽然是按税法强制要求上缴给国家的，但这也是企业创造的收益，只不过这部分收益作为企业对社会的贡献上缴了。在衡量企业的经营业绩时，企业应该考虑他们用全部资产创造的全部收益，因此，在净利润的基础上，加上利息支出和所得税费用，从而得到了息税前利润，用这一利润指标来衡量总资产的盈利能力指标就是总资产报酬率。

总资产报酬率即企业一定期间的息税前利润与平均总资产之间的比率。运用资产负债表和利润表的资料，可计算总资产报酬率。其计算公式为：

$$总资产报酬率=\frac{息税前利润}{平均总资产}\times 100\%$$

其中：　　息税前利润＝税前利润＋利息支出＝净利润＋所得税＋利息支出

总资产报酬率反映了企业的基本盈利能力，因为它排除了不同资金来源方式对企业利润的影响，体现的是企业使用所拥有的全部资产获取利润的能力。

2. 总资产收益率

总资产收益率是企业一定期间内实现的收益额与该时期企业平均资产总额的比率。该指标也是用来衡量企业总体资产盈利能力的指标。其计算公式为：

$$总资产收益率=\frac{净利润}{平均总资产}\times 100\%$$

其中：　　平均总资产＝(期初总资产＋期末总资产)÷2

影响总资产收益率的因素是企业本期净利润的多少和企业总资产的规模。净利润与该指标正相关，即净利润越高，总资产收益率就越高。而企业的资产规模与该指标负相关，即净利润一定的情况下，企业资产的规模越大，其总资产的收益率就越低。就如同粮食就这么多，吃饭的人越多，每个人能吃到的就越少是一样的道理。

总资产收益率作为衡量企业总体资产盈利能力的指标，对其分析，可以实现以下目标：

(1) 该指标能够直观地衡量企业资产运用效率和资金利用效果。同一行业，甲股东投资C公司的收益率为30%，此时，乙股东投资D公司的收益率为40%，也就是说甲、乙都投资100元的话，甲比乙少赚10元，说明C公司的资产运用效率不如D公司。

(2) 在企业资产总额一定的情况下，通过总资产收益率指标可以分析企业盈利能力的稳定性和持久性，确定企业所面临的风险。只要不扩大生产经营规模，企业在每期期末都将利润全部分配给股东的情况下，资产总额就会保持在一个比较稳定的状态，如果此时比较企业不同期间内的总资产收益率，就能判断出企业盈利能力的稳定性。

【学中做5-7】 根据红旗商贸有限公司有关资料(见表5-17)，计算红旗商贸有限公司总资产报酬率与总资产收益率，如表5-18所示。

表5-17　　**红旗商贸有限公司有关资料**　　单位：元

项　目	20×8年金额	20×7年金额	20×6年金额
净利润	2 620 950.00	2 265 000.00	
所得税	873 650.00	755 000.00	
利息支出	100 000.00	80 000.00	
息税前利润	3 594 600.00	3 100 000.00	
资产总额	52 810 475.00	49 879 360.00	50 186 510.00
平均资产总额	51 344 917.50	50 032 935.00	

表 5-18　　红旗商贸有限公司资产经营盈利能力指标计算表

盈利能力指标	20×8 年	20×7 年
总资产报酬率	3 594 600÷51 344 917.50×100%=7%	3 100 000÷50 032 935×100%=6.20%
总资产收益率	2 620 950÷51 344 917.50×100%=5.10%	2 265 000÷50 032 935×100%=4.53%

表 5-18 计算结果表明，该公司 20×8 年总资产报酬率比 20×7 年总资产报酬率略有升高，提高了 0.8%，说明该公司综合利用效率、资产的使用情况、增产节约工作等情况略有改进。同时该公司 20×8 年总资产收益率比 20×7 年总资产收益率略有升高，提高了 0.57%，说明该公司总体资产盈利能力略有提高。但该公司总资产报酬率和总资产收益率相比增长得略快，是因为 20×8 年的利息支出较 20×7 年的利息支出高。

·小思考·

为什么在盈利能力指标计算中，关于资产经营盈利能力指标的分析计算公式资产总额需要用平均资产总额，而不用期末资产总额？

三、分析上市公司盈利能力

·知识链接·

上市公司盈利能力的基础知识

公司上市是指股份有限公司发行的股票上市交易。股份公司通过上市，使其股票具有最强的流通性和变现性，便于投资者通过购买股票方式直接实现对公司的投资。对于公司来说，它能便捷地在资产市场实现增资和融资。

由于上市公司成为大众投资的对象，就需要规范其财务行为，并要求其定期对外报送财务数据，做到信息公开，同时接受国家证监会和社会公众的监督，以保证广大投资者的利益不被个别不法行为所侵犯。

投资者通过购买股票的方式投资某一公司，除了要考虑行业特点，最重要的是期望这个企业在未来一定期间内能给他们带来更多的收益。此外，投资者还要关注所投资公司的盈利能力和经营情况，以确定是否对所投资的股票长期持有，在未来分得较多的红利。因此，投资者要对上市公司的盈利能力进行分析。

衡量上市公司盈利能力的指标主要有基本每股收益、每股净资产、市盈率和股利支付率等指标。

(一) 每股收益分析

每股收益的基本含义是指每股发行在外的普通股所能分摊到的净收益额，即普通股股东每持有一份普通股所享有的净利润或承担的净亏损。

1. 基本每股收益

基本每股收益是指归属于普通股股东的当期净利润扣除应发放的优先股利后的余额与发行在外的普通股加权平均数之比。其计算公式为：

$$基本每股收益=\frac{净利润-优先股股利}{发行在外的普通股加权平均股数}$$

由于优先股股东对股利的受领权优先于普通股股东，在计算普通股股东所能享有的收益额时，应将优先股股利扣除。公式分母采用加权平均股数是因为本期内发行在外的普通股数只能在增加以后的这一段时期内产生权益，减少的普通股股数在减少以前的期间内仍产生收益，所以必须采用加权平均数，以正确反映本期内发行在外的股份份额。

2. 稀释每股收益

稀释每股收益是指当企业存在潜在性稀释普通股时，应当分别调整归属于普通股股东的当期净利润和发行在外的普通股加权平均数，并据以计算稀释每股收益。

所谓稀释性潜在普通股，是指假设当期转换为普通股会减少每股收益的潜在普通股，如可转换公司债券、认股权证和股份期权。稀释每股收益的计算公式为：

$$稀释每股收益=\frac{净利润-优先股股利}{普通股平均股数+约当普通股股数}$$

每股收益是衡量上市公司盈利能力最常用的财务指标，它反映普通股的盈利水平，也是衡量上市公司市场价值大小的重要指标。一般来说，每股收益越高，可用于分配给股东的每股红利也就越多，投资者从每股中取得的收益也就越多，股票价格就会随之上涨；反之，则相反。

每股收益作为评价上市公司盈利能力的核心指标，其作用主要有：

(1) 每股收益反映了企业的盈利能力，决定了股东的平均收益水平，每1股在本期获得的收益一目了然，便于股民选择投资哪个公司的股票。

(2) 每股收益是确定股票价值的主要参考指标。虽然股票价格受到市场资金供求、证券市场行情等多种因素的影响，但最终都要回归到企业的盈利能力，只有真正效益好的企业才会被投资者长期使用。所以，每股收益作为企业盈利状态的温度计，同时也决定了企业股价的高低。

(3) 通过对某一企业连续若干期的每股收益变动情况及其趋势进行分析，可以帮助投资者了解企业投资报酬率在较长时期的变动规律，从而确定是否需要长期持有该公司股票。

(4) 通过对同一行业不同企业间每股收益比较分析，能够帮助投资者确认自己关注的企业指标在同行业中的地位，从而在市场影响因素类似的情况下，对所有者投资企业的盈利能力作出更客观的评价。

(二) 每股净资产分析

每股净资产又称每股账面价值或每股权益，是期末归属于普通股的净资产(即股东权益)与年度末普通股股份总数的比值。这一指标用来衡量企业每股股票所拥有的资产价值。企业每股净资产越高，股东拥有的资产价值就越多；每股净资产越低，股东所拥有的资产价值就越少。其计算公式为：

$$每股净资产=\frac{期末股东权益总额-优先股权益}{期末普通股股份总数}$$

（三）市盈率分析

市盈率反映普通股市场价格与当前每股收益之间的关系，即普通股每股市价相当于每股收益的倍数。它反映的是投资者对于上市公司的每1元净利润所愿意支付的价格，可以用来判断企业股票与其他企业股票相比潜在的价值，衡量股票的投资报酬与风险。其计算公式为：

$$\text{市盈率(倍数)}=\frac{\text{普通股每股市价}}{\text{普通股每股收益}}$$

市盈率是衡量上市公司盈利能力的重要指标。一般市盈率较高，表明市场对公司的未来看好；如果太高，则可能存在股价高估的泡沫风险。在市价确定的情况下，每股收益越高，市盈率越低，投资风险越小；反之亦然。在每股收益确定的情况下，市价越高，市盈率越高，风险越大；反之亦然。

影响股票市盈率的因素主要有：

(1) 上市公司盈利能力的增长性。如果一个上市公司预期未来的盈利能力将不断提高，则说明公司具有较好的成长性，虽然目前的市盈率较高，也是值得投资的，因为上市公司的市盈率会随公司盈利能力的提高而不断下降。

(2) 投资者所获得报酬率的稳定性。如果上市公司经营效益良好且相对稳定，则投资者获取收益也较高且稳定，投资者就愿意持有该公司的股票，这样公司的市盈率会由于众多投资者普遍看好而提高。

(3) 市盈率也受利率水平变动的影响。当市场利率水平变化时，市盈率也应相应地调整。在股票市场的实务操作中，利率与市盈率之间的关系可以用以下公式表示：

$$\text{市盈率}=1\div 1\text{年期银行存款利率}$$

（四）股利支付率分析

股利支付率是指普通股每股收益中股利所占的比重。其反映公司的股利分配政策和支付股利的能力，即普通股股东从每股的全部盈利中分到多少。其计算公式为：

$$\text{股利支付率}=\frac{\text{普通股每股股利}}{\text{普通股每股收益}}\times 100\%$$

公式中的每股股利是实际发放给普通股股东的股利总额与流通股数的比值。股利支付率反映了企业的股利政策，其高低要根据企业对资金需要量的情况具体分析，没有一个固定的标准。

【学中做 5-8】 浙江盛大金属股份有限公司20×8年年初发行在外的普通股为100万股，20×8年7月1日又增发普通股20万股，并且该年内未发行其他股票，也没有退股的事项。计算其20×8年度发行在外的加权平均股份。

$$\text{普通股加权平均股份}=100+(20\times 6\div 12)=110\text{(万股)}$$

【学中做 5-9】 承[学中做5-8]，该股份有限公司20×8年度净利润为180万元，普通股市场价格为每股10元，年末普通股每股股利为0.28元。计算基本每股收益、市盈率、股利支付率。

基本每股收益＝180÷110＝1.64(元)

市盈率＝10÷1.64＝6.10(倍)

股利支付率＝0.28÷1.64×100％＝17.07％

【学中做 5-10】　甲公司为上市公司，20×8 年年末净资产为 5 000 000 元，发行在外的普通股股数为 1 000 000 股。计算每股净资产。

每股净资产＝5 000 000÷1 000 000＝5(元)

·小思考·

在一般情况下，市盈率越高，表明市场对企业的未来前景越看好；但同时也表明该种股票投资的风险越高。那么目前国际上认可的市盈率的标准在什么区间比较适宜呢？

工作实例

分析公司盈利能力

沿用学习情境五的学习子情境一中的工作实例。根据 B 公司财务报表，计算该公司的营业毛利率、营业成本率、营业利润率、营业净利率、营业成本利润率、营业费用利润率、全部成本费用总利润率、全部成本费用净利润率、净资产收益率、资本金收益率、总资产报酬率、总资产收益率、每股收益和每股净资产等财务指标，并结合指标计算的结果对该公司的盈利能力进行综合分析评价。

工作过程

工作步骤一：根据 B 公司资料，计算公司的盈利能力指标如表 5-19 所示。

表 5-19　　B 公司盈利能力指标计算表

盈利能力指标	20×8 年	指标计算公式
营业毛利率	284 757.77÷633 309.06×100％＝44.96％	毛利÷营业收入×100％
营业成本率	348 551.29÷633 309.06×100％＝55.04％	营业成本÷营业收入×100％
营业利润率	109 445.06÷633 309.06×100％＝17.28％	营业利润÷营业收入×100％
营业净利率	70 297.44÷633 309.06×100％＝11.10％	净利润÷营业收入×100％
营业成本利润率	109 445.06÷348 551.29×100％＝31.40％	营业利润÷营业成本×100％
营业费用利润率	109 445.06÷523 808.56×100％＝20.89％	营业利润÷营业费用×100％
全部成本费用总利润率	108 724.06÷525 529.56×100％＝20.69％	利润总额÷(营业费用＋营业外支出)×100％
全部成本费用净利润率	70 297.44÷525 529.56×100％＝13.38％	净利润÷(营业费用＋营业外支出)×100％
净资产收益率	70 297.44÷358 609.10×100％＝19.60％	净利润÷平均净资产×100％
资本金收益率	70 297.44÷100 000×100％＝70.30％	净利润÷平均实收资产×100％

（续表）

盈利能力指标	20×8 年	指标计算公式
总资产报酬率	(108 724.06+53 607.79)÷646 711.80×100%=25.10%	息税前利润÷平均总资产×100%
总资产收益率	70 297.44÷646 711.80×100%=10.87%	净利润÷平均总资产×100%
每股收益	70 297.44÷8 000=8.79	净利润÷发行在外的普通股股数
每股净资产	371 463.92÷8 000=46.43	年末净资产÷发行在外普通股股数

工作步骤二：根据B公司的盈利能力指标计算结果，进行盈利能力综合分析评价。

【分析要点】

B公司20×8年营业利润率为17.28%，比20×7年的15.30%上升1.98%，说明公司营业收入创造的营业利润有所提高；比20×6年的20.60%降低了3.32%，主要是公司的营业成本的增加比营业收入增加的幅度大，导致营业利润的增长比营业收入增长的幅度小。公司应该从节约成本的角度出发控制支出，以提高营业利润率。该指标同行业20×8年的平均水平为11.08%，B公司营业利润率比该平均水平高6.2%。

B公司20×8年营业净利率为11.10%，比20×7年10.75%上升了0.35%，但较20×6年17.11%下降了6.01%，该指标同行业20×8年的平均水平为10.23%，B公司营业净利率比该平均水平高0.87%。

B公司20×8年总资产收益率为10.87%，比20×6年的15.75%和20×7年的18.17%分别下降了4.88%和7.3%。说明该公司同近两年比较，运用资产产生净利润的能力有所下降。但该指标同行业的平均水平为8.57%，公司仍处于同行业指标之上。

总体而言，上述盈利能力指标分析说明该公司20×8年总体盈利水平较强，资产盈利能力均在同行业中处于平均水平以上。

学习子情境三　企业营运能力分析

职业判断

资产的营运效率对企业的偿债能力和获利能力都会产生影响。营运能力分析包括哪些指标？

一、认知营运能力

（一）营运能力的影响因素

资产周转率指标不仅综合了各项资产的运行效率和管理效果，而且对投资报酬率有着重要的影响，当销售利润率一定时，投资报酬率的高低直接取决于资产周转率的快慢。因此，分析资产运用效率，会计信息使用者应先弄清影响资产周转率的因素，以便更客观地评价资产运用效率，并有针对性地改善资产运用效率，加速资产周转。

一般而言，影响资产周转率的因素包括企业所处的行业及其经营背景、企业经营周期的长短、企业的资产构成及其质量、资产的管理力度和企业采用的财务政策等。

1. 企业所处的行业及其经营背景

不同的行业有着不同的资产占用，如制造业可能需要占用大量的原材料、在产品、产成品、机器、设备、厂房等，其资产占用量越大，资产周转相对越慢；而服务业，尤其是劳动密集型或知识型的服务业，企业除了人力资源，几乎少有其他资产。而按照当前的会计制度，人力资源未作资产处理，因此，这类行业的总资产占用非常少，其资产周转相对就较快。企业的经营背景不同，其资产周转也会呈现不同趋势。越落后、传统的经营和管理，其资产周转可能越慢；相反，在现代化经营和管理背景下，各种先进的技术手段和理念的运用，如 IT 行业，可有效地提高资产运用效率，加速资产周转率。

2. 企业经营周期

经营周期又称营业周期，是指从取得存货开始到销售存货并收回现金为止的时期。如上所述，营业周期的长短可以通过应收账款周转天数和存货周转天数反映出来，因此，可由应收账款周转天数和存货周转天数之和简化计算营业周期。营业周期长短对企业资产周转率也有重要影响，营业周期越短，资产的流动性相对越强，在同样时期内实现的销售次数越多，销售收入的积累额相对越大，资产周转相对越快；反之亦然。

3. 企业资产的构成及其质量

资产按照变现和流动性分为流动资产和非流动资产两类。

流动资产是指在 1 年或超过 1 年的一个营业周期内变现或耗用的资产。

非流动资产是指在超过 1 年的或超过一个营业周期内变现或耗用的资产。

当企业的非流动资产占用过多或出现有问题资产、资产质量不高时，就会产生资金积压、资产流动性低下的现象，以致营运资本不足。另外，流动资产的数量和质量通常决定着企业变现能力的强弱，而非流动资产的数量和质量则通常决定着企业的生产经营能力。非流动资产只有伴随着产品的销售才能形成销售收入。在资产总量一定的情况下，非流动资产所占的比重越大，企业所实现的周转价值越小，资产的周转速度也就越慢；反之，则越快。

4. 资产管理的力度和企业采用的财务政策

资产管理力度不同，会有较大的资产构成和资产质量差异，如上所述，它会导致不同的资产周转率。资产管理力度越大，拥有越合理的资产结构和越优越的资产质量，资产周转率越快；反之，则越慢。企业所采用的财务政策决定着企业资产的账面占用总额，如折旧政策决定固定资产的账面净值，信用政策决定应收账款的占用量等，因此，它自然也会影响资产周转率。当企业的其他资产不变时，采用快速折旧政策可减少固定资产账面净额，从而提高资产周转率。信用政策的影响则是，越是宽松的信用政策，导致应收账款的占用越多，尤其是当它对销售的促进作用减弱时，资产的周转速度就越慢。

总之，资产周转率受诸多因素的影响。通常对这些因素的分析和了解，一方面不同行业、不同经营性质和经营背景的企业，其资产周转率不能比较，或者说比较的意义很小。即使在同行业、同类型企业之间进行比较，也应注意它们在资产构成、财务政策等方面是否存在差异，如果有差异，则应将其影响剔除后方能得到较客观的比较结论。另一方面加大资产的管理力度、合理安排资产结构、提高资产的质量、选择有利的财务政策，可以提高资产管理效率，加速资产周转。

（二）认知营运能力分析的内容

营运能力是指企业基于外部市场环境的约束，通过内部人力资源和生产资料的配置组合而对财务目标所产生作用的大小。

企业的营运过程实质上是资产的转换过程，由于流动资产和固定资产的性质和特点不同，决定了它们在这一过程中的作用也不同。企业经营成果的取得主要依靠流动资产的形态转换。尽管固定资产的整体实物形态都处在企业营运过程之中，但从价值形态上讲，只有相当于折旧的那部分资金参与了企业当期的营运，它的价值实现（或者说是价值回收）要依赖于流动资产的价值实现。一旦流动资产的价值实现或者说形态转换出现问题，不仅固定资产价值不能实现，企业所有的经营活动都会受到影响，因此可以说，流动资产营运能力分析是企业营运能力分析最重要的组成部分。对企业流动资产营运能力分析主要是对企业应收账款的营运能力、存货的营运能力及流动资产的综合营运能力进行分析。

企业拥有或控制的生产资料表现为对各项资产的占用。因此，生产资料的运营能力实际上就是企业的总资产及其各个组成要素的运营能力。资产运营能力的强弱取决于资产的周转速度、资产运行状况、资产管理水平等多种因素。比如，资产的周转速度，一般来说，周转速度越快，资产的使用效率越高，则资产运营能力就越强；反之，运营能力就越弱。资产周转速度通常用周转率和周转天数（周转期）来表示。所谓周转率，就是企业在一定时期内资产的周转额与平均资产余额的比率。它反映企业资产在一定时期的周转次数。周转次数越多，表明周转速度就越快。这一指标的反指标是周转天数，它是周转率的倒数与计算期天数的乘积，反映资产周转一次所需要的时间。周转的天数越少，表明周转的速度越快，资产运营能力越强。两者的计算公式分别为：

$$\text{周转率（周转次数）}=\frac{\text{周转额}}{\text{资产平均余额}}$$

其中：

$$\text{资产平均余额}=（\text{期初资产余额}+\text{期末资产余额}）\div 2$$

$$\text{周转天数}=\frac{\text{计算期天数}}{\text{资产周转率}}$$

二、分析企业流动资产营运能力

(一) 应收账款营运能力分析

应收账款是指企业因销售商品、提供劳务等经营活动应收取的款项。企业通过应收账款为顾客提供资金上的便利,从而扩大企业的销售规模,提高企业产品的市场占有率。

应收账款在流动资产中占有举足轻重的地位。及时收回应收账款不仅能增强企业的偿债能力,也反映出企业管理应收账款的效率,有利于对企业现有信用政策进行评价并加以完善,同时还可以指示企业是否存在利用应收账款操纵利润的行为。

反映应收账款周转速度的指标主要有两个:一是应收账款周转率,又称应收账款周转次数,是指一段时间内企业从产生应收账款到收回货币资金的周转次数;二是应收账款周转天数又称平均收现期,是指企业从取得应收账款到收回款项所需要的时间。应收账款周转率的计算公式为:

$$应收账款周转率(次数)=\frac{赊销收入净额}{平均应收账款}$$

式中,赊销收入净额指扣除销售折让和折扣后的销售净额。应收账款包括会计报表中的“应收账款”和“应收票据”等全部赊销账款在内。应收账款应为未扣除坏账准备的金额。

一般来说,应收账款周转率越高,平均收现期越短,说明应收账款周转越快,应收账款实现速度越快;同时,说明资产流动性强,短期偿债能力强。否则,过多的营运资金被应收账款占用会影响企业资金正常的周转,机会成本、坏账损失和收账费用也会增加。此外,通过将应收账款账龄指标与原定的赊销期限进行对比,会计信息使用者还可以评价购买单位的信用程度,以及企业原定的信用条件是否恰当。

反映应收账款周转速度的另一个指标是应收账款周转天数,又称应收账款账龄或应收账款平均收账期。其计算公式为:

$$应收账款周转天数=\frac{计算期天数}{应收账款周转率}$$

式中,计算期天数取决于实际计算期的长短,通常为1年,按360天计算。

【学中做5-11】 甲公司为上市公司,20×8年年末应收账款余额为5 000 000元,20×7年年末应收账款余额为4 000 000元,20×8年营业收入为68 000 000元。计算该公司应收账款周转率和应收账款周转天数(20×7年应收账款周转率为10.78)。

$$应收账款周转率=68\,000\,000\div[(5\,000\,000+4\,000\,000)\div2]=15.11$$

$$应收账款周转天数=360\div15.11=24(天)$$

20×8年应收账款周转率为15.11,较20×7年的应收账款周转率10.78提高了4.33,说明该公司收账迅速提高,账龄缩短。资产流动性强,短期偿债能力强可减少收账费用和坏账损失。

【学中做5-12】 根据红旗商贸有限公司有关资料(见表5-20),计算红旗商贸有限公司应收账款周转率和应收账款周转天数,如表5-21所示。

表 5-20　　红旗商贸有限公司有关资料　　单位：元

项　目	20×8 年金额	20×7 年金额	20×6 年金额
营业收入	3 594 600.00	2 906 600.00	
应收账款	810 475.00	879 360.00	186 510.00
平均应收账款	844 917.50	532 935.00	

表 5-21　　红旗商贸有限公司流动资产营运能力指标计算表　　单位：元

营运能力指标	20×8 年	20×7 年
应收账款周转率	3 594 600÷844 917.50=4.25	2 906 600÷532 935=5.45
应收账款周转天数(天)	360÷4.25=85	360÷5.45=67

20×8 年的应收账款周转率为 4.25，比 20×7 年应收账款周转率 5.45 有所降低，20×8 年的应收账款周转天数 85 天比 20×7 年的应收账款周转天数 66 天增加 19 天。说明 20×8 年的应收账款周转速度比 20×7 年的应收账款周转速度变慢，收账速度减弱，账龄延长。需要注意的是，周转天数应向上取整，如表 5-21 中 20×7 年应收账款周转天数算出来为 66.05 天，按 67 天计。

·知识链接·

在具体使用应收账款周转率指标进行分析时应该注意的问题

(1) 应收账款周转率反映企业应收账款的变现速度和管理效率。应收账款是流动资产的重要组成部分，在流动资产中具有举足轻重的作用。应收账款周转快，说明企业资产流动性强，短期偿债能力也强，并在一定程度上可以弥补流动比率低而给债权人造成的不良印象；同时，提高这一比率可以降低坏账发生的可能性，为企业安全收款提供保障。但是，这并不意味着比率越高越好。如果应收账款周转次数过高，可能是由于企业的信用政策、付款条件过于苛刻所致，这样会限制企业销售量的扩大，从而会影响企业的盈利水平。

(2) 评价企业应收账款周转情况的好坏，应当结合企业所售商品的种类、各地商业往来惯例、企业信用政策以及行业平均水平进行综合考虑，确定合理的评价标准，作出正确的判断。

(3) 应收账款周转天数也可作为制定信用政策、评价收账效率的重要依据。

(4) 从严格意义上来说，应收票据应该包括在上述比率的计算之中。若是这样考虑，那么所算得的比率应称为应收款项周转率和应收款项周转天数。

(二) 存货营运能力分析

存货是指企业在正常生产经营过程中持有以备出售的产成品或商品，或者为了出售仍然处在生产过程中的在产品，或者将在生产过程或提供劳务过程中耗用的材料、物料等。存货在企业流动资产中占有非常重要的地位。

存货的存在可以防止企业停工待料导致的损失；当市场需求突然增加时，存货的存在能够使企业适应市场变化；当供应方给予商业折扣时，大批进货会降低企业的进货成本，这也会产生存货。但同时存货的增加必然要占用更多的资金，将使企业付出更多的存货持有成本(或称为机会成本),而且存货的储存成本与管理费用也会增加,影响企业的盈利性。所以,企业对存货进行管理时,应该在保证企业不缺货的情况下,加快存货的周转速度。

反映企业存货周转速度的指标主要有两个:存货周转率和存货周转天数。存货周转率是衡量和评价企业购入存货、投入生产、销售收回等各环节管理状况的综合性指标,它是营业成本与平均存货的比值。其计算公式为:

$$存货周转率(次数)=\frac{营业成本}{平均存货}$$

其中:

$$平均存货=(期初存货+期末存货)\div 2$$

存货周转率指标的好坏反映企业存货管理水平,它不仅影响企业的短期偿债能力,也是整个企业管理的重要内容。一般来讲,存货周转率越高,存货周转速度越快,存货占用水平越低,流动性越强,存货转换为应收账款或现金的速度越快。提高存货周转率可以提高企业的变现能力,而存货周转速度越慢则变现能力越差。企业要扩大产品销售数量,增强销售能力,就必须在原材料购进、生产过程中的投入、产品的销售、现金的收回等方面做到协调和衔接。因此,存货周转率不仅可以反映企业的销售能力,而且还能用于衡量企业生产经营中各方面运用和管理存货的工作水平。

此外,存货周转率还可以衡量存货的存储是否适当,是否能保证生产不间断的进行和产品有秩序的销售。存货既不能存储过少,造成生产中断或销售紧张,又不能储存过多形成呆滞、积压。同时,存货周转率也反映存货结构合理与质量合格状况,因为只有结构合理,才能保证生产和销售正常顺利进行;只有质量合格,才能有效地流动,从而达到营利的目的。

当企业存货周转率偏低时,可能是以下原因引起的:①经营不善,产品滞销。②预测存货将升值而故意囤积居奇,以等待时机获取更多的利润。③企业销售政策发生变化。而当企业存货周转率较高时,也要一分为二地分析:一方面企业确实对存货管理得很好,通过缩短存货的生产周期以及加快存货的销售,提高存货的变现速度;另一方面指标过高可能意味着企业存货不足,产品脱销,也可能反映企业生产规模太小,达不到规模效应对存货的数量要求。所以,会计信息使用者在分析企业的存货周转率时,应结合企业的行业背景、企业的销售政策以及企业的生产规模等进行分析。同时,一个适度的存货周转速度也应该参考企业的历史水平和同行业的平均水平。

所谓存货周转天数,是指企业的存货周转一次需要的天数。该指标反映企业存货的变现速度。其计算公式为:

$$存货周转天数(天)=\frac{计算期天数}{存货周转次数}$$

式中,计算期天数取决于实际计算期的长短,通常为1年,按360天计算。

营业周期是指从取得存货开始到销售存货并收回现金为止的这段时间。其计算公式为:

$$营业周期=存货周转天数+应收账款周转天数$$

营业周期越短,说明资金周转速度越快;营业周期越长,说明资金周转速度越慢。

【学中做 5-13】 甲公司为上市公司,20×8 年年末存货余额为 8 000 000 元,20×7 年年末存货余额为 9 000 000 元,20×8 年营业成本为 68 000 000 元。计算存货周转率和存货周转天数(20×7 年存货周转次数为 7 次)。

存货周转次数=68 000 000÷[(8 000 000+9 000 000)÷2]=8(次)

存货周转天数=360÷8=45(天)

20×8 年存货周转次数为 8 次,比 20×7 年的存货周转次数的 7 次有所增加,说明该公司存货变现的速度变快,周转额较大,资金占用水平较低。存货的周转期变短。

【学中做 5-14】 某公司的存货周转天数为 10 天,应收账款周转天数为 15 天,则该公司的营业周期为:

营业周期=10+15=25(天)

【学中做 5-15】 根据新飞商贸有限公司有关资料(见表 5-22)。计算新飞商贸有限公司存货周转率和存货周转天数,如表 5-23 所示。

表 5-22　新飞商贸有限公司有关资料　单位:元

项　目	20×8 年金额	20×7 年金额	20×6 年金额
营业成本	3 594 600.00	2 906 600.00	
存货	1 210 475.00	1 779 360.00	1 186 510.00
平均存货	1 494 917.50	1 482 935.00	

表 5-23　新飞商贸有限公司流动资产营运能力指标计算表

营运能力指标	20×8 年	20×7 年
存货周转率	3 594 600÷1 494 917.50=2.40	2 906 600÷1 482 935=1.96
存货周转天数(天)	360÷2.40=150	360÷1.96=184

20×8 年的存货周转率为 2.40,比 20×7 年存货周转率的 1.96 有所增加,20×8 年的存货周转天数 150 天,比 20×7 年的存货周转天数 184 天缩短了 34 天。说明20×8 年的存货周转速度比 20×7 年的存货周转速度变快,周转额较大,资金占用水平较低。

·知识链接·

在运用该指标进行分析时还需注意的问题

(1) 存货周转率提高,存货占用水平越低,则存货积压的风险就越小,企业的变现能力以及资金使用效率也就越高。但是存货周转率过高,也可能说明企业管理方面存在其他问题,如存货水平太低,甚至经常缺货,或者采购次数过于频繁,批量太小等。因此,合理的存货周转率要视产业特征、市场行情及企业自身特点而定。

(2) 存货周转率也是一个与变现能力有关的指标。存货能否变现及变现速度直接影响着企业的短期偿债能力的高低。

(3) 由于对存货的计价处理存在着不同的会计方法,因此与其他企业进行比较时,应考虑到会计处理方法不同而产生的影响。

(4) 存货周转率分析的目的是从不同的角度和环节上找出存货管理中的问题，通过对存货的结构以及影响存货周转速度的重要项目进行分析，力求改进管理，使存货管理在保证经营连续性的同时，尽可能地少占用经营资金，提高资金的使用效率，促进整个企业管理水平的提高。

(三) 流动资产营运能力分析

流动资产营运能力的大小主要体现为流动资产的周转速度，可以分别以流动资产周转率和流动资产周转期来表示。流动资产周转率(次数)指企业一定时期内营业收入同平均流动资产总额的比率，即企业流动资产在一定时期内(通常为 1 年)周转的次数，它是评价企业资产利用率的一个重要指标。其计算公式为：

$$流动资产周转率(次数)=\frac{营业收入}{平均流动资产}$$

其中：

$$平均流动资产=(期初流动资产+期末流动资产)\div 2$$

流动资产周转速度也可以用流动资产周转天数来反映，它表示流动资产周转一次需要的时间，因而更能直观地说明企业流动资产的周转速度。其计算公式为：

$$流动资产周转期(天数)=\frac{计算期天数}{流动资产周转率}$$

式中，计算期天数取决于实际计算期的长短，通常为 1 年，按 360 天计算。

流动资产周转率反映了企业流动资产的周转速度，是从企业全部资产中流动性最强的流动资产角度对企业资产的利用效率进行分析，以进一步揭示影响企业资产质量的主要因素。要实现该指标的良性变动，应以主营业务收入增幅高于流动资产增幅作保证。

通过对该指标对比分析，可以促使企业加强内部管理，充分有效地利用流动资产，如降低成本，调动暂时闲置的货币资金用于短期投资创造收益等，还可以促进企业采取措施扩大销售，提高流动资产的综合使用效率。而生产经营任何一个环节的工作得到改善，都会反映到周转天数的缩短上来。

按天数表示的流动资产周转率更能直接地反映生产经营状况的改善，便于比较不同时期的流动资产周转率，所以应用较为普遍。一般情况下，该指标越高，表明企业流动资产周转速度越快，利用越好。在较快的周转速度下，流动资产会相对节约，相当于流动资产投入的增加，在一定程度上增强了企业的盈利能力；而周转速度慢，则需要补充流动资金参加周转，会形成资金浪费，降低企业盈利能力。

【学中做 5-16】 甲公司为上市公司，20×8 年年末流动资产余额为 2 580 000 元，20×7年年末流动资产余额为 2 720 000 元，20×8 年营业收入为 5 000 000 元。计算流动资产周转率和流动资产周转天数(20×7 年流动资产周转率为 2)。

$$流动资产周转率=5\,000\,000\div[(2\,580\,000+2\,720\,000)\div 2]=1.89$$

$$流动资产周转天数=360\div 1.89=190(天)$$

20×8 年的流动资产周转率为 1.89，比 20×7 年流动资产周转率 2 有所降低，说明流动资产利用效果有所降低。

【学中做 5-17】 根据红旗商贸有限公司有关资料(见表 5-24),计算红旗商贸有限公司流动资产周转率和流动资产周转天数,如表 5-25 所示。

表 5-24 红旗商贸有限公司有关资料 单位:元

项目	20×8 年金额	20×7 年金额	20×6 年金额
营业收入	3 594 600.00	2 906 600.00	
流动资产	3 210 475.00	2 779 360.00	2 186 510.00
平均流动资产	2 994 917.50	2 482 935.00	

表 5-25 红旗商贸有限公司流动资产营运能力指标计算表

营运能力指标	20×8 年	20×7 年
流动资产周转率	3 594 600÷2 994 917.5=1.20	2 906 600÷2 482 935=1.17
流动资产周转天数(天)	360÷1.20=300	360÷1.17=308

20×8 年流动资产周转率为 1.20,比 20×7 年流动资产周转率 1.17 有所提高;20×8 年流动资产周转天数比 20×7 年流动资产周转天数缩短了 8 天。这说明该公司流动资产的周转速度变快,流动资产的利用效果有所提高。

三、分析企业固定资产营运能力

(一) 固定资产周转率分析

固定资产营运能力一般通过固定资产周转率反映,固定资产周转率反映了固定资产的周转状况,可以提高固定资产的运用效率。固定资产周转速度也有两种表示方式:一是固定资产周转率(次数);二是固定资产周转天数。固定资产周转率是指企业的营业收入与固定资产平均占用额的比率,即企业一定时期(通常是 1 年)内固定资产的周转次数。该比率是反映固定资产的周转情况,衡量企业利用固定资产获得营业收入的相对效率的一项指标。其计算公式为:

$$固定资产周转率(次数)=\frac{营业收入}{平均固定资产净额}$$

其中: 平均固定资产净额=(期初固定资产净额+期末固定资产净额)÷2

(二) 固定资产周转天数

固定资产周转天数是一定时期内计算期天数与固定资产周转率的比。其计算公式为:

$$固定资产周转天数=\frac{计算期天数}{固定资产周转率}$$

在计算固定资产周转率时,对外进行比较一般用固定资产原值,以剔除由于选用折旧方法的不同而带来的指标不可比问题。企业自身前后期的比较可选用固定资产净值计算。

固定资产周转率与周转天数都是反映固定资产利用效率的指标。固定资产周转率越高,周转天数越少,表明单位固定资产创造的营业收入越多,固定资产的利用效率越高,同时也表明企业固定资产投资规模适当,结构合理,能够充分发挥效率;反之,则表明固定资产使用效率不高，提供的生产成果不多，营运能力不强。由于固定资产不同于流动资产，其投资是一次投入，多次收回。因此，固定资产的周转速度会明显地慢于流动资产。

【学中做 5-18】　甲公司为上市公司，20×8 年年末固定资产净额为 2 000 000 元，20×7 年年末固定资产净额为 2 400 000 元，20×8 年营业收入为 2 000 000 元，计算固定资产周转率和固定资产周转天数(20×7 年固定资产周转次数为 1.08)。

固定资产周转率＝2 000 000÷[(2 000 000＋2 400 000)÷2]＝0.91

固定资产周转天数＝360÷0.91＝396(天)

20×8 年的固定资产周转率为 0.91，比 20×7 年固定资产周转率 1.08 有所降低，说明固定资产的周转速度下降，固定资产的使用效率变弱。

【学中做 5-19】　根据红旗商贸有限公司有关资料(见表 5-26)，计算红旗商贸有限公司固定资产周转率和固定资产周转天数，如表 5-27 所示。

表 5-26　红旗商贸有限公司有关资料　单位：元

项　目	20×8 年金额	20×7 年金额	20×6 年金额
营业收入	3 594 600	2 906 600	
固定资产	1 000 000	1 000 000	800 000
平均固定资产	1 000 000	900 000	

表 5-27　红旗商贸有限公司固定资产营运能力指标计算表

营运能力指标	20×8 年	20×7 年
固定资产周转率	3 594 600÷1 000 000＝3.59	2 906 600÷900 000＝3.23
固定资产周转天数(天)	360÷3.59＝101	360÷3.23＝112

20×8 年固定资产周转率为 3.59，比 20×7 年固定资产周转率 3.23 有所提高，20×8 年固定资产周转天数为 101 天，比 20×7 年固定资产周转天数 112 天缩短了 11 天。这说明该公司固定资产的周转速度变快，固定资产的利用效果有所提高，以相同的固定资产完成的周转额较多，周转期缩短，固定资产利用效果较好。

四、分析企业总资产营运能力

总资产周转率的表示方式有两种：一是总资产周转率(次数)；二是以时间形式表示的总资产周转天数。

(一) 总资产周转率(次数)

总资产周转率(次数)的计算公式为：

$$总资产周转率(次数)=\frac{营业收入}{总资产平均余额}$$

其中：

$$总资产平均余额=\frac{期初总资产余额+期末总资产余额}{2}$$

(二) 总资产周转天数

总资产周转天数的计算公式为：

$$总资产周转天数=\frac{计算期天数}{总资产周转率}$$

公式中“计算期天数”应和总资产周转率的“营业收入”的时期相对应。如果“营业收入”是年收入，那么“计算期天数”就是 360 天；如果“营业收入”是半年收入，那么“计算期天数”就是 180 天，以此类推。

总资产周转率是考察企业资产运营效率的一项重要指标，体现了企业经营期间全部资产从投入至产出的流转速度，反映了企业全部资产的管理质量和利用效率。该指标常与本企业历史数据比较，或者与同行业数据比较。该指标的对比分析可以反映企业本年度以及以前年度总资产的运营效率和变化，显示企业与同类企业在资产利用上的差距，促进企业挖掘潜力、积极创收、提高产品市场占有率、提高资产利用效率。

一般情况下，该指标越高，表明企业总资产周转的次数越多，周转速度越快，企业的销售能力越强，资产利用效率越高。总资产周转天数反映企业总资产从投入至产出所需要的天数。需要的时间越短，说明企业对资产运营效率越强；反之亦然。

【学中做 5-20】 甲公司为上市公司，20×8 年年末资产总额为 5 000 000 元，20×7 年年末资产总额为 5 400 000 元，20×8 年营业收入为 3 000 000 元，计算总资产周转率和总资产周转天数(20×7 年总资产周转次数为 0.51)。

总资产周转率＝3 000 000÷[(5 000 000＋5 400 000)÷2]＝0.58

总资产周转天数＝360÷0.58＝621(天)

20×8 年的总资产周转率为 0.58，比 20×7 年总资产周转率 0.51 有所提高，说明总资产的周转速度变快，总资产周转期变短，总资产的使用效率变强。

【学中做 5-21】 根据红旗商贸有限公司有关资料(见表 5-28)，计算红旗商贸有限公司固定资产周转次数和固定资产周转天数，如表 5-29 所示。

表 5-28　红旗商贸有限公司有关资料　单位：元

项　目	20×8 年金额	20×7 年金额	20×6 年金额
营业收入	3 594 600.00	2 906 600.00	
总资产	4 210 475.00	3 779 360.00	2 986 510.00
平均总资产	3 994 917.50	3 382 935.00	

表 5-29　红旗商贸有限公司总资产营运能力指标计算表

营运能力指标	20×8 年	20×7 年
总资产周转率(次数)	3 594 600÷3 994 917.50＝0.90	2 906 600÷3 382 935＝0.86
总资产周转天数(天)	360÷0.90＝400	360÷0.86＝419

20×8 年总资产周转率为 0.90，比 20×7 年总资产周转率 0.86 有所提高，20×8 年总资产周转天数 400 天比 20×7 年总资产周转天数 419 天缩短了 19 天。这说明该公司总资产的周转速度变快，总资产的利用效果有所提高，以相同的资产总额完成的周转额较多，周转期缩短，资产利用效果较好。

·小思考·

周转率又称周转次数，周转天数又称周转期，周转率和周转天数之间的关系是什么？

工作实例

企业营运能力分析

沿用学习情境五的学习子情境一中的工作实例。根据B公司财务报表计算该公司的应收账款周转率、应收账款周转天数、存货周转率、存货周转天数、流动资产周转率、流动资产周转天数、固定资产周转率、固定资产周转天数、总资产周转率和总资产周转天数等财务指标，并结合指标计算的结果对该公司的营运能力进行综合分析评价。

工作过程

工作步骤一：根据B公司资料，计算公司的营运能力指标如表5-30所示。

表5-30　　B公司营运能力指标计算表

盈利能力指标	20×8年	指标计算公式
应收账款周转率	633 309.06÷1 422.46=445.22	营业收入÷平均应收账款
应收账款周转天数	360÷445.22=0.81	360÷应收账款周转率
存货周转率	348 551.29÷102 561.60=3.40	营业成本÷平均存货
存货周转天数	360÷3.40=106	360÷存货周转率
流动资产周转率	633 309.06÷221 392.54=2.86	营业收入÷平均流动资产
流动资产周转天数	360÷2.86=126	360÷流动资产周转率
固定资产周转率	633 309.06÷424 965.10=1.49	营业收入÷平均固定资产
固定资产周转天数	360÷1.49=242	360÷固定资产周转率
总资产周转率	633 309.06÷646 711.80=0.98	营业收入÷平均总资产
总资产周转天数	360÷0.98=368	360÷总资产周转率

工作步骤二：根据B公司的营运能力指标计算结果，进行营运能力综合分析评价。

【分析要点】

B公司20×8年流动资产周转率为2.86，比20×7年的2.05和20×6年的1.58均有所上升；20×8年流动资产周转天数为126天，比20×7年的176天和20×6年的228天分别缩短了50天和102天。流动资产周转率同行业的平均水平为1.70，说明该公司的流动资产周转速度较前2年均有所提高，也在同行业的标准之上，流动资产的周转期缩短，流动资产的利用效果较好。

20×8年总资产周转率为0.98，比20×7年的0.92和20×6年的0.93均有所提高；

20×8 年总资产周转天数为 368 天，比 20×7 年的 391 天和 20×6 年的 387 天分别缩短了 23 天和 19 天。这说明该公司总资产周转率较前 2 年有所提高，总资产的利用效率增强。该指标同行业的平均水平为 0.81，而该公司高于同行业平均水平 0.17，说明该公司总资产的利用效果强于同行业，在总资产的占用数额相同的情况下创造的营业收入高于同行业平均水平。

总体而言，从上述营运能力指标分析可以看出该公司 20×8 年流动资产利用效果较好，流动资产盈利能力较强，综合总资产的利用效率略有提高，总资产周转速度略有提高，总资产利用效率较好。

学习子情境四　企业发展能力分析

职 业 判 断

一、认知企业发展能力的计量

企业发展能力是指企业未来年度的发展前景及潜力，是企业实现盈利的持续程度及价值增长的可能性。发展能力是企业在生存的基础上，扩大规模、壮大实力的潜在能力。企业的规模和实力是企业价值的核心内容，表明企业未来潜在的盈利能力。然而，企业的发展在于可持续性，需要不断地注入新的血液。企业的资本实力和潜在盈利能力是衡量和评价企业持续稳定发展的实质内容，它们的增长为企业的生存和发展注入了新的能量。

增长率是企业会计报表上某项目本期的增加额与上期(或上期期末)数额的比率。其通用计算公式为：

$$\text{某项目增长率}=\frac{\text{某项目增长额}}{\text{某项目上期(或上期期末)数额}}$$

$$=\frac{\text{某项目本期(或本期期末)数额}-\text{某项目上期(或上期期末)数额}}{\text{某项目上期(或上期期末)数额}}$$

企业就是通过某些能够反映企业增长情况的分析指标来评价企业的发展潜力，这可以通过计算销售(营业)增长率、总资产增长率、资本保值增值率、资本积累率、净收益增长率和营业利润增长率来进行。

企业的发展能力是扩大规模壮大实力的潜在能力。发展能力的衡量指标主要是增长率。

二、分析企业发展能力

(一) 销售(营业)增长率

销售(营业)的增长是企业盈利的源泉。一个企业只有保持营业收入的稳定增长,才能不断地增加收入,提高盈利能力。盈利能力的提高,利润的增加,才能为占领市场、开发新产品、进行技术改造扩大资金来源,才能促进企业的进一步发展。因此,销售(营业)增长指标是评价企业发展状况和发展能力的重要指标。

销售(营业)增长率是指企业本期营业收入增长额同上期营业收入总额的比率。它反映本期营业收入的增减变动情况,反映企业在销售方面的增长能力,是评价企业发展状况和发展能力的重要依据。其计算公式为:

$$\text{销售(营业)增长率}=\frac{\text{本期销售(营业)收入增长额}}{\text{上期销售(营业)收入总额}}\times 100\%$$

其中:　本期销售(营业)收入增长额=本期销售(营业)收入－上期销售(营业)收入

该指标若大于0,表示企业本期销售(营业)收入有所增长,指标值越高越好,表明增长速度越快,企业市场前景越好;该指标若小于0,表示企业产品不适销对路、质次价廉、市场份额萎缩。

销售(营业)增长率是衡量企业经营状况和市场占有能力、预测企业经营业务拓展趋势的重要标志。不断增加的营业收入是企业生存的基础和发展的条件,该指标在实际操作时,应结合企业历年来的销售水平、企业市场占有情况、行业未来发展及其他影响企业发展的潜在因素进行前瞻性预测或者结合企业前3年的销售(营业)增长率作出趋势性分析判断。

【学中做5-22】　甲公司为上市公司,20×8年营业收入为474 209.53元,20×7年营业收入为395 364元。计算销售(营业)收入增长率。

本年销售(营业)增长额=474 209.53－395 364=78 845.53(元)

销售(营业)增长率=78 845.53÷395 364×100%=19.94%

该公司20×8年的销售(营业)收入增长率大于0,表明20×8年年销售收入有所增长,增长速度较快,公司市场前景比较乐观。

(二) 总资产增长率

资产是企业生产经营活动的物质条件,是企业用于取得收入的经济资源,也是企业偿还债务的保障。企业的资产规模与其经营规模是相适应的,资产规模的扩大表明企业兴旺发达。在通常情况下,发展能力强的企业都能保证资产的稳定增长,因此,资产的增长可以表明企业的发展状况和发展能力,也是实现企业价值的重要手段。

总资产增长率是指企业本期总资产增长额同期初资产总额的比率。该指标可以衡量企业本期资产规模的增长情况,从资产总量扩张方面衡量企业的发展能力。其计算公式为:

$$\text{总资产增长率}=\frac{\text{本期资产增长额}}{\text{上期资产总额}}\times 100\%$$

其中:　本期资产增长额=资产总额年末数－资产总额年初数

该指标若大于0,表示企业本期总资产有所增长,指标值越高越好,表明增长速度越快,企业越有发展潜力;该指标若小于0,表示企业发展速度下降,发展能力减弱。

【学中做5-23】 乙公司为上市公司,20×8年年末资产总额为634 739.84元,20×7年年末资产总额为395 418元。计算总资产增长率。

总资产增长额=634 739.84−395 418=239 321.84(元)

总资产增长率=239 321.84÷395 418×100%=60.52%

该公司的总资产增长率大于0,表明20×8年总资产有所增长,增长速度较快,公司发展潜力大。

(三) 资本保值增值率

资本保值增值率是企业扣除客观因素后的本年年末所有者权益总额与年初所有者权益总额的比率。它反映企业当年资本在企业自身努力下实际增减变动的情况。其计算公式为:

$$资本保值增值率=\frac{扣除客观因素后的本年年末所有者权益总额}{年初所有者权益总额}\times 100\%$$

一般认为,资本保值增值率越高,表明企业的资本保全状况越好,所有者权益增长快,债权人的债务越有保障。该指标通常应当大于100%。

【学中做5-24】 乙公司为上市公司,20×8年年末扣除客观因素后的所有者权益总额为7 248万元,20×8年年初所有者权益总额为6 000万元。计算资本保值增值率。

资本保值增值率=7 248÷6 000×100%=121%

该公司的资本保值增值率大于100%,表明20×8年的资本保全状况好,所有者权益增长快,债权人的债务有保障。

(四) 资本积累率

资本积累率是指企业本年所有者权益增长额同年初所有者权益的比率。其计算公式为:

$$资本积累率=\frac{本年所有者权益增长额}{年初所有者权益}\times 100\%$$

其中: 本年所有者权益增长额=所有者权益年末数−所有者权益年初数

资本积累率是企业当年所有者权益总的增长率,反映了企业所有者权益在当年的变化水平。资本积累率反映了投资者投入企业资本的保全性,是评价企业发展能力的重要指标,体现了企业的资本积累情况。该指标越高,表明企业资本保全性越强,其应对风险、持续发展能力也越大。该指标如为负数,则表明企业的资本受到侵蚀,所有者权益受到损害。从财务报表上看,资本积累主要来源于企业实现净利润的留存和股东追加的投资。但前者更能表现资本积累的本质,表现出良好的企业发展能力和发展后劲。

【学中做5-25】 沿用[学中做5-24]的资料,计算资本累计率。

本年所有者权益增长额=7 248−6 000=1 248(万元)

资本保值增值率=1 248÷6 000×100%=20.8%

该公司的资本保值增值率大于0,表明公司资本保全性强,其应对风险、持续发展能力也越强,表现出良好的发展能力和发展后劲。

(五) 净收益增长率

留存收益是盈余公积和未分配利润的总和。净收益增长率是企业当年留存收益增长额与年初净资产的比率。其中，当年留存收益是指在年初净资产增长的基础上，留在企业用于企业发展并形成净资产的收益。留存收益包括盈余公积和未分配利润。其计算公式为：

$$净收益增长率=\frac{当年留存收益的增长额}{年初净资产}\times100\%$$

其中： 当年留存收益的增长额=年末留存收益－年初留存收益

【学中做 5-26】 乙公司为上市公司，20×8 年年末盈余公积为 2 000 000 元，未分配利润为90 000元，20×7 年年末盈余公积为 1 830 000 元，未分配利润为 76 000 元，20×8 年年初净资产为2 906 000元。计算净收益增长率。

20×8 年留存收益=2 000 000＋90 000=2 090 000(元)

20×7 年留存收益=1 830 000＋76 000=1 906 000(元)

当年留存收益的增长额=2 090 000－1 906 000=184 000(元)

净收益增长率=184 000÷2 906 000×100%=6.33%

该公司的净收益增长率大于 0，表明公司资本保全性强，其应对风险、持续发展能力也越强，表现出良好的发展能力和发展后劲。

（六）营业利润增长率

营业利润增长率是企业本年营业利润增长额与上年营业利润总额的比率。它反映企业营业利润的增减变动情况。其计算公式为：

$$营业利润增长率=\frac{本年营业利润增长额}{上年营业利润总额}\times100\%$$

其中： 本年营业利润增长额=本年营业利润总额－上年营业利润总额

【学中做 5-27】 丙公司为上市公司，20×8 年营业利润总额为 7 000 万元，20×7 年营业利润总额为 6 000 万元。计算营业利润增长率。

本年营业利润增长额=7 000－6 000=1 000(万元)

营业利润增长率=1 000÷6 000×100%=16.67%

该公司的营业利润增长率大于 0，表明公司营业利润增长速度快，表现出良好的经营盈利潜力和发展前景。

·小思考·

企业发展能力的指标需要和哪些指标结合来综合评定企业的发展潜能？

工作实例

企业发展能力分析

沿用学习情境五的学习子情境一中的工作实例。根据 B 公司财务报表计算该公司的销售(营业)增长率、总资产增长率、资本保值增值率、资本积累率、净收益增长率和营业利润增长率等财务指标，并结合指标计算的结果对该公司的发展能力进行综合分析评价。

工作过程

工作步骤一：根据B公司资料，计算公司的发展能力指标如表5-31所示。

表5-31　　B公司发展能力指标计算表

盈利能力指标	20×8年	指标计算公式
销售(营业)收入增长率	62 657.32÷570 651.74×100%=10.98%	本期销售收入增长额÷上期销售收入总额×100%
总资产增长率	111 539.63÷590 941.98×100%=18.87%	本期资产增长额÷上期资产总额×100%
资本保值增值率	371 463.92÷345 754.27×100%=107.44%	本年末所有者权益总额÷年初所有者权益总额×100%
资本积累率	25 709.65÷345 754.27×100%=7.44%	本年所有者权益增长额÷年初所有者权益×100%
净收益增长率	25 709.65÷245 754.27×100%=10.46%	本年留存收益增长额÷本年初的净资产×100%
营业利润增长率	22 112.92÷87 332.14×100%=25.32%	本年营业利润增长额÷上年营业利润总额×100%

工作步骤二：根据B公司的发展能力指标计算结果，进行发展能力综合分析评价。

【分析要点】

B公司20×8年销售(营业)收入增长率为10.98%，和20×7年的10.98%持平，比20×6年的19.94%有所下降；该指标同行业的平均水平为29.93%，说明该公司销售收入的增长速度较同行业增长的速度要慢，有一定的发展前景，但竞争压力比较大，需要在提高盈利能力的同时，增加营业收入的增长速度，以创造出更快速的发展空间。

20×8年总资产增长率为18.87%，比20×7年的60.52%迅速下降，比20×6年的-6.90%有所提高，该指标同行业的平均水平为11.75%，该公司总资产的增长高于同行业平均水平，说明该公司总资产的增长速度较20×7年放慢，总体来说总资产有所增加，公司有一定的发展潜力，而且在同行业中资产的增长速度较快，有很好的发展前景。

【学习情境小结】

本学习情境主要介绍了企业偿债能力、盈利能力、营运能力及发展能力指标的计算与分析评价。偿债能力是企业清偿到期债务的能力，包括短期内对到期债务的现实偿付能力和对未来债务预期的偿付能力。盈利能力通常是指企业在一定时期内赚取利润的能力。盈利能力的大小是一个相对的概念，即利润相对于一定的资源投入、一定的收入而言。利润率越高，盈利能力越强；利润率越低，盈利能力越差。企业营运能力是指企业充分利用现有资源创造社会财富的能力。企业发展能力是指企业扩大规模、壮大实力的潜在能力。

本学习情境的重点是根据企业的资料完成偿债能力、盈利能力、营运能力和发展能力指标的计算，并能够运用计算的结果对企业的财务效率进行分析评价。

学习情境框架结构如图 5-1 所示。

- 财务效率分析
  - 企业偿债能力分析
    - 分析企业短期偿债能力
    - 分析企业长期偿债能力
  - 企业盈利能力分析
    - 分析企业经营盈利能力
    - 分析企业资产与资本经营盈利能力
    - 分析上市公司盈利能力
  - 企业营运能力分析
    - 认知营运能力
    - 分析企业流动资产营运能力
    - 分析企业固定资产营运能力
    - 分析企业总资产营运能力
  - 企业发展能力分析
    - 认知企业发展能力的计量
    - 分析企业发展能力

图 5-1　学习情境五框架结构

【做中学——技能·职业资格·职称考试训练】

一、单项选择题

1. 用于评价企业盈利能力的总资产报酬率指标中的“报酬”是指(　　)。

A. 息税前利润　B. 营业利润　C. 利润总额　D. 净利润

2. 下列项目中,不会影响流动比率的业务是(　　)。

A. 用现金购买短期债券　B. 用现金购买固定资产

C. 用存货进行对外长期投资　D. 从银行取得长期借款

3. 下列项目中,可能导致企业资产负债率变化的经济业务是(　　)。

A. 收回应收账款　B. 用现金购买债券

C. 接受所有者投资转入的固定资产　D. 以固定资产对外投资

4. 某企业 20×8 年营业收入净额为 36 000 万元,流动资产平均余额为 4 000 万元,固定资产平均余额为 8 000 万元。假设没有其他资产,则该企业 20×8 年的总资产周转率为(　　)。

A. 3.0　B. 3.4　C. 2.9　D. 3.2

5. 下列财务分析主体中,必须对企业营运能力、偿债能力、盈利能力和发展能力的全部信息予以详尽了解和掌握的是(　　)。

A. 短期投资者　B. 企业债权人　C. 企业经营者　D. 税务机关

6. 下列指标中,能够从动态角度反映企业偿债能力的是(　　)。

A. 经营现金流量比　B. 资产负债率　C. 流动比率　D. 速度比率

7. 评价企业短期偿债能力强弱最直接的指标是(　　)。
A. 已获利息倍数　　B. 速动比率
C. 流动比率　　D. 经营现金流动比

8. 下列项目中,不属于速动资产项目的是(　　)。
A. 现金　　B. 应收账款　　C. 交易性金融资产　　D. 存货

9. 衡量企业偿还到期债务能力的直接标志是(　　)。
A. 有足够的资产　　B. 有足够的流动资产
C. 有足够的存货　　D. 有足够的现金

10. 下列项目中,企业短期债权人主要关心企业的(　　)。
A. 资产的流动性　　B. 收益的稳定性
C. 负债与权益的比例　　D. 长期负债与短期负债的比例

11. 某企业库存现金为2万元,银行存款为68万元,短期投资为80万元,预付账款为15万元,应收账款为50万元,存货为100万元,流动负债为750万元。据此,计算出的该企业的速动比率为(　　)。
A. 0.2　　B. 0.093　　C. 0.003　　D. 0.267

12. 某企业年末会计报表上部分数据如下:流动负债为60万元,流动比率为2,速动比率为1.2,营业成本为100万元,年初存货为52万元,若非速动资产只有存货,则本年度存货周转率为(　　)。
A. 1.65　　B. 2　　C. 2.3　　D. 1.45

13. 设立速动比率和经营现金流动比指标是为了分析(　　)。
A. 资产的盈利能力　　B. 资产的流动性程度
C. 债务偿还的时间长短　　D. 资产的周转能力

14. 某企业应收账款周转次数为4.5次,假设1年按360天计算,则应收账款周转天数是(　　)天。
A. 0.2　　B. 81.1　　C. 80　　D. 730

15. 下列指标中,可用于衡量企业短期偿债能力的是(　　)。
A. 已获利息倍数　　B. 产权比率　　C. 资产周转率　　D. 流动比率

16. 如果企业速动比率很小,下列结论中,成立的是(　　)。
A. 企业流动资产占用过多　　B. 企业短期偿债能力很强
C. 企业短期偿债风险很大　　D. 企业资产流动性很强

17. 下列有关每股收益的说法中,正确的是(　　)。
A. 是衡量上市公司盈利能力的财务指标
B. 每股收益多,反映股票所含有的风险大
C. 每股收益多,则意味着每股股利高
D. 每股收益多的公司市盈率就高

18. 利息保障倍数不仅反映了企业盈利能力,而且反映了(　　)。
A. 总偿债能力　　B. 短期偿债能力
C. 长期偿债能力　　D. 经营能力

二、多项选择题

1. 某企业当年的经营利润很多，却不能偿还到期债务。为查清其原因，应检查的财务比率包括(　　)。

A. 资产负债率　　B. 流动比率
C. 存货周转率　　D. 应收账款周转率

2. 在其他条件不变的情况下，会引起总资产周转率指标上升的经济业务有(　　)。

A. 用现金偿还负债　　B. 借入一笔短期借款
C. 用银行存款购入一台设备　　D. 用银行存款支付1年的电话费

3. 一个健全有效的企业综合财务指标体系必须具备的基本要素包括(　　)。

A. 指标数量多　　B. 指标要素齐全适当
C. 主、辅指标功能匹配　　D. 满足多方信息需要

4. 资产负债率，对其评价正确的有(　　)。

A. 从债权人角度看，负债比率越大越好
B. 从债权人角度看，负债比率越小越好
C. 从股东角度看，负债比率越高越好
D. 从股东角度看，当全部资产利润率高于债务利息率时，负债比率越高越好

5. 计算速动比率时，从流动资产中扣除存货的重要原因有(　　)。

A. 存货的价值较大　　B. 存货的质量难以保证
C. 存货的变现能力较弱　　D. 存货的变现能力不稳定

6. 在其他情况不变的情况下，缩短应收账款周转天数，有利于(　　)。

A. 提高短期偿债能力　　B. 缩短现金周转期
C. 企业减少资金占用　　D. 企业扩大销售规模

7. 属于企业盈利能力分析指标的有(　　)。

A. 总资产报酬率　　B. 资本保值增值率
C. 资本收益率　　D. 营业利润率

8. 如果流动比率过高，意味着企业可能存在的现象有(　　)。

A. 存在闲置现金　　B. 存在存货的积压
C. 应收账款周转缓慢　　D. 短期偿债能力差

9. 下列对流动比率的表述中，正确的有(　　)。

A. 不同企业的流动比率有着统一的衡量标准
B. 流动比率越高越好
C. 流动比率需要用速动比率加以补充
D. 流动比率高，并不意味着企业就一定具有短期偿债能力

10. 下列指标中，可用于分析企业偿债能力的有(　　)。

A. 流动比率　　B. 速动比率
C. 资本保值增值率　　D. 资产负债率

11. 影响速动比率的因素有(　　)。

A. 应收账款　　B. 存货　　C. 短期借款　　D. 预付账款

12. 企业财务分析的基本内容包括(　　)。

A. 偿债能力分析　　B. 盈利能力分析

C. 营运能力分析　　D. 发展能力分析

三、判断题

1. 企业拥有的各种资产都可以作为偿还债务的保障。(　　)
2. 营业现金流动比的提高不仅增加资产的流动性,也会使机会成本增加。(　　)
3. 一般来说,市盈率高,说明投资者对该公司的发展前途看好,愿意出较高的价格购买该公司的股票,但是市盈率也不能说越高越好。(　　)
4. 每股股利可以反映公司的盈利能力的大小,每股利润越大,说明公司的盈利越强。(　　)
5. 如果已获利息倍数低于1,则企业一定无法支付到期利息。(　　)
6. 一般而言,已获利息倍数越大,企业可以偿还债务的可能性也越大。(　　)
7. 资产负债率与产权比率的乘积等于1。(　　)
8. 尽管流动比率可以反映企业的短期偿债能力,但却存在有的企业流动比率较高,却没有能力支付到期的应付账款的现象。(　　)
9. 市盈率是评价上市公司盈利能力的指标,它反映投资者愿意对公司每股净利润支付的价格。(　　)
10. 若资产增加幅度低于营业收入净额增长幅度,则会引起资产周转率增大,表明企业的营业能力有所提高。(　　)

四、计算分析题

1. AB公司资产负债表(简表)如表5-32所示。

表5-32　　资产负债表(简表)

编制单位:AB公司　　20×8年12月31日　　单位:元

资　产	金　额	负债和所有者权益	金　额
货币资金	25 000	流动负债	
应收账款		长期负债	
存货		所有者权益	240 000
固定资产	294 000		
资产总计		负债和所有者权益总计	

已知:AB公司20×8年营业成本为315 000元,存货周转次数为4.5次,年末流动比率为1.5,产权比率为0.8,期初存货等于期末存货。

要求:

(1) 根据上述资料,计算填列AB公司20×8年12月31日资产负债表中空缺项目。

(2) 假定AB公司20×8年营业收入为430 000元,期初应收账款等于期末应收账款,计算AB公司应收账款周转率和应收账款周转期。

2. 某企业有关资料如表5-33所示。

表 5-33　　**企业资料数据表**

项　目	期初数	期末数	本期数或平均数
存货(万元)	2 400	3 200	
流动负债(万元)	2 000	3 000	
速动比率	0.8		
流动比率		1.8	
总资产周转率			1.5
总资产(万元)			12 000

(该公司流动资产等于速动资产加上存货。)

要求:

(1) 计算该企业流动资产的期初数和期末数。

(2) 计算该企业本期营业收入。

(3) 计算该企业本期流动资产平均余额和流动资产周转率(计算结果保留两位小数)。

3. 资料:A股份有限公司20×8年12月31日资产负债表(简表)和利润表(简表)分别如表5-34和表5-35所示。

表 5-34　　**资产负债表(简表)**

编制单位:A股份有限公司　　20×8年12月31日　　单位:万元

资　产	期末余额	上年年末余额	负债和所有者权益(或股东权益)	期末余额	上年年末余额
流动资产:			流动负债:		
货币资金	5 020	2 850	短期借款	485	650
交易性金融资产	175	425	交易性金融负债		
应收账款	3 885	3 500	应付账款	1 295	1 945
预付款项	810	650	应付职工薪酬	975	585
存货	2 900	2 685	应付股利	2 590	1 620
一年内到期的非流动资产			其他应付款		
其他流动资产			一年内到期的非流动负债	485	385
流动资产合计	12 790	10 110	其他流动负债		
非流动资产:			流动负债合计	5 830	5 185
债权投资			非流动负债:		
其他债权投资			长期借款	975	650
长期应收款			应付债券	640	400
长期股权投资	1 650	975	长期应付款		
固定资产	6 280	5 650	预计负债		
固定资产清理			非流动负债合计	1 615	1 050

（续表）

资　产	期末余额	上年年末余额	负债和所有者权益（或股东权益）	期末余额	上年年末余额
生产性生物资产			负债合计	7 445	6 235
油气资产			所有者权益（或股东权益）：		
无形资产	75	90	实收资本（或股本）	5 850	4 860
开发支出			资本公积	2 370	1 560
长期待摊费用			其他综合收益		
递延所得税资产	55	75	盈余公积	3 240	2 595
其他非流动资产			未分配利润	1 945	1 650
非流动资产合计	8 060	6 790	所有者权益（或股东权益）合计	13 405	10 665
资产总计	20 850	16 900	负债和所有者权益（或股东权益）总计	20 850	16 900

表 5-35　　　　利　润　表（简表）

编制单位：A股份有限公司　　　　20×8年度　　　　单位：万元

项　　目	本期金额	上期金额
一、营业收入	49 000	37 500
减：营业成本	27 500	22 500
税金及附加	2 450	1 875
销售费用	1 750	1 575
管理费用	2 750	2 450
研发费用		
财务费用	195	165
加：其他收益		
投资收益	350	245
公允价值变动损益	100	80
信用减值损失		
资产减值损失		
资产处置收益		
二、营业利润（亏损以“—”号填列）	14 805	9 260
加：营业外收入	165	195
减：营业外支出	95	165
三、利润总额（亏损总额以“—”号填列）	14 875	9 290
减：所得税费用	4 910	3 065
四、净利润（净亏损以“—”号填列）	9 965	6 225

注：假设财务费用均为利息费用，资本公积均为资本溢价。

要求：

(1) 根据财务报表，计算流动比率。

(2) 根据财务报表，计算速动比率。

(3) 根据财务报表，计算资产负债率。

(4) 根据财务报表，计算应收账款周转。

(5) 根据财务报表，计算存货周转率。

(6) 根据财务报表，计算流动资产周转率。

(7) 根据财务报表，计算总资产周转率。

(8) 根据财务报表，计算产权比率。

(9) 根据财务报表，计算利息保障倍数。

(10) 根据财务报表，计算营业毛利率。

(11) 根据财务报表，计算营业净利率。

(12) 根据财务报表，计算总资产报酬率。

(13) 根据财务报表，计算总资产收益率。

(14) 根据财务报表，计算净资产收益率。

(15) 根据财务报表，计算总资产增长率。

学习情境六　综合分析评价企业财务状况与经营业绩

【引例】

课程思政

杜邦公司与杜邦分析法

杜邦公司是一家以科研为基础的全球性公司，提供能提高人类在食物与营养、保健、服装、家居及建筑、电子和交通等生活领域的品质的科学解决之道。杜邦公司成立于1802年，在全球70个国家经营业务，共有员工79 000多人。200年前，杜邦公司主要是一家生产火药的公司。100年前，该公司的业务重心转向全球的化学制品、材料和能源。今天，杜邦公司在进入第三个百年时，提供的是能真正改善人们生活、以科学为基础的解决方法。

20世纪20年代，杜邦公司率先采用的衡量表现的标准——杜邦分析法，并一直沿用至今。该分析法为带来更高的投资回报率，资产根据其账面总值，而不是账面净值来进行评估。杜邦分析法最显著的特点是将若干个用于评价企业经营效率和财务状况的比率按其内在联系有机地结合起来，形成一个完整的指标体系，并最终通过权益收益率来综合反映。该分析法可使财务比率分析的层次更清晰、条理更突出，为会计信息使用者全面仔细地了解企业的经营和盈利状况提供方便。

点评：在财务效率分析中，单独分析会计报表中任何一项财务指标，难以全面评价企业的财务状况和经营成果。为了全方位地了解企业经营理财状况，并对企业经济效益的优劣作出系统的、合理的评价，会计信息使用者就必须进行相互关联的综合性分析，采用适当的标准进行综合性评价。

【职业能力目标】

根据财务管理岗位的要求，通过本学习情境的学习，学生应明确会计报表综合分析评价的方法，理解会计报表综合分析的意义，掌握杜邦分析法的应用。

【典型工作任务】

本学习情境的典型工作任务主要有应用杜邦分析法和沃尔比重分析法分析会计报表，了解财务综合分析指标体系及会计报表分析报告的内容。

学习子情境一　应用杜邦分析法综合分析会计报表

职 业 判 断

一、认知杜邦分析法

财务分析的最终目的在于全方位地了解企业经营理财状况，并对企业经济效益的优劣作出系统的、合理的评价。会计信息使用者要掌握如何把偿债能力、获利能力、营运能力和发展能力等各方面纳入一个有机的整体中，全面地对企业的经营成果、财务状况进行揭示与披露，从而对企业经济效益的优劣作出准确的评价与判断。

·知识链接·

综合指标分析的特点

综合财务分析是将企业营运能力、偿债能力、盈利能力和发展能力等方面的分析纳入一个有机的分析系统中，全面地对企业的财务成果、经营状况进行解剖和分析，从而对企业经济效益作出较为准确的评价与判断。综合指标分析的特点体现在其财务指标体系的要求上。一个健全有效的综合财务指标体系必须具备三个基本要素。

1. 指标要素齐全适当

这是指所设置的评价指标必须能够准确涵盖企业营运能力、偿债能力、盈利能力和发展能力等方面总体考核的要求。

2. 主辅指标功能匹配

这主要包括两个方面的内容：一是在确定营运能力、偿债能力、盈利能力和发展能力诸方面评价的主要指标与辅助指标的同时，进一步明确总体结构中各项指标的主辅地位。二是不同范畴的主要考核指标所反映的企业经营成果、财务状况的不同侧面与不同层次的信息有机统一，应当能够全面而翔实地揭示出企业的经营理财业绩。

3. 满足多方信息要求

这要求指标评价体系必须能够提供多层次、多角度的信息资料，既能满足企业内部管理当局实施决策对充分而具体的财务信息的需要，同时又满足外部投资者和政府借此决策和实施宏观调控的要求。

一般认为，财务综合分析评价的方法运用得比较广泛的主要有杜邦分析法、沃尔比重分析法和综合系数评分法。虽然从目前这些方法的应用状况来看，它们都存在着明显的不足，但是实际工作中这些方法在有针对性地改进后还是应用得很广泛。

（一）杜邦分析法概述

杜邦分析法是由美国杜邦公司提出的一种综合财务分析方法，它利用几种主要的财务比率之间的内在联系来综合地分析企业的财务状况。它是自净资产收益率指标项下层层分解，将偿债能力、营运能力和盈利能力结合起来，更直观地揭示企业财务成果，从财务角度评价企业绩效的一种典型方法。

杜邦分析法的特点在于：该方法若从数学计算的角度来看，是以核心指标净资产收益率为出发点，通过数学变换（固定分子变分母），将其逐项推移分解为销售净利率、总资产周转率和权益乘数三者的连乘积，以综合企业的销售获利能力、总资产营运能力和偿债能力、资本结构对净资产收益率的影响。

杜邦分析法中的几个主要财务指标的关系为：

净资产收益率＝总资产收益率×权益乘数
总资产收益率＝销售净利率×总资产周转率
净资产收益率＝销售净利率×总资产周转率×权益乘数

杜邦分析法的推导过程为：

$$\text{净资产收益率} = \frac{\text{净利润}}{\text{平均净资产}} = \frac{\text{净利润}}{\text{平均总资产}} \times \frac{\text{平均总资产}}{\text{平均净资产}} = \text{总资产收益率} \times \text{权益乘数}$$

$$\text{总资产收益率} = \frac{\text{净利润}}{\text{营业收入}} \times \frac{\text{营业收入}}{\text{平均总资产}} = \text{销售净利率} \times \text{总资产周转率}$$

（二）杜邦分析法的主要指标

1. 销售净利率

销售净利率反映了净利润与营业收入之间的关系。这种关系可以表示为：

$$\text{销售净利率} = \frac{\text{净利润}}{\text{营业收入}}$$

一般而言，营业收入增加，企业的净利润也会随之增加。但是，要想提高销售净利率，必须一方面提高营业收入，另一方面降低各种成本费用，使净利润的增长速度高于营业收入的增长速度，从而提高销售净利率。

2. 总资产周转率

总资产周转率反映了营业收入与平均总资产之间的关系。其关系可以表述为：

$$\text{总资产周转率} = \text{营业收入} \div \text{平均总资产}$$

资产的周转速度直接影响企业的盈利能力，如果企业资产周转较慢，就会占用大量资金，增加资金成本，减少企业的利润。

3. 权益乘数

权益乘数反映了企业资产总额是所有者权益总额的倍数，它通常表示企业的负债程度。权益乘数越大，表明企业的负债程度越高。该指标与资产负债率密切相关，其表达式为：

$$\text{权益乘数} = 1 \div (1 - \text{资产负债率})$$

在杜邦分析法中，资产负债率是指全年平均资产负债率，即企业全年平均负债总额与全年平均资产总额的百分比。这样做是为了便于与其他指标进行对比。

杜邦分析法是对企业财务状况进行自上而下的综合分析，它通过几种主要财务指标之间的关系，直观、明了地反映出企业的偿债能力、营运能力、盈利能力及其相互关系，从而提供了解决财务问题的思路和财务目标。杜邦分析法是一种分解财务比率的方法，而不是另外建立财务指标，它可以用于各种财务比率的分解。该方法的关键不在于指标的计算，而在于对指标的理解和运用。

净资产收益率按销售净利率、总资产周转率和权益乘数三个因素分别进行比较分析。权益乘数受资产负债率的影响，权益乘数与资产负债率成正比；销售净利率从总收入和总成本费用进行分析；总资产周转率需要对总资产各组成部分从占用量和周转率两个方面进行分析。

二、认知杜邦分析图

利用杜邦分析法进行综合分析时，可以将各项财务指标之间的关系绘制成杜邦分析图如图 6-1 所示。

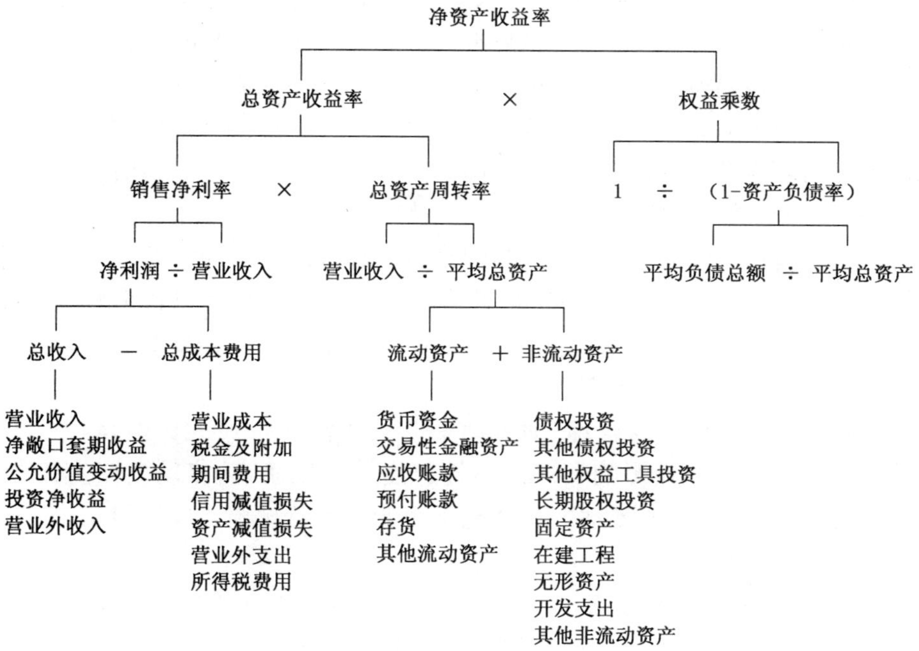

图 6-1　杜邦分析图

图 6-1 表明企业的财务指标经过层层分解，可以分解为财务报表项目。这样就可以找出净资产收益率提高或降低的原因所在，便于查明原因，采取措施。杜邦分析图通过几种主要财务比率的相互关系，全面、系统、直观地反映出企业整体的财务状况，从而节省了财务分析人员分析报表的时间。

杜邦分析图提供了以下主要财务指标关系的信息：

(1) 净资产收益率是综合性最强的财务比率，是杜邦分析法的核心。它反映了所有者投入资本的获利能力，同时反映企业的筹资、投资、资产运营等活动的效率。它的高低取决于总资产收益率和权益乘数的水平。决定净资产收益率高低的因素有三个方面，即销售净利率、总资产周转率和权益乘数。这三个指标分别反映了企业盈利能力、资产管理水平和负债比率。

(2) 权益乘数受资产负债率的影响。负债比率越大，权益乘数越高，说明企业有较高的负债程度,给企业带来较多的财务杠杆利用,同时也给企业带来了风险。因此,企业在合理使用全部资产的同时,要妥善安排资金结构。此外,权益乘数可以进一步结合财务杠杆来分析企业的资本结构是否合理,结合权益结构分析企业的偿债能力。在资产总额一定的情况下,企业适当开展负债经营,可以减少所有者权益资金的份额,从而提高净资产收益率。

(3) 总资产收益率是一个综合性的财务比率,它是销售净利率与总资产周转率的乘积。因此,财务分析人员要进一步从销售成果和资产营运两个方面来分析。影响总资产收益率的因素主要有产品的价格、单位成本、产量和销售量、资金占用量等,可以利用它来分析经营中存在的问题,提高销售净利率,加速资金周转。

(4) 销售净利率反映企业净利润与营业收入之间的关系。提高销售净利率是提高企业盈利能力的关键。提高该指标的途径有扩大销售收入、降低成本费用。扩大销售收入有利于提高销售净利率与总资产周转率;降低成本费用是提高销售净利率的重要因素,从杜邦分析图可以看出企业成本费用的结构是否合理,并从中找到降低成本费用的途径和控制成本费用的具体方法。例如,企业的管理费用过多,就要分析企业是否行政机构过于庞杂;财务费用过多,就要分析企业的负债比率是否过高。在具体分析成本费用时,财务分析人员可以重点分析对企业影响较大的费用项目,并将其单独列示。

(5) 总资产周转率反映了企业资产占有与营业收入之间的关系,揭示出企业资产实现营业收入的综合能力。总资产周转率反映了总资产的周转速度,当以较小的资产占用产生较多的营业收入时,总资产周转率就会加快。对资产周转率分析,需要对影响资产周转的各因素进行分析,以判断公司资产周转的主要问题。

分析企业的资产结构是否合理,即流动资产与非流动资产的比例是否合理。它们之间的结构合理与否将直接影响资产的周转速度。一般而言,流动资产直接体现了企业的偿债能力和变现能力,非流动资产体现了企业的经营规模与发展潜力,两者之间要有一个合理的比例关系。

如果企业的某项资产比重过高,影响企业的资金周转,从而影响企业的净资产收益率,财务分析人员就应深入分析原因;如果企业的流动资产中货币资金过多,应分析其现金持有量是否合理,有无现金闲置现象,因为货币资金的变现能力最强但获利能力最弱;如果流动资产中存货和应收账款过多,就会占用大量的资金,影响企业资金周转。财务分析人员具体分析时要联系收入情况分析资产投资的合理性。

杜邦分析法是一种分解财务比率的方法,而不是另外建立新的财务分析指标,它主要用于各种财务比率的分解。

·知识链接·

杜邦分析法的局限性

从企业绩效评价的角度来看,杜邦分析法只包括财务方面的信息,不能全面反映企业的实力,有很大的局限性,在实际运用中需要加以注意,必须结合企业的其他信息加以分析。其局限性主要表现在:

(1) 对短期财务结果过分重视,有可能助长企业管理层的短期行为,忽略企业长期的价值创造。

(2) 财务指标反映的是企业过去的经营业绩，能够满足衡量工业时代企业的要求。但在目前的信息时代，顾客、供应商、雇员、技术创新等因素对企业经营业绩的影响越来越大，而杜邦分析法在这些方面是无能为力的。

(3) 在目前的市场环境中，企业的无形知识资产对提高企业长期竞争力至关重要，杜邦分析法却不能解决无形资产的估值问题。

工作实例

杜邦分析法的应用

根据Q公司资产负债表(见表1-3)与Q公司利润表(见表2-6)的资料，对Q公司作杜邦财务分析。

工作过程

工作步骤一：根据Q公司20×7年与20×8年资产负债表与利润表资料，摘录有关财务数据，如表6-1所示。

表6-1　　Q公司主要财务报表数据　　单位：元

年度	净利润	营业收入	营业成本	平均资产总额	平均负债总额	平均净资产
20×8	11 964 456	195 756 919	158 306 191	123 416 119	56 926 995.5	66 489 123.5
20×7	9 290 805	154 521 867	125 234 737	85 937 123	56 221 657	29 715 466

说明：表6-1中20×7年度的平均资产与平均负债取自20×8年期末数据。

工作步骤二：计算杜邦分析的主要财务比率，如表6-2所示。

表6-2　　Q公司主要财务比率

财务指标	20×8年	20×7年	计算说明
净资产收益率	17.99%	31.27%	净利润÷平均净资产×100%
权益乘数	1.86	2.89	平均总资产÷平均净资产
资产负债率	46.13%	65.42%	平均负债总额÷平均总资产×100%
总资产收益率	9.69%	10.81%	净利润÷平均总资产×100%
销售净利率	6.11%	6.01%	净利润÷营业收入×100%
总资产周转率(次)	1.59	1.80	营业收入÷平均总资产
销售毛利率	19.13%	18.95%	毛利÷营业收入×100%

工作步骤三：绘制Q公司杜邦分析图。

Q公司20×7年的杜邦分析过程如图6-2所示。

Q公司20×8年的杜邦分析过程如图6-3所示。

工作步骤四：对Q公司净资产收益率分解分析。

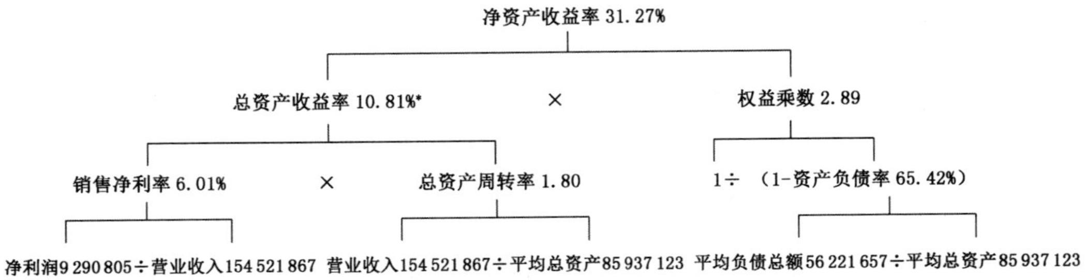

*尾差调整。

图 6-2　Q公司 20×7 年杜邦分析图

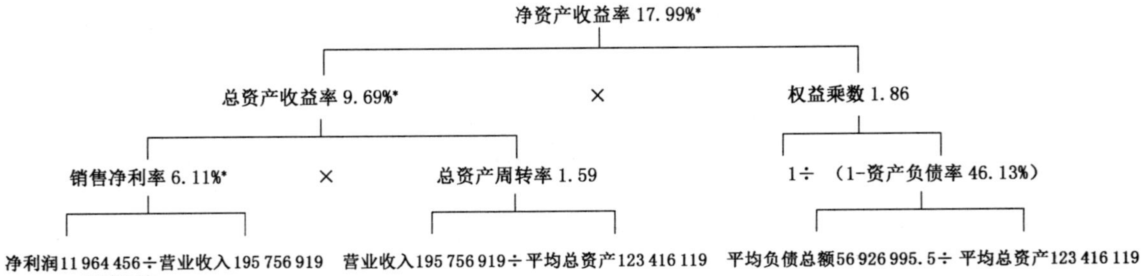

*尾差调整。

图 6-3　Q公司 20×8 年杜邦分析图

【分析要点】

净资产收益率＝销售净利率×总资产周转率×权益乘数

公司净资产收益率 20×8 年比 20×7 年降低了 13.28%(31.27%－17.99%)，表明公司的获利能力有所下降。对净资产收益率采用差额分析法进行分析如下：

销售净利率变动对净资产收益率的影响＝(6.11%－6.01%)×1.80×2.89＝0.52%

总资产周转率变动对净资产收益率的影响＝6.11%×(1.59－1.80)×2.89＝ －3.71%

权益乘数变动对净资产收益率的影响＝6.11%×1.59×(1.86－2.89)＝ －10.01%

从差额分析的过程可以看出，公司销售净利率上升，使得净资产收益率提高了0.52%；总资产周转率下降，使得净资产收益率下降了 3.71%；权益乘数下降，使净资产收益率下降了 10.01%，三者共同作用使得净资产收益率降低了 13.28%。

具体分析各个项目，销售净利率上升了 0.1%，营业收入上升了 26.69%，营业成本上升了26.41%，毛利率几乎没有变化。总资产周转率 20×8 年比 20×7 年下降了 0.21 次，说明公司利用总资产产生营业收入的效率在下降，公司营运能力的降低导致了净资产收益率的降低；公司资产负债率降低了 19.29%，使得权益乘数下降从而导致盈利能力下降。权益乘数及资产负债率指标值越小，公司的偿债能力越强，财务风险越低，公司的这种资本结构的调整降低了盈利能力，但对公司总体风险的控制是有利的。

学习子情境二　应用沃尔比重分析法综合分析会计报表

职业判断

一、认知沃尔比重分析法

（一）沃尔比重评分法的内涵

1928年，亚历山大·沃尔（Alexander Wole）在出版的《信用晴雨表研究》和《财务报表比率分析》中提出了信用能力指数的概念，他先选择了七个财务比率，即流动比率、产权比率、固定资产比率、存货周转率、应收转款周转率、固定资产周转率和自有资金周转率，分别给定各指标的比重，然后确定标准比率（以行业平均数为基础），将实际比率与标准比率相比，得出相对比率，将此相对比率与各指标比重相乘，确定各项指标的得分及总体指标的累积分数，从而对企业的信用水平作出评价。

现代社会与沃尔所处的时代相比，已经发生很大的变化。沃尔最初提出的七个财务比率已经难以完全适应当前企业评价的需要。现在通常认为，评价指标应包括偿债能力、盈利能力、营运能力和发展能力等方面。此外，财务分析人员还应当选取一些非财务指标作为参考。

（二）基本原理

（1）把若干财务比率用线性关系结合起来。

（2）先对选中的财务比率给定其在总评价中的比重（比重总和为100），然后确定标准比率，并与实际比率相比较，评出每项指标的得分，最后得出总评分。

二、沃尔比重分析法的基本步骤

沃尔比重分析法的基本步骤如下：

第一，选择评价指标并分配指标权重。

在确定评价指标及其权重时，可以参考财政部《企业绩效评价操作细则（修订）》中的企业绩效评价指标体系建立评价指标和各项指标的权重。

（1）沃尔比重分析法常用的评价指标：
偿债能力指标：资产负债率、已获利息倍数。
盈利能力指标：净资产收益率、总资产报酬率。
营运能力指标：总资产周转率、流动资产周转率。
发展能力指标：营业增长率、资本累积率。
（2）按重要程度确定各项比率指标的评分值（权重，下同），评分值之和为100：
偿债能力指标为20：资产负债率12、已获利息倍数8。
盈利能力指标为38：净资产收益率25、总资产报酬率13。

营运能力指标为18:总资产周转率9、流动资产周转率9。

发展能力指标为24:营业增长率12、资本累积率12。

第二,确定各项财务指标的标准值。

各财务指标的标准值即各该指标在企业现时条件下的最优值。财务指标的标准值一般可以行业平均数、企业历史先进数据、国家有关标准或者国际公认数为基准加以确定。

第三,计算企业在一定时期各项比率指标的实际值。

第四,对各项评价指标计分并计算综合分数。其计算公式分别为:

$$各项评价指标的得分=各指标权重\times(指标实际值\div指标标准值)$$

$$综合得分=\sum 各项评价指标的得分$$

第五,形成评价结果。

在最终评价时,如果综合得分大于100分,则说明企业的财务状况比较好;反之,则说明企业财务状况低于同行业平均水平或者本企业历史先进水平等评价指标。

工作实例

沃尔比重分析法的应用

某公司有关财务比率的标准值、实际值及权重如表6-3所示,根据资料编制沃尔比重评分表,并对公司的总体财务状况进行评价。

表6-3　　沃尔比重分析基础数据表

指　　标	权　重	标准值	实际值
资产负债率	12	43.50%	54.37%
已获利息倍数	8	7.2	5.43
净资产收益率	25	14.20%	29.98%
总资产报酬率	13	13.10%	21.55%
总资产周转率	9	1.5	1.05
流动资产周转率	9	4.5	1.98
营业增长率	12	26.70%	61.11%
资本累积率	12	23.10%	35.82%

工作过程

根据沃尔比重评分法的工作步骤,编制沃尔比重综合评分表,如表6-4所示。

表 6-4　　沃尔比重综合评分表

评价内容	分配权重	标准值	实际值	关系比率	实际得分
一、偿债能力指标	20				
1. 资产负债率	12	43.50%	54.37%	1.25	15.00
2. 已获利息倍数	8	7.2	5.43	0.75	6.00
二、盈利能力指标	38				
1. 净资产收益率	25	14.20%	29.98%	2.11	52.75
2. 总资产报酬率	13	13.10%	21.55%	1.65	21.45
三、营运能力指标	18				
1. 总资产周转率	9	1.5	1.05	0.70	6.30
2. 流动资产周转率	9	4.5	1.98	0.44	3.96
四、发展能力指标	24				
1. 营业增长率	12	26.70%	61.11%	2.29	27.48
2. 资本累积率	12	23.10%	35.82%	1.55	18.60
合　计	100				151.54

【分析要点】

因为公司的财务状况综合得分为 151.54 分，高于 100 分，说明公司的财务状况整体优于评价标准，财务状况较好。

学习子情境三　财务综合分析指标体系及会计报表分析报告

职 业 判 断

一、财务综合分析指标体系

（一）财务综合分析指标体系的构建原则

为了保证会计报表分析工作的有效性和客观性，财务综合分析指标体系的构建应遵循以下原则。

1. 科学性和系统性原则

指标选择的科学性和系统性，要求指标设计必须有科学依据，能够真实地反映企业的实际财务状况和经营业绩，同时又要全面、系统并具有代表性，不能只重视某一方面的指标和内容；既要全面反映企业的经营管理等情况，又不能使指标重复考核，虚设指标，做到盈利能力分析、财务状况分析和现金流量分析的有机结合。

2. 可操作性原则

可操作性是指指标的易理解性和有关数据收集的可行性，使所设计的指标能够在实践中较为准确地计量。财务综合分析指标体系的设立应该有足够的灵活性，使企业能够根据自身特点和实际情况进行运用。

3. 实用性原则

财务综合分析指标体系要能科学地反映企业的实际情况，适中实用。如果指标体系过大、层次过多、指标过细将使分析评价的注意力不能体现整体；而指标体系过小、指标过粗又不能反映企业的实际水平。

4. 静态与动态相结合原则

一般而言，财务综合分析指标体系在指标的内涵、指标的数量、体系的构成等方面应保持相对稳定。但是，仅从静态角度考虑是不全面的，根据权变理论的原理，财务综合分析指标体系需要随着经济环境和分析目的的变化而不断改进，不断发展。

（二）基本指标

基本指标是评价企业绩效的核心指标，由反映4部分评价内容的8项计量指标构成，用于形成对企业绩效评价的初步结论。

1. 盈利能力状况

（1）净资产收益率＝净利润÷平均净资产×100％。

（2）总资产报酬率＝息税前利润÷平均总资产×100％。

2. 营运能力状况

（1）总资产周转率＝营业收入÷平均总资产。

（2）流动资产周转率＝营业收入÷平均流动资产。

3. 偿债能力状况

（1）资产负债率＝负债总额÷资产总额×100％。

（2）已获利息倍数＝息税前利润÷利息支出。

4. 发展能力状况

（1）营业增长率＝本年营业收入增长额÷上年营业收入总额×100％。

（2）资本累积率＝本年所有者权益增长额÷年初所有者权益×100％。

（三）修正指标

修正指标是对基本指标形成的财务效益状况、资产营运状况、偿债能力状况和发展能力状况的初步评价结果进行修正，以产生比较全面准确的企业绩效评价结果，具体由12项计量指标构成。

1. 盈利能力状况

（1）资本保值增值率＝扣除客观因素后的年末所有者权益÷年初所有者权益×100％。

（2）主营业务利润率＝主营业务利润÷主营业务收入净额×100％。

（3）盈余现金保障倍数＝经营现金净流量÷净利润。

（4）成本费用利润率＝利润总额÷成本费用总额×100％。

2. 营运能力状况

（1）存货周转率＝营业成本÷存货平均余额。

（2）应收账款周转率＝营业收入÷应收账款平均余额。

（3）不良资产比率＝年末不良资产总额÷年末资产总额×100％。

3. 偿债能力状况

（1）现金流动负债比率＝经营现金净流量÷流动负债×100％。

（2）速动比率＝速动资产÷流动负债。

4. 发展能力状况

(1) 3 年资本平均增长率$=\left(\sqrt[3]{\frac{\text{年末所有者权益总额}}{\text{3 年前年末所有者权益总额}}}-1\right)\times 100\%$。

(2) 3 年销售收入平均增长率$=\left(\sqrt[3]{\frac{\text{年末销售收入总额}}{\text{3 年前年末销售收入总额}}}-1\right)\times 100\%$。

(3) 技术投入比率＝当年技术转让费支出与研究投入÷主营业务收入净额×100%。

(四) 评议指标

评议指标用于对基本指标和修正指标评价形成的评价结果进行定性分析验证，以进一步修正定量评价的结果，使企业绩效评价的结论更加全面、准确。评议指标主要由以下 8 项非计量指标构成：经营者基本素质、产品市场占有能力、基础管理水平、发展创新能力、经营发展战略、在岗员工素质、技术装备水平和综合社会贡献。

企业综合绩效评价指标及其权重表如表 6-5 所示。

表 6-5　　企业综合绩效评价指标及其权重表

评价指标		基本指标		修正指标		评议指标	
评价内容	权数 100	指　标	权数	指　标	权数	指　标	权数
盈利能力状况	38	净资产收益率	25	资本保值增值率	12	经营者基本素质	18
		总资产报酬率	13	主营业务利润率	8	市场占有能力	16
				盈余现金保障倍数	8	基础管理水平	12
				成本费用利润率	10	发展创新能力	14
营运能力状况	18	总资产周转率	9	存货周转率	5	经营发展战略	12
		流动资产周转率	9	应收账款周转率	5	在岗员工素质	10
				不良资产比率	8	技术装备水平	10
偿债能力状况	20	资产负债率	12	现金流动负债比率	10	综合社会贡献	8
		已获利息倍数	8	速动比率	10		
发展能力状况	24	营业增长率	12	3 年资本平均增长率	9		
		资本累积率	12	3 年销售收入平均增长率	8		
				技术投入比率	7		
		80%				20%	

二、会计报表分析报告

(一) 会计报表分析报告的含义

会计报表分析报告是反映企业财务状况和经营成果意见的报告性书面文件。撰写分析报告是对财务分析工作进行概括和总结的重要环节。财务分析人员将财务分析评价结果向会计信息使用者报告，以便他们通过分析报告了解企业的财务状况、经营成果、发展前景及存在的问题，从而作出科学、合理的决策；同时，分析报告也是财务分析人员分析工作的最终成果，其撰写质量的高低，直接反映出财务分析人员的业务能力和素质。可见，分析报告是会计信息使用者作出决策的依据，也是财务分析人员工作能力的最好体现。

(二) 会计报表分析报告的类型及其特点

了解会计报表分析报告的分类有助于掌握各种不同内容分析报表的特点,按不同要求撰写会计报表分析报告。会计报表分析报告可按不同标准进行分类。

1. 会计报表分析报告按其分析的内容范围分类

企业一般都应根据《企业财务通则》和行业会计制度的规定,结合其业务特点,既要对企业的财务活动进行综合分析,又要进行专题分析。有时根据具体需要进行简要分析,相应的会计报表分析报告也就有综合分析报告、简要分析报告、专题分析报告、典型分析报告和分列对比分析报告,并各有不同的特点。

1) 综合分析报告

综合分析报告又称全面分析报告,是企业通过资产负债表、利润表、现金流量表、所有者权益变动表、会计报表附表、会计报表附注及财务情况说明书、财务和经济活动所提供的信息及内在联系,运用一定的科学分析方法,对企业的业务经营情况,利润实现情况和分配情况,资金增减变动和周转利用情况,税金交纳情况,存货、固定资产等主要财产的盘点、盘亏、毁损变动情况及对本期或下期财务状况将要发生重大影响的事项作出客观、全面、系统的分析评价,并进行必要的科学预测和决策而形成的书面报告。

2) 简要分析报告

简要分析报告是对一些主要经济指标或一定时期内存在的比较突出的问题进行扼要的分析,以观察企业财务活动的基本趋势和经营管理的改进情况而形成的书面报告。

简要分析报告具有简明扼要、切中要害的特点。简要分析报告能反映和说明企业分析期内业务经营的基本情况、企业累计完成各项经济指标的情况,并预测今后发展趋势。简要分析报告主要适用于定期分析,可按月、按季等进行编制。

3) 专题分析报告

专题分析报告又称单项分析报告,是针对某一时期的企业经营中存在的关键问题、重大经济措施或薄弱环节等,进行专门分析后形成的书面分析报告。一些投资项目的效益测算报告也属于这种形式。专题分析报告具有不受时间限制、一事一议、易被经营者接受、收效快的特点。因此,专题分析报告在企业经营工作中起着不可缺少的作用。

4) 典型分析报告

典型分析报告对某些典型事例或典型企业,采取解剖“麻雀”的方法,详细进行各方面的分析,以点带面,推动全面工作。

5) 分列对比分析报告

分列对比分析报告对所属单位的主要财务指标,采取分列对比的分析,以便找出差异,采取措施。

2. 会计报表分析报告按其分析的时间分类

会计报表分析报告按其分析的时间分类,可以分为定期分析报告和不定期分析报告。

1) 定期分析报告

定期分析报告一般是上级主管部门或企业内部规定的每隔一段相等时间给予编制和上报的分析报告,如目前由企业主管部门布置的半年度、年度编制和上报的综合分析报告及企业内部规定的每隔半年或一个季度自行编制，供有关领导参阅的分析报告等，均属定期分析报告。

2）不定期分析报告

不定期分析报告是指从财务管理和业务经营的实际需要出发，编制和上报的时间不作统一规定的分析报告，如上述的专题分析报告就属于不定期分析报告。

（三）会计报表分析报告的撰写步骤

1. 撰写前的资料准备

完成会计报表分析报告须做好撰写前必要的准备工作，具体分为收集资料阶段和整理、核实资料阶段两个步骤进行。

1）收集资料阶段

收集资料阶段实质上是一个调查过程，深入全面的调查是科学分析的前提，有了这个前提，分析报告才不致成为“无源之水，无本之木”。

（1）会计报表分析报告的资料内容。财务分析人员可以在日常工作中，根据粗略制定的分析内容要点，经常收集和整理有关资料。这些资料包括间接的书面资料，也包括从直属企业取得的第一手资料。财务分析人员主要收集以下有关资料：会计资料、业务资料、对比资料和其他资料。

（2）分析报告的资料来源。

2）整理、核实资料阶段

各种资料收集齐全后，要加以整理、核实，保证其合法性、正确性和真实性，同时根据所制定的会计报表分析报告的内容要点进行分类。整合、核实资料是整个会计报表分析的中间环节，起着承上启下的作用。

在整理资料过程中，财务分析人员应经常根据分析的内容要点做些摘记，这将对会计报表分析报告的编写十分有利。对于重点分析的内容，如准备分析本年度销售收入与效益的关系问题，则财务分析人员可以在此题目下记录所收集的销售收入、利润等重要数据和观点，并简要写上与此观点有关的各类别内容的索引参考资料，以备在正式编制会计报表分析报告时能迅速查找所需的资料。对于一般分析的内容，财务分析人员也可按照其特点做好不同形式的摘记。有时财务分析人员会遇到一些资料同时适用于多项内容的情况，那也只需在各项内容下的摘记中写清即可。总之，要掌握资料翔实、分类清楚、查找方便的原则。

收集资料和整理、核实资料并非是完全分开的两个阶段，财务分析人员一般可以边收集、边核实、整理，相互交叉、相互结合地进行，同时这项工作应贯穿在日常工作中进行，切忌临近编制分析报告时再去着手此项工作。这样收集的资料才能涉及面广、内容丰富，财务分析人员就可在正式进行会计报表分析时胸有成竹，做到忙而不乱。

2. 报告的选题

由于会计报表分析报告的形式多种多样，因此报告的选题也没有统一的标准和模式。一般财务分析人员可以根据报告所分析的内容和提供的信息来确定报告的选题。比如，“某月份简要财务分析”“资产运用效率分析”“存贷款利率的调整对企业损益影响分析”“某年度会计报表综合分析”等都是较合适的选题。报告的选题应能准确地反映出报告的主题思想。报告选题一经确定，财务分析人员就可紧紧围绕为完成它的分析所收集整理的资料进行分析并编制会计报表分析报告了。

3. 报告的起草

在收集整理了资料、确定了选题以后，财务分析人员就可以根据企业管理的需要进入会计报表分析报告的编制阶段。这一阶段的首要工作就是报告的起草。财务分析人员应当不偏不倚，客观公正，思维敏锐，文笔表述能力强，财务会计知识全面，业务能力强，懂财经法规，有较强的分析问题和解决问题的能力等，对企业的财务活动过程中及企业的分公司或子公司的生产经营情况了如指掌，善于在日常的工作中寻找和发现问题，才能胜任编制会计报表分析报告这一重要工作。

4. 报告的修改和审定

报告的起草应围绕报告的选题并按照报告的结构进行，特别是专题分析报告，财务分析人员应将问题分析透彻，真正地分析问题、解决问题。比如，对管理费用超计划情况分析时，应从构成管理费用的各项目入手，分析各项目超支的绝对数或相对数，并逐一分析是什么原因造成的超支，是客观原因还是主观原因；属于经营管理问题，还是违法乱纪问题等；从超支的各种原因中找出解决问题的途径，并提出切实可行的建议。对综合分析报告的起草，财务分析人员最好先拟定报告编写提纲，提纲应能提纲挈领地反映综合报告的内容，然后只需在提纲框架的基础上，依据所收集、整理的资料选择适当的方法，起草综合分析报告。

（四）会计报表分析报告的结构

会计报表分析报告的结构根据报告的内容可以有多种多样的形式，没有固定格式。分析报告评价要客观、全面、准确。一般来说，会计报表分析报告的结构大致如下。

1. 标题

标题是对分析报告的最精炼的概括，它不仅要确切地体现分析报告主体思想，而且要用语简洁、醒目。由于分析报告的内容不同，其标题也没有统一的标准和固定模式，应根据具体的分析内容而定。比如，“某月份简要会计报表分析报告”“某年度综合财务分析报告”“资产使用效率分析报告”等都是较合适的标题。

2. 报告目录

报告目录告诉分析报告阅读者本报告所分析的内容及所在页码。

3. 重要提示

重要提示主要是针对本期报告新增内容或需加以重点关注的问题事先作出说明。

4. 报告摘要

报告摘要是概括企业综合情况，使报告接受者对会计报表分析的分析说明有个总括的认识。报告摘要是对本期报告内容的高度浓缩，要求言简意赅、点到为止。

各部分都要在其后标明具体分析所在页码，以便读者查阅相应的分析内容。

以上几部分的目的是让阅读者在最短的时间内获得对报告的整体性认识以及本期报告中将告知的重大事项。

5. 说明段

说明段是对企业运营及财务状况的介绍。该部分要求文字表述适当，数据应用准确。对经济指标进行说明时可适当运用绝对数、比较数和复合指标数。特别要关注企业当前运作上的重心，对重要的事项要单独反映。企业在不同阶段、不同月份的工作重点有所不同，所需要的财务分析的重点也不同。如果企业正在进行新产品的投产、市场开发，则企业各阶段需要对新产品的成本、回款、利润数据进行分析报告。

6. 分析段

分析段是对企业经营情况进行分析研究。在说明问题的同时还要分析问题，寻找问题的原因和症结，以达到解决问题的目的。分析一定要有理有据，要细化分解各项指标，因为有些报表的数据是比较含蓄和笼统的，要善于运用表格、图示，突出表达分析的内容。分析问题一定要抓住当前要点，多反映企业的经营聚焦点和易于忽视的问题。

7. 评价段

在作出财务分析说明后，对于经营成果、财务状况、现金流量业绩，应该从财务角度给予公正客观的评价和预测。财务评价不能运用似是而非、可进可退、左右摇摆等不负责任的语言，评价要从正面和负面两方面进行，评价既可以单独分段进行，也可以将评价的内容穿插在说明段部分和分析段部分。

为了使会计报表分析报告更加清晰明了，财务分析人员应编制财务分析报告，即根据分析报告的目的，将会计报表资料及有关经济活动资料经过科学再分类、再组合，适当补充资料，配以分析计算栏目，采用表格、柱状图等形式，简明扼要地表达资料各项目间的内在联系。财务分析报表有助于清晰地显示各指标之间的差异及变动趋势，使论证的内容更加形象，如编制主要财务分析指标情况表、盈亏情况分析表、流动资金分析表、主要销售收入情况表、费用明细表等。

8. 具体改进措施和建议部分

会计报表分析报告应根据企业具体情况，有针对性地提出意见和建议。对企业经营管理中的成败和经验，财务分析人员应提出加以推广的建议；对会计报表分析过程中发现的矛盾和问题，应提出挖掘潜力，有建设性地改进措施、意见和建议。如果会计报表分析报告能对今后发展提出预测性意见，则具有更大的作用。

9. 编制单位及编制日期

审定后的会计报表分析报告应写明编制单位和编制日期。简要分析报告的结构与上述分析报告的结构基本一致，只是内容较综合分析报告简明扼要。专题分析报告一般一事一议，其结构灵活多样，这里不再赘述。

【学习情境小结】

本情境主要介绍了杜邦分析法、沃尔比重评分法、财务综合分析指标体系及报告。杜邦分析法是由美国杜邦公司提出的一种综合财务分析方法，它利用几种主要的财务比率之间的内在联系来综合地分析企业的财务状况。1928 年，亚历山大·沃尔(Alexander Wole)在出版的《信用晴雨表研究》和《财务报表比率分析》中提出了信用能力指数的概念，他选择了 7 个财务比率，即流动比率、产权比率、固定资产比率、存货周转率、应收账款周转率、固定资产周转率和自有资金周转率，分别给定各指标的比重，再确定标准比率(以行业平均数为基础)，将实际比率与标准比率相比，得出相对比率，将此相对比率与各指标比重相乘，确定各项指标的得分及总体指标的累积分数，从而对企业的信用水平作出评价。会计报表分析报告是反映企业财务状况和经营成果意见的报告性书面文件。撰写分析报告是对财务分析工作进行概括和总结的重要环节。

本学习情境的重点是运用杜邦分析法及沃尔比重评分法对企业会计报表进行综合分析，并形成综合分析评价结论。

学习情境框架结构如图 6-4 所示。

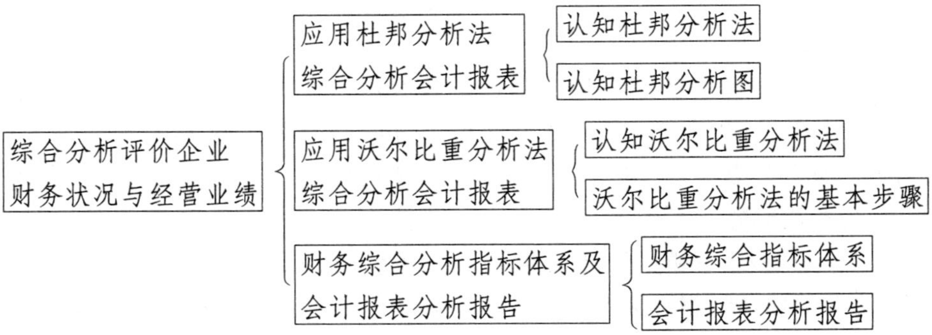

图 6-4　学习情境六框架图

【做中学——技能·职业资格·职称考试训练】

一、单项选择题

1. 某公司产权比率为 80%，该公司的资产负债率是(　　)。

A. 20%　　B. 44.44%　　C. 55.56%　　D. 125%

2. 某公司 20×8 年度净资产收益率为 20%，资产负债率调整为 45%，则其资产净利率应达到(　　)。

A. 11%　　B. 55%　　C. 9%　　D. 20%

3. 权益乘数的计算公式为(　　)。

A. 总资产÷净资产　　B. 净资产÷总资产

C. 1－资产负债率　　D. 1÷资产负债率

4. 产权比率和权益乘数的关系为(　　)。

A. 产权比率×权益乘数＝1

B. 权益乘数＝1÷(1－产权比率)

C. 权益乘数＝(1＋产权比率)÷产权比率

D. 权益乘数＝1＋产权比率

5. 在杜邦分析体系中，假设其他情况相同，下列说法中，错误的是(　　)。

A. 权益乘数大则财务风险高

B. 权益乘数大则财务风险低

C. 权益乘数等于资产权益率的倒数

D. 权益乘数大则企业负债比例大

6. 最能体现企业经营目标的财务指标是(　　)。

A. 总资产周转率

B. 净资产收益率

C. 销售利润率

D. 成本利润率

7. 企业绩效评价的四类指标中,最重要的一类是(　　)。

A. 资产营运能力　　B. 发展能力

C. 偿债能力　　D. 财务效益

二、多项选择题

1. 影响总资产净利率的因素有(　　)。

A. 总资产周转率　　B. 销售净利率

C. 权益乘数　　D. 产权比率

2. 根据杜邦分析法,当权益乘数一定时,影响总资产净利率的指标有(　　)。

A. 销售净利率　　B. 资产负债率

C. 总资产周转率　　D. 产权比率

3. 反映企业盈利能力的修正指标有(　　)。

A. 净资产收益率

B. 资本保值增长率

C. 总资产报酬率

D. 主营业务利润率

4. 杜邦分析法能够综合反映企业(　　)方面的能力。

A. 偿债能力　　B. 盈利能力

C. 资产管理　　D. 企业发展

5. 综合分析评价的目的有(　　)。

A. 明确企业财务活动与经营活动的相互关系

B. 评价企业财务状况及经营业绩

C. 为投资决策提供参考

D. 为完善企业管理提供依据

6. 某公司利润充足,却不能偿还到期债务,应分析的财务比率有(　　)。

A. 资产负债率

B. 流动比率

C. 应收账款周转率

D. 已获利息倍数

7. 在杜邦分析图中可以发现,提高净资产收益率的途径有(　　)。

A. 使销售收入增长高于成本和费用的增加幅度

B. 降低公司的销货成本或经营费用

C. 提高总资产周转率

D. 在不危及企业财务安全的前提下，增加债务规模，增大权益乘数

8. 下列指标中，能够反映财务弹性的指标有（　　）。

A. 现金流量适合比

B. 营运指数

C. 每股经营现金流量

D. 现金股利保障倍数

三、判断题

1. 依据杜邦分析法，在其他因素不变的前提下，提高权益乘数，提高净资产收益率。（　　）

2. 股利支付率越高，可持续增长比率就越高。（　　）

3. 如果"固定资产清理"科目出现借方余额，应填写到资产负债表"固定资产清理"项目中以负数列示。（　　）

4. 盈余现金保障倍数的计算公式是经营净现金流量除以净利润。（　　）

5. 长期资本是企业全部借款与所有者权益的合计。（　　）

四、计算分析题

某公司相关资料如表 6-6 所示，根据资料对该公司进行杜邦综合分析，并使用因素分析法分析各因素变动对所有者权益报酬率的影响程度。

表 6-6　　某公司比较数据　　单位：万元

项　目	20×8 年	20×7 年
平均总资产	90 000	100 000
平均所有者权益	56 000	50 000
营业收入	60 000	80 000
净利润	6 000	10 000

配套资源